Klaus Bellmann

Grundlagen der Produktionswirtschaft

3. überarbeitete Auflage

REIHE: GRUNDLAGEN DER BETRIEBSWIRTSCHAFTSLEHRE

FACHBUCH VERLAG WINKLER

Klaus Bellmann

Grundlagen der Produktionswirtschaft

3. überarbeitete Auflage

Reihe: Grundlagen der Betriebswirtschaftslehre, Band 4

Fachbuch Verlag Winkler, Edingen

Die Deutsche Bibliothek - CIP-Einheitsaufnahme

Bellmann, Klaus:
Grundlagen der Produktionswirtschaft / Klaus Bellmann.
- 3. überarb. Aufl. Edingen: Fachbuch Verlag Winkler, 2003
(Reihe: Grundlagen der Betriebswirtschaftslehre; Bd. 4)
ISBN 3-9807-300-3-4

ISBN 3-9807-300-3-4

Dieses Werk einschließlich aller seiner Teile ist urheberrechtlich geschützt. Jede Verwertung außerhalb der engen Grenzen des Urheberrechtsgesetztes ist ohne Zustimmung des Verlags unzulässig und strafbar. Dies gilt insbesondere für Vervielfältigungen, Übersetzungen, Mikroverfilmungen und die Einspeicherung und Verarbeitung in elektronischen Systemen.

© Fachbuch Verlag Winkler, Edingen 2003

Einbandgestaltung: Silke Ehrenberger, Dossenheim

Druck und Bindung: Gorenjski Tisk Printing Company, Kranj (Slovenia)

Vorwort zur dritten Auflage

Das vorliegende Buch, vorlesungsbegleitend für Studierende im Grundstudium konzipiert, spannt mit dem erkenntnis- und modelltheoretischen Teil (Kap. A) den Bezugsrahmen wohl weiter als der Gewohnheit entsprechend. Die wissenschaftstheoretischen Ausführungen sind jedoch kein Selbstzweck. Sollen theoretische Erkenntnisse nützen, Gestaltungsaussagen und Handlungsanweisungen zu formulieren, um produktionswirtschaftliche Aufgaben zu lösen, so setzt dies zwingend voraus, die Erkenntnisziele einer Wissenschaft zu kennen, das methodische Vorgehen zu verstehen und die Techniken der Erkenntnisgewinnung zu beherrschen.

Die Anforderungen, die an die Aufgabe einer Wissenschaft gestellt werden, sind maßgebend für die Art der erkenntnistheoretischen Ausrichtung. Bezüglich der Produktionswirtschaft (resp. der Betriebswirtschaft) besteht darüber unter Ökonomen keineswegs ein allgemeiner Konsens. Wenn die Produktionswirtschaft als eine anwendungsorientierte Wissenschaft verstanden werden will, dann müssen deren Aussagen entscheidungsorientiert Anleitung zu praktischem Handeln geben.

Das Leitmodell der Produktionswirtschaft ist das Denken in theoretischen Modellen, vereinfachende Abbilder realer Entscheidungssituationen. Dies liegt in dem Problem begründet, daß Untersuchungen an realen produktionswirtschaftlichen Objekten gewöhnlich nicht wiederholbar sind und auch die Isolierung einzelner Ursachen meist nicht gelingt. Die Behandlung grundlegender produktionswirtschaftlicher Tatbestände und Entscheidungen vollzieht sich deshalb in Form von theoretischen Modellen unterschiedlicher Art.

Produktionswirtschaftliche Prozesse (Kap. B) und Strukturen (Kap. C) sind Elemente derartiger Modelle, um produktionstheoretische Aussagen (Kap. D) zu formulieren. Auf der Basis von produktionstheoretischen Aussagesystemen können kostentheoretische Aussagesysteme (Kap. E) entwickelt werden. Mit diesen produktionswirtschaftlichen Grundlagen ist die Basis gelegt, um abschließend Programm-, Bereitstellungs-, Logistik- und Produktionsvollzugsentscheidungen als

Teilmenge der produktionswirtschaftlichen Entscheidungstatbestände (Kap. F) zu diskutieren. Die jedem Kapitel nachgestellten Übungsaufgaben sollen durch Wiederholen und auch 'trial and error' das selbständige Lernen der Studierenden fördern.

Entscheidungsorientiertes Vorgehen mittels ökonomischen Modellen bedarf umfassender Sorgfalt: Theoretische Aussagen und Erkenntnisse entstehen vornehmlich in Kontextbindung an ökonomische Situationen und wissenschaftliche Sichtweisen. Da viele der grundlegenden produktionswirtschaftlichen Sachverhalte bereits vor 40 bis 70 und partiell vor noch mehr Jahren untersucht und in Modellen theoretisch formuliert wurden, müssen diese vor dem Hintergrund der zeitgebundenen Entscheidungssituation interpretiert und hinsichtlich aktueller Anwendungsrelevanz kritisch hinterfragt werden. Darüber hinaus können Modelle nur ausschnittsweise die Realität abbilden, müssen deshalb zwangsläufig von vielen Sachverhalten abstrahieren. Infolgedessen sind Modellergebnisse gewissenhaft dahingehend zu überprüfen, ob sämtliche entscheidungsrelevanten Sachverhalte problemgerecht abgebildet wurden. Modelle sollen die Entscheidungsfindung unterstützen, ihre Funktion kann jedoch nicht darin bestehen, automatengleich Definitiventscheidungen zu generieren.

Der Dank des Autors gilt Katrin Brandt-Wagner für die Übernahme umfangreicher und formelintensiver Schreibarbeiten sowie Udo Mildenberger für seine ständige Diskussionsbereitschaft und immerwährende Hilfe bei elektronischen Problemen kleinerer und größerer Art.

Zuletzt eine Bitte an die Leser: Trotz gründlicher Durchsicht von mehr als zwei Augenpaaren ist nicht auszuschließen, daß auch in der dritten Auflage immer noch einige Schreibfehler unbemerkt blieben. Fallen Ihnen derartige Fehler in Formeln, Tabellen oder Text auf, so bin ich Ihnen sehr dankbar, wenn Sie mich diese wissen lassen, am einfachsten per E-Mail: bellmann@mail.uni-mainz.de.

Mainz, April 2003   Klaus Bellmann

"Man hilft den Menschen nicht, wenn man etwas für sie tut,
was sie selbst tun könnten."
Abraham Lincoln

"50 Prozent der Wirtschaft sind Psychologie.
Wirtschaft ist eine Veranstaltung von Menschen,
nicht von Computern."
Alfred Herrhausen

www.alumnimainz.de

 **berater**

22 Jahre

studiert Wirtschafts-
wissenschaften

sucht eigene Lösungen

muss zu berater

berater e.V.
Studenten beraten Unternehmen
www.berater-mainz.de
info@berater-mainz.de

Inhaltsverzeichnis

Inhaltsverzeichnis I

Abbildungsverzeichnis V

Symbolverzeichnis IX

Literaturquellen und weiterführende Literatur X

A. Produktionswirtschaft: Wissenschaft von Produktionsbetrieben

   1. Produktionswirtschaft im System der Wissenschaften 1
      a) Wissenschaftsbegriff 1
      b) System der Wissenschaften 2
      c) Wissenschaftliche Methoden 5

   2. Produktionswirtschaftliche Ziele und Prinzipien 5
      a) Sachziele 5
      b) Formalziele 6
      c) Rationalprinzip 6

   3. Modellbildung in der Produktionswirtschaft 7
      a) Erfahrungs- und Erkenntnisobjekt 7
      b) Forschungsmethoden 8
      c) Modelle 11
      d) Tools 12

   4. Erkenntnistheoretische Ansätze 12
      a) Faktortheoretischer Ansatz von Gutenberg 13
      b) Entscheidungstheoretischer Ansatz 14
      c) Gestaltungstheoretischer Ansatz 15
      d) Verhaltenstheoretischer Ansatz 16
      e) Sonstige Ansätze 16

   Übungsaufgaben zu Kapitel A 18

B. Produktionswirtschaftliche Prozesse

   1. Zielbildungsprozesse 19
      a) Entstehung von Zielen 19
      b) Dimensionen des Zielsystems 20
      c) Bildung des Zielsystems 20

2. Planungsprozesse 22
   a) Planungsaufgaben 22
   b) Planungsmethoden 26
   c) Planungsprinzipien 28

3. Entscheidungsprozesse 29
   a) Entscheidungsdeterminanten 29
   b) Entscheidungsfeld 30
   c) Problemlösung 31

4. Steuerungs- und Überwachungsprozesse 31
   a) Wesen der Steuerung 31
   b) Methoden der Steuerung 32
   c) Wesen der Überwachung 33
   d) Methoden der Überwachung 33

Übungsaufgaben zu Kapitel B 35

C. Produktionswirtschaftliche Strukturen

1. Strukturentscheidungen 36
   a) Standort 36
   b) Betriebsgröße 39
   c) Produktprogramm 41
   d) Produktionsstruktur 43

2. Strukturmerkmale von Produktionsprozessen 43
   a) Faktorbezogene Eigenschaften 45
   b) Prozeßbezogene Eigenschaften 44
   c) Produktbezogene Eigenschaften 45
   d) Typische Produktionssituationen 45
   e) Grundbegriffe 47

3. Organisationsformen in der Fertigung 50
   a) Begriff Fertigungsverfahren 50
   b) Organisationstypen 50
   c) Fertigungstypen 53

4. Aufbau- und Ablauforganisation 55
    a) Grundbegriffe und Grundlagen 55
    b) Formen organisatorischer Gestaltung 59
Übungsaufgaben zu Kapitel C 62

D. Produktionstheoretische Aussagesysteme

1. Objekte der Produktionstheorie 63
    a) Technologische Prozesse 63
    b) Prozeßstrukturierung 64
    c) Prozeßquantifizierung 66

2. Grundlegende Begriffe 68
    a) Produktionstechnologie 68
    b) Produktionsfunktion 70
    c) Produktionsmodell: Allgemeiner Ansatz der Produktionsfunktion 71

3. Produktionsfunktionen 74
    a) Produktionsfunktion mit substitutionalen Faktoren (Typ A) 74
    b) Produktionsfunktion mit limitationalen Faktoren (Typ B) 79
    c) Leontief- Produktionsfunktion 84

Übungsaufgaben zu Kapitel D 89

E. Kostentheoretische Aussagesysteme

1. Objekte der Kostentheorie 91
    a) Kostenbegriffe 91
    b) Kostenarten 96
    c) Minimalkostenkombination 98

2. Produktions- und Kostentheorie 100
    a) Produktionstheorie: Basis der Kostentheorie 100
    b) Generierung von Kostenfunktionen aus Produktionsfunktionen 101

3. Kostedeterminanten 105
    a) Kosteneinflußgrößen 105
    b) Potentialdeterminanten 107
    c) Programm-, Produkt- und Prozeßdeterminanten 108

4. Produktionswirtschaftliche Kostenfunktionen ... 109
   a) Struktureigenschaften ... 109
   b) Substitutionale Anpassung ... 112
   c) Betriebstechnische Anpassung ... 116
   d) Homomorphie von Kostenfunktionen ... 122
Übungsaufgaben zu Kapitel E ... 123

F. Produktionswirtschaftliche Entscheidungssysteme

1. Programmentscheidungen ... 125
   a) Entscheidungssituation ... 125
   b) Ziele der Programmplanung ... 128

2. Grundmodelle der Programmplanung ... 133
   a) Mengenentscheidungen bei Einproduktfertigung ... 133
   b) Programmentscheidungen bei Mehrproduktfertigung ... 136

3. Modelle für spezielle Programmentscheidungen ... 140
   a) Unterschiedliche Produktionskoeffizienten ... 140
   b) Mehrere Fertigungsstufen und Engpässe ... 145

4. Bereitstellungs- und Logistikentscheidungen ... 152
   a) Objekte der Bereitstellung ... 152
   b) Materialbereitstellung ... 152
   c) Disposition Materialbedarf ... 154
   d) Bestellpolitik ... 160

5. Produktionsvollzugsentscheidungen ... 167
   a) Grundfragen ... 167
   b) Ablaufentscheidungen bei Sortenfertigung ... 169
   c) Zielkonflikte der Ablaufplanung ... 175
   d) Ablaufentscheidungen bei Werkstattfertigung ... 179
   e) Ablaufentscheidungen bei Fließfertigung ... 187

Übungsaufgaben zu Kapitel F ... 190

Lösungen zu den Übungsaufgaben ... 193

Stichwortverzeichnis ... 197

Abbildungen

A. Produktionswirtschaft: Wissenschaft von Produktionsbetrieben

Bild A-1: Produktionswirtschaft im System der Wissenschaften 3
Bild A-2: Institutionale und Funktionale Gliederung der BWL 4
Bild A-3: Beziehungen und Zielkonflikte zwischen technischer, leistungs- und finanzwirtschaftlicher Rationalität 8
Bild A-4: Schließende Forschungsmethoden: Deduktion und Induktion 10
Bild A-5: Arten produktionswirtschaftlicher Modelle 12
Bild A-6: System produktiver Faktoren nach Gutenberg 14

B. Produktionswirtschaftliche Prozesse

Bild B-1: Phasen im Prozeß der Zielplanung 21
Bild B-2: Überaltertes Produktprogramm 23
Bild B-3: Zukunftsorientiertes Produktprogramm 23
Bild B-4: Produktionsprogramm- und Produktionsvollzugsplanung 25
Bild B-5: Planungsebenen und Planungshierarchie 27

C. Produktionswirtschaftliche Strukturen

Bild C-1: Standortoptimierung: Ansatz nach Weber 37
Bild C-2: Scoring-Modell zur Standortermittlung 38
Bild C-3: Klassifizierung von Betriebsgrößen 40
Bild C-4: Bestimmungsfaktoren der Betriebsgröße und tendenzielle Wirkung 41
Bild C-5: Arbeitsteilung: Mikrostruktur 43
Bild C-6: Arbeitseinung: Makrostruktur 44
Bild C-7: Strukturmerkmale von Produktionsprozessen 44
Bild C-8: Organisationsformen der Fertigung 51
Bild C-9: Organisationsformen und Typen der Fertigung 53
Bild C-10: Fertigungstypen 54
Bild C-11: Entwicklung der Aufbau- und Ablauforganisation aus den betrieblichen Aufgaben 56
Bild C-12: Zerlegung des Arbeitsgangs "Bearbeitung einer Kundenanfrage" in Arbeitsphasen und der Arbeitsphase "Registrierung einer Kundenanfrage" in Arbeitselemente 58

Bild C-13: Verrichtungsorientierte Organisation 59
Bild C-14: Objektorientierte Organisation 60
Bild C-15: Duale Organisation 61

D. Produktionstheoretische Aussagesysteme

Bild D-1: Objektorientierte Prozeßanalyse 65
Bild D-2: Prozeßelemente: Einsatzgüter und Produktionsgüter 67
Bild D-3: Beschreibung von Transformationsprozessen 68
Bild D-4: Substitutionale Transformationsfunktionen 71
Bild D-5: Limitationale Transformationsfunktionen 72
Bild D-6: Abbildung der Produktionsstruktur 73
Bild D-7: Ertragsgesetz: Gesamtertrag und Durchschnittsertrag 76
Bild D-8: Ertragsgesetz: Gesamtertrag, Grenzertrag und Durchschnittsertrag 77
Bild D-9: Grenzrate der Substitution 78
Bild D-10: Ertragsgebirge 79
Bild D-11: 1. Transformationsfunktion 80
Bild D-12: 2. Transformationsfunktion 81
Bild D-13: Spezifische Verbrauchsfunktion 81
Bild D-14: Transformationsfunktionen bei parametrisch konstanter Intensität 84
Bild D-15: Prozeßstruktur im exemplarischen Mehr-Prozeß-Fall 85
Bild D-16: Transformationsfunktionen des exemplarischen Mehr-Prozeß-Falls 86
Bild D-17: Übungsbeispiel zur Leontief-Produktionsfunktion 86
Bild D-18: Leontief-Produktionsfunktion in allgemeiner und spezieller Notation 88

E. Kostentheoretische Aussagesysteme

Bild E-1: Degressive, lineare und progressive Beziehung zwischen variablen Kosten und Ausbringung 91
Bild E-2: Kostenverläufe bei proportionalen variablen Stückkosten 93
Bild E-3: Nichtlineare Kostenverläufe 94
Bild E-4: Minimalkostenkombination 99
Bild E-5: Ableitung der Kostenfunktion aus der Produktionsfunktion 101

Abbildungsverzeichnis

Bild E-6: Ableitung der Kostenfunktion aus der Produktionsfunktion bei linearer Produktionsfunktion und variablen Faktorkosten 103

Bild E-7: Ableitung der Kostenfunktion aus der Produktionsfunktion bei steigenden Grenzerträgen und konstanten Faktorkosten 104

Bild E-8: Ableitung der Kostenfunktion aus der Produktionsfunktion bei fallenden Grenzerträgen und konstanten Faktorkosten 106

Bild E-9: Ableitung von Kostenfunktionen aus dem Ertragsgesetz 113

Bild E-10: Ableitung der Stückkostenkurve aus der Gesamtkostenkurve 113

Bild E-11: Ableitung der Grenzkostenkurve aus der Gesamtkostenkurve 114

Bild E-12: Ableitung der fixen Stückkostenkurve $k_f(x)$ 114

Bild E-13: Ableitung der variablen Stückkostenkurve $k_v(x)$ 115

Bild E-14: Zusammenhänge zwischen Kostenkurven 116

Bild E-15: Anpassungsarten an schwankende Beschäftigung 117

Bild E-16: Zeitliche und intensitätsmäßige Anpassung 119

Bild E-17: Beispiel zur Anpassung an schwankende Beschäftigung 120

Bild E-18: Schritte zur Anpassung an schwankende Beschäftigung 121

Bild E-19: Aggregierte Grenzkostenkurve der kombinierten Anpassung 121

F. Produktionswirtschaftliche Entscheidungssysteme

Bild F-1: Teilpläne der betrieblichen Produktionsplanung 126

Bild F-2: Produktionsmenge bei Einproduktfertigung: Cournot-Punkt 134

Bild F-3: Produktionsmenge bei Einproduktfertigung 135

Bild F-4: Produktionsmengen bei Zweiproduktfertigung 138

Bild F-5: Produktionsmengen bei Zweiproduktfertigung 139

Bild F-6: Grafische Lösung des Engpaßproblems für Zweiproduktfall 146

Bild F-7: Ausgangstableau Lineare Programmierung 148

Bild F-8: Verbesserung des Ausgangsergebnisses (1. Iteration) 150

Bild F-9: Verbesserung des Ergebnisses (2. und 3. Iteration) 151

Bild F-10: ABC-Analyse (Mengen-Wert-Struktur) 153

Bild F-11: XYZ-Analyse (Verbrauchsstruktur) 154

Bild F-12: Materialstammbaum 155

Bild F-13: Mengen- und Strukturstückliste für 1 Fertigteil F 155

Bild F-14: Zeitbezogene Bruttobedarfsrechnung 156

Bild F-15: Gozintograph 157

Bild F-16: Verlauf der Kostenfunktion bei Mengenrabatt 164

Bild F-17:	Bestellpolitik bei Unsicherheit	166
Bild F-18:	Interdependenzen der operativen Produktionsplanung	168
Bild F-19:	Verlauf der Lagerbestände bei offener und geschlossener Produktion	171
Bild F-20:	GANTT-Diagramm: Definition charakteristischer Zeiten der Ablaufplanung	176
Bild F-21:	Dilemma der Ablaufplanung .:..	178
Bild F-22:	Beispiel zur Ablaufplanung: Ausgangsmatrix der Umrüstkosten	179
Bild F-23:	Beispiel zur Ablaufplanung: Umgebaute Matrix (1)	180
Bild F-24:	Beispiel zur Ablaufplanung: Umgebaute Matrix (2)	181
Bild F-25:	Algorithmus von Johnson (zweistufige Fertigung)	182
Bild F-26:	Algorithmus von Johnson: Beispiel	182
Bild F-27:	Beispiel Prioritätsregeln: KOZ-Regel (1. Stufe)	183
Bild F-28:	Beispiel Prioritätsregeln: LOZ-Regel (1. Stufe)	183
Bild F-29:	Notationen der Critical Path Method CPM	184
Bild F-30:	Anwendungsbeispiel: Netzplan zum Ersetzen einer Leitung	185
Bild F-31:	Zeitangaben und –berechnungen zum Anwendungsbeispiel	186
Bild F-32:	Arbeitselemente der Fließstrecke des Beispiels	188
Bild F-33:	Entscheidungsbaum zur Fließbandabstimmung (Branch and Bound)	189

Symbolverzeichnis

a	Produktionskoeffizient (Menge)
A	Absatzmenge
b	(technische) Ausbringungsmenge
B	Periodenbedarf
C	Kapazität, Zeitfond
d	Stückdeckungsbeitrag; technische Intensität
d_r	relativer Stückdeckungsbeitrag
DB	(Gesamt-)Deckungsbeitrag
e	Durchschnittsertrag
E	Ertrag, Erlös
G	Gewinn
k, k_g	gesamte Stückkosten, Durchschnittskosten
k_f	fixe Stückkosten
k_v	variable Stückkosten
K, K_g	Gesamtkosten
K_f	Fixkosten
K_n	Nutzkosten
K_l	Leerkosten
K_v	Variable Kosten
λ	Lagrange-Variable
M	Produktionsrate
p	Preis
q	Produktionskoeffizient (Zeit)
1/q	Produktionsintensität
r	Einsatzfaktor
ρ	Faktorverbrauch
t	Zeit
T	Zeitdauer
U	Umsatz, Umrüstkosten
V	Verbrauchsrate
x	(ökonomische) Ausbringungsmenge, Ertrag; Bestellmenge; Losgröße
$\bar{x}$	ökonomische Intensität
z	Lagerkostensatz

Literaturquellen und weiterführende Literatur

Berndt, R./Cansier, A.: Produktion und Absatz, Berlin [u.a.] 2002, S. 1 – 134.

Bloech, J. et al.: Einführung in die Produktion, 4., vollst. überarb. und erw. Aufl., Heidelberg 2001.

Corsten, H.: Produktionswirtschaft - Einführung in das industrielle Produktionsmanagement, 9., vollst. überarb. und wesentlich erw. Aufl., München-Wien 2000.

Gutenberg, E.: Einführung in die Betriebswirtschaftslehre, Wiesbaden 1990.

Heinen, E.: Industriebetriebslehre, Wiesbaden 1991.

Hilke, W.: Zielorientierte Produktions- und Programmplanung, Neuwied 1988.

Hoitsch, H.-J.: Produktionswirtschaft - Grundlagen der industriellen Betriebswirtschaftslehre, 2. Aufl., München 1993.

Jehle, E.: Produktionswirtschaft: eine Einführung mit Anwendungen und Kontrollfragen, 5., überarb. und erw. Aufl., Heidelberg 1999.

Mildenberger, U.: Grundlagen des Internen Rechnungswesens, 2., überarb. Aufl., Edingen 2001.

Raffée, H. (Hrsg.): Wissenschaftstheoretische Grundfragen der Wirtschaftswissenschaften, München 1979.

Selchert, F. W.: Einführung in die Betriebswirtschaftslehre in Übersichtsdarstellungen, 8., überarb. und aktualisierte Aufl., München 2002.

Schneeweiß, C.: Einführung in die Produktionswirtschaft, 8., verb. und erw. Aufl., Berlin 2002.

Schwickert, A. C.: Grundlagen der Produktionswirtschaft. Übersichtsdarstellungen, Aufgaben und Lösungen, München 1998.

Witte, T./Rieper, B.: Grundwissen Produktion: Produktions- und Kostentheorie, 3., überarb. Aufl., Frankfurt am Main [u.a.] 1995.

Wöhe, G.: Einführung in die Allgemeine Betriebswirtschaftslehre, 21., neubearb. Aufl., München 2002.

Zäpfel, G.: Grundzüge des Produktions- und Logistikmanagements, 2., unwesentlich veränd. Aufl., München 2002.

A. Produktionswirtschaft: Wissenschaft von Produktionsbetrieben

1. Produktionswirtschaft im System der Wissenschaften

a) Wissenschaftsbegriff

Die Produktionswirtschaft als eine Teilwissenschaft der Betriebswirtschaftslehre beschäftigt sich mit ökonomisch-organisatorischen Fragestellungen im Zusammenhang mit Produktions- und Logistiksystemen. Zunächst stellt sich die grundsätzliche Frage, ob die Produktionswirtschaft - wie auch die Betriebswirtschaft - tatsächlich dem Anspruch einer Wissenschaft gerecht wird oder lediglich eine Kunstlehre darstellt. Woran erkennt man aber eine Wissenschaft ? Welche Merkmale hat eine Wissenschaft ? Welche Aufgaben hat eine Wissenschaft? Welche Methoden verwendet eine Wissenschaft? Warum brauchen wir überhaupt Wissenschaften ?

Der Mensch handelt weitgehend wohlüberlegt, er handelt überwiegend rational und nur selten instinktiv. Eine Form des Ausdrucks von Rationalität ist Wirtschaften. Wirtschaften bedeutet den sparsamen - und somit rationalen - Umgang mit knappen Gütern. Traditionell geht die Ökonomie von der Fiktion des homo oeconomicus aus, dem in Entscheidungssituationen stets ökonomisch und somit rational handelnden Menschen. Rationalität bedeutet, daß dem Handeln gewisse Regeln zugrunde liegen, Regeln, die auf Erfahrung beruhen und Regeln, die aus Wissen um Zusammenhänge entstanden sind. Voraussetzung dafür ist jedoch, daß wir die Wirklichkeit möglichst wahrheitsgetreu erfassen und diese uns in unserem Bewußtsein vergegenwärtigen. Ein wesentliches Problem besteht jedoch darin, daß die Realität sich ständig verändert, daß wir die Realität nicht im Ganzen, sondern nur ausschnittweise und subjektiv wahrnehmen können. In unserem Bewußtsein entsteht somit stets eine nur subjektiv faßbare Realität. Weil viele (subjektive) Wahrheiten nebeneinander bestehen, kann keine objektive Wahrheit existieren, wohl aber allgemein oder mehrheitlich als wahr anerkannte Tatbestände.

Das Ziel einer Wissenschaft ist die Erforschung der Wahrheit, das heißt der (objektiven) Realität. Wissenschaft will deshalb einen sachlich geordneten Zusammenhang von wahren und in ihrer Wahrheit gesicherten Urteilen gewinnen. Ist dieses Ziel erreicht, dann besteht ein allgemein anerkanntes Werturteil. Die Wahrheitsfindung, der Prozeß der Suche nach Erkenntnis, ist ein dynamischer Prozeß. Erkenntnisgewinnung erfolgt durch viele kleine Schritte in trial and error, mit zahllosen Fragestellungen, mit ständig neuen Problemen und mit wahrscheinlichen Annahmen statt wahrer Urteile. Aber eine Menge von Urteilen, Annahmen, Fragen und Problemen allein macht noch keine Wissenschaft aus. Erst wenn in Beziehung auf das Erkenntnisobjekt zwischen diesen Elementen logisch-kausale Zusammenhänge hergestellt werden, kann von einer Wissenschaft gesprochen werden. Dadurch gewinnt die Menge von Annahmen und Erkenntnissen eine systematische Ordnung. Schließlich entsteht durch die systematische Anordnung der Mannigfaltigkeit der Erkenntnisse zu einem sinnvollen Ganzen ein wissenschaftliches Lehrgebäude. Die Sicherung des innerlich-logischen Zusammenhangs erfolgt durch Untersuchungen, Begründungen und Beweise.

Fassen wir zusammen: Das Kennzeichen einer Wissenschaft ist das Streben nach Erkenntnis. Dieses Streben gilt einem Erkenntnisobjekt und Erkenntniszielen. Eine Wissenschaft wendet spezifische Forschungsmethoden an und sichert die Erkenntnisse in einer systematischen Ordnung.

b) System der Wissenschaften

Das System der Wissenschaften läßt sich in Universalwissenschaften und Einzelwissenschaften untergliedern. Zu den Universalwissenschaften, auch metaphysische Disziplinen genannt, zählen Philosophie, Theologie und Ethik. Diese Disziplinen verkörpern außerhalb der Wahrnehmung die obersten Prinzipien des Seins durch Sinneseindrücke. Die Einzelwissenschaften lassen sich in Realwissenschaften (Erfahrungswissenschaften) und Formalwissenschaften (Idealwissenschaften) einteilen. Mathematik und Logik gelten als formalwissenschaftliche Disziplinen. Die Realwissenschaften lassen sich in Naturwissenschaften und Kulturwissenschaften untergliedern; zu letzteren gehören die Sozial- und Wirtschaftswissenschaften mit Volkswirtschaftslehre sowie Hauswirtschafts- und Betriebswirtschaftslehre als Einzelwirtschaftslehren (s. Bild A-1).

Während die Volkswirtschaftslehre wirtschaftliche Zusammenhänge aus der Vogelperspektive erfaßt, untersuchen die Einzelwirtschaftslehren isolierte Einzelobjekte. Die Makroökonomie beschäftigt sich mit der Theorie des Geldes und des Güterkreislaufs, der Beschäftigung, der Inflation und der Konjunktur. Die Mikroökonomie befaßt sich mit der Theorie der Produktion und Nachfrage sowie der Markttheorie. Die Betriebswirtschaftslehre will Erkenntnisse über wirtschaftliches Handeln gewinnen, das sich in Betrieben vollzieht. Betriebe stehen über Märkte in Beziehung zueinander. Die Betriebswirtschaftslehre untersucht deshalb auch die Beziehungen zwischen kooperierenden und konkurrierenden Unternehmen sowie zwischen Unternehmen und Märkten. Die Untersuchungsobjekte der Volkswirtschaftslehre stellen hierbei Daten dar, wie bspw. Preisbildung, Volkseinkommen oder Konjunktur.

A. Produktionswirtschaft: Wissenschaft von Produktionsbetrieben

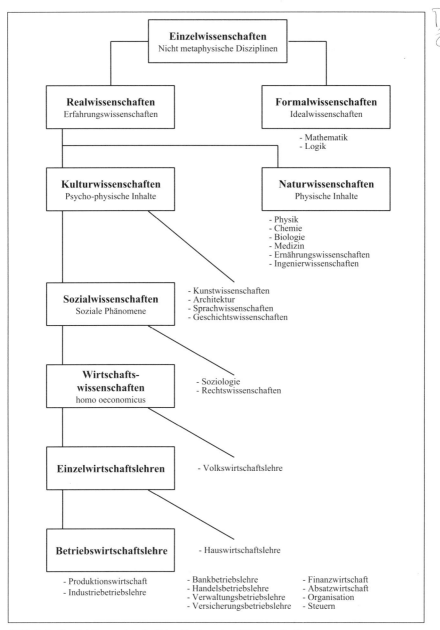

Bild A-1: Produktionswirtschaft im System der Wissenschaften
(Eigene Darst. in Anlehnung an Selchert (1991), S. 22)

Für die Volkswirtschaftslehre sind wiederum die Erkenntnisse der Betriebswirtschaftslehre Daten, wie bspw. betriebliche Strukturen oder Kostenfunktionen. Insbesondere interessiert sich die volkswirtschaftliche Disziplin für das Ineinandergreifen der über Märkte verbundenen Einzelwirtschaften oder Branchen. Überschneidungen und Interdependenzen zwischen Volks- und Betriebswirtschaftslehre bestehen infolgedessen zwangsläufig.

Die Betriebswirtschaftslehre läßt sich nach den Prinzipien Institution und Funktion (Aufgabe) in Institutionslehren und Funktionslehren gliedern, wie in Bild A-2 darstellt ist.

Funktion \ Institution	Industrie Handwerk	Handel	Banken	Versicherungen	Verkehr	WTS	Öffentliche Verwaltung
Beschaffung							
Produktion							
Absatz/Marketing							
BRW/Controlling							
Investition/Finanzierung							
Organisation/Führung							
Forschung & Entwicklung							

Bild A-2: Institutionale und Funktionale Gliederung der BWL
  (BRW - Betriebliches Rechnungswesen;
  WTS - Wirtschaftsprüfung, Treuhandwesen, Steuern)

c) Wissenschaftliche Methoden

Die Erforschung der zur Gewinnung wissenschaftlicher Erkenntnisse eingesetzten Methoden ist das Erkenntnisobjekt der *Wissenschaftstheorie*. Wissenschaftliche Methoden sind systematische Verfahren nach definierten und allgemein anerkannten Regeln zur Lösung von - hier im Fokus stehend - produktionswirtschaftlichen Fragestellungen. Das methodische Vorgehen muß intersubjektiv nachvollziehbar sein. Als wissenschaftliche Forschungsziele gelten Erkenntnisgewinnung, Erkenntnisüberprüfung sowie die Ableitung von Verhaltens- und Gestaltungsaussagen.

Erkenntnisse finden ihren Niederschlag in Hypothesen und wissenschaftlichen (empirisch gehaltvollen) Theorien, die als "Wenn-dann-Aussagen" formuliert werden. Erkenntnisgewinnung ist deshalb theoretische (Grundlagen-)Forschung. Mittels Beobachtungen, wissenschaftlichen Deskriptionen, systematischen Befragungen und experimentellen Untersuchungen (beispielsweise Planspielen, Entscheidungsverhalten im Labor) lassen sich die gewonnenen Erkenntnisse überprüfen und wissenschaftlich fundieren. Ziel der angewandten Forschung ist die Entwicklung praktischer Methoden und praktischer Handlungsanweisungen in Gestalt von "Wenn-so-Aussagen", häufig als "Alltagstheorien" bezeichnet.

Wissenschaftliches Vorgehen zeichnet sich durch konzeptionelle, empirische und konstruktivistische Techniken aus. Eine konzeptionelle Technik verkörpert eine präzise Problembeschreibung sowie logisch mathematisches Vorgehen zur Ermittlung der Folgerungen aus Axiomen, Prämissen und Hypothesen. Empirische Techniken dienen zur Informationsgewinnung mittels Datenauswertung (Beobachtung, Befragung) und Experimentalanordnungen (Laborexperiment). Mittels heuristischer und konstruktivistischer Modelle können Verhaltens- und Gestaltungsaussagen formuliert werden.

2. Produktionswirtschaftliche Ziele und Prinzipien

Ein Ziel stellt einen zukünftig angestrebten Sachverhalt oder Zustand dar. Hierbei läßt sich zwischen Sach- und Formalzielen unterscheiden.

a) Sachziele

Sachziele definieren Felder wirtschaftlicher Tätigkeit, also Aufgaben und Funktionen ("was" ist zu tun?). Sie stellen somit langfristig bindende Entscheidungen dar, die i.d.R. von strategischer Bedeutung hinsichtlich der nachhaltigen Sicherung der Existenz eines Betriebs sind. Beispiele für Sachziele sind die Errichtung eines Auslandsbetriebs, die Fertigung eines neuen Produkts, die Installation eines flexiblen Fertigungssystems, Neuorganisation der Betriebsabläufe u.a.m..

b) Formalziele

Formalziele hingegen definieren die wissenschaftliche Vorgehensweise bei Ausübung der Funktion oder Ausführung der Aufgabe ("wie "ist es tun?). So steht bei erwerbswirtschaftlichen Unternehmen die langfristige Gewinnerzielung unter Nebenzielen (wie bspw. Liquidität, Sicherung der Arbeitsplätze, Erhaltung der Substanz, angemessener Umweltschutz, etc.) bei Entscheidungen im Vordergrund. Bei planwirtschaftlichen Betrieben hingegen dominiert die langfristige Deckung des Planbedarfs unter Nebenbedingungen (bspw. Kostendeckung, Erhalt der Arbeitsplätze, Devisenbewirtschaftung). Das Element der Planung ist bei beiden Arten von Betrieben gleich. Die Unterschiede bestehen jedoch zwischen Selbstbestimmung und zentraler Planung sowie in den Formalzielen.

c) Rationalprinzip

Das Rationalprinzip ist eine der Grundregeln der Ökonomie. Nehmen wir an, der Output O und der Input I einer Produktionsanlage stehen in funktionalem Zusammenhang, wobei gelte: $O = f(I)$ und $I = g(O)$. Dann läßt sich das Rationalprinzip in dreifacher Weise formulieren:

Maximierung des Output (bei gegebenen Input)	Maximalprinzip	$O = f(I) \to \max.$ mit $I = \text{const.}$
Minimierung des Input (bei gegebenen Output)	Minimalprinzip	$I = g(O) \to \min.$ mit $O = \text{const.}$
Optimierung der Relation Output zu Input	Optimalprinzip	$\dfrac{O}{I} \to \text{opt.}$

Output und Input können in Mengen oder Werten gemessen werden. Bei einem Mengen-Mengen-Verhältnis handelt es sich um eine technische Relation. Ein Wert-Mengen-Verhältnis beschreibt eine leistungswirtschaftliche Relation. Ein Wert-Wert-Verhältnis definiert eine finanzwirtschaftliche Relation.

Ein Maß für *technische Rationalität* sind bspw. die Produktivität, der Beschäftigungsgrad oder die Ausbeute. Aus ökonomischen Gründen ist es sinnvoll, diese Größe zu maximieren. Wenn beispielsweise für die Herstellung von vier Pkw (Outputmenge) 100 Mann-Stunden an Arbeit (Inputmenge) aufzuwenden sind, dann definiert das Verhältnis Output zu Input die Produktivität. Der Beschäftigungsgrad als Maß für den Nutzungsgrad von Betriebsmitteln ist ebenfalls ein Maß für technische Rationalität und läßt sich durch das Verhältnis von tatsächlicher zu maximal möglicher Betriebsstundenzahl definieren. Die Ausbeute mißt den Ergiebigkeitsgrad des Werkstoffeinsatzes und läßt sich bspw. aus der Relation von erzeugtem Roheisen zu eingesetztem Erz messen.

Die Relation von Gesamtkosten zu Produktionsmenge innerhalb eines Bezugszeitraums gibt (für eine Einproduktunternehmung) die durchschnittlichen Stückkosten an und ist ein Maß für die kostenorientierte Wirtschaftlichkeit. Aus *leistungswirtschaftlicher Rationalität* ist die Kostenminimierung sinnvoll. Die durchschnittlichen Stückerlöse (Stückpreise) ergeben sich c.p. aus der Relation von Gesamterlösen zu abgesetzter Menge innerhalb einer Bezugsperiode und sind ein Maß für die erlösorientierte Wirtschaftlichkeit, die aus Rationalitätsgründen zu maximieren ist.

Die Umsatzrendite, die Kapitalumschlagshäufigkeit und die Kapitalrendite sind Maße für die *finanzwirtschaftliche Rationalität*. So ist es sinnvoll, die Umsatzrendite als Relation aus Jahresgewinn und Jahresumsatz zu maximieren. Die Kapitalumschlagshäufigkeit als Verhältnis von Jahresumsatz zu durchschnittlich gebundenem Kapital hingegen wäre ebenfalls zu maximieren. Die Kapitalrendite, das Verhältnis von Gewinn zu Kapital, wäre wiederum sinnvollerweise zu maximieren.

Ziele der vorgenannten Art steuern das Verhalten von Entscheidungsträgern. Dabei ist keineswegs ungewöhnlich, daß Zielkonflikte zwischen technischer, leistungs- und finanzwirtschaftlicher Rationalität auftreten (vgl. Bild A-3).

3. Modellbildung in der Produktionswirtschaft

a) Erfahrungs- und Erkenntnisobjekt

Einen realen Sachverhalt oder ein reales Objekt nehmen wir als (subjektiv geprägtes) *Erfahrungsobjekt* wahr. Der Weg von der Erfahrung zum Erkenntnisobjekt ist durch phänomenologisches Vorgehen geprägt. Wir erfassen reale Phänomene (bspw. einen Produktionsbetrieb), abstrahieren dann von Unwesentlichem und nicht Differenzierendem und formulieren auf diese Weise ein vereinfachtes Modell, das wir *Erkenntnisobjekt* nennen (bspw. ein Fertigungssystem). Der Prozeß der Modellbildung und demzufolge das Modell als Abbild der problemrelevanten Sachverhalte hängt von der spezifischen Fragestellung ab.

	Betrieb A	Betrieb B	Betrieb C
Produktionsaufwand (Zeit, ZE)	10	30	15
Produktionsmenge =Absatz (ME)	125	300	200
Kosten (Geldeinheiten, GE)	2625	6600	4600
Erlöse = Umsatz (GE)	3125	7200	5200
Gewinn = Erlöse - Kosten (GE)	500	600	600
Gebundenes Kapital (GE)	2100	2400	2600
1. **Produktivität** (ME/ZE) $\frac{\text{Produktionsmenge}}{\text{Produktionsaufwand}}$	$\frac{125}{10} = 12{,}5$	$\frac{300}{30} = 10$	$\frac{200}{15} = \mathbf{13{,}3}$
2. **Kostenorientierte Wirtschaftlichkeit** $\frac{\text{Gesamtkosten}}{\text{Produktionsmenge}}$ (GE/ME)	$\frac{2625}{125} = \mathbf{21}$	$\frac{6600}{300} = 22$	$\frac{4600}{200} = 23$
3. **Erlösorientierte Wirtschaftlichkeit** $\frac{\text{Erlöse}}{\text{Absatz}}$ (GE/ME)	$\frac{3125}{125} = 25$	$\frac{7200}{300} = 24$	$\frac{5200}{200} = \mathbf{26}$
4. **Umsatzrendite** $\frac{\text{Gewinn}}{\text{Umsatz}}$	$\frac{500}{3125} = \mathbf{16\%}$	$\frac{600}{7200} = 8{,}3\%$	$\frac{600}{5200} = 11{,}5\%$
5. **Kapitalumschlagshäufigkeit** $\frac{\text{Umsatz}}{\text{Geb. Kapital}}$	$\frac{3125}{2100} = 1{,}5$	$\frac{7200}{2400} = \mathbf{3}$	$\frac{5200}{2600} = 2$
6. **Kapitalredite** $\frac{\text{Gewinn}}{\text{Geb. Kapital}}$ oder Umsatzrendite x Kapitalumschlagsh.	$\frac{500}{2100} = 0{,}24$ 16 % x 1,5 = 24 %	$\frac{600}{2400} = \mathbf{0{,}25}$ 8,3 % x 3 = **25 %**	$\frac{600}{2600} = 0{,}23$ 11,5 % x 2 = 23 %

Bild A-3: Beziehungen und Zielkonflikte zwischen technischer, leistungs- und finanzwirtschaftlicher Rationalität (Eigene Darst. nach Hahn (1990), S. 60)

b) Forschungsmethoden

Das Vorgehen bei der Modellgenerierung ist durch <u>schließende Forschungsmethoden</u> geprägt, die eine theoretische Generalisation aus der realen Vielfalt anstreben. Deduktive Methoden wollen von dem Allgemeinen auf das Besondere schließen. Der *axiomatisch-deduktive Ansatz* postuliert Axiome als nicht empirisch überprüfbare Annahmen (Erkenntnisobjekt) und leitet durch logische Konklusion Schlußfolgerungen in

Form allgemeiner Gesetze oder Theorien ab. Diese müßten gelten, wenn die Annahmen zutreffen. Ein Beispiel hierfür ist das (landwirtschaftliche) Ertragsgesetz, das den Zusammenhang zwischen Mitteleinsatz und Ertrag idealtheoretisch erklärt (vgl. S. 74). Wenn dieses Gesetz gilt, dann lassen sich der optimale Mitteleinsatz sowie der maximal mögliche Ertrag ermitteln. Unter dieser Voraussetzung hätte das Gesetz nicht nur Erklärungsgehalt, sondern auch Entscheidungsgehalt.

Der *empirisch-deduktive Ansatz* geht hingegen von Erfahrungsobjekten aus und formuliert vor einem theoretischen Hintergrund empirisch überprüfbare Hypothesen. Mittels logischer Konklusion wird eine Erklärung für den Ursachen-Wirkungs-Zusammenhang gesucht. Ein Beispiel hierfür ist das Preis-Nachfrage-Verhalten, das den Zusammenhang zwischen Güterpreis und -nachfrage erklärt und nach empirischer Überprüfung für Entscheidungszwecke (bspw. Preissetzung) herangezogen werden kann.

Die *Induktion* geht den umgekehrten Weg und sucht nach Verallgemeinerung von vielen Einzelbeobachtungen. Ausgehend von Erfahrungsobjekten führt eine Menge von Einzelbeobachtungen über heuristische Konklusion zu Hypothesen, die eine Zusammenhangsvermutung darstellen. Dabei besteht allerdings die Gefahr unzulässiger Verallgemeinerung, wie bspw. bei folgender, aus Beobachtungen ableitbarer Hypothese: Immer dann, wenn sich Leute an einer Haltestelle zusammenfinden, kommt bald ein Omnibus.

Auch der *konstruktivistisch-induktive Ansatz* geht von einer Menge von Einzelbeobachtungen aus, verwendet aber auch Axiome und Paradigmen, die von Erkenntnisobjekten geprägt sind. Mittels heuristischer Konstruktion werden Implikationen gewonnen ("Alltagstheorien"), die als "Wenn-so-Aussagen" eine Gestaltungszusammenhang beschreiben. Einen zusammenfassenden Überblick zu schließenden Methoden vermittelt Bild A-4.

Neben schließenden Methoden finden auch *sprachanalytische Methoden* Anwendung. Diese dienen zur Entwicklung eines abbildenden oder begriffsbildenden Aussagesystems, das eine Fachsprache verwendet. Ein Beispiel hierfür ist der Begriff "Preis-Nachfrage-Funktion". *Erkenntnisprüfende Methoden* verwenden logische oder empirische Verfahren zur Überprüfung von Erkenntnissen.

Das *Forschungsziel* der Produktionswirtschaft (wie auch anderer praxisorientierter Teildisziplinen der Betriebswirtschaft) ist die Gewinnung empirisch gehaltvoller Theorien. Eine Theorie ist eine systematisch geordnete Menge von Aussagen über einen Bereich des Bewußtsein (Idealtheorie) oder einen Bereich der objektiven Realität

(Realtheorie, "Alltagstheorien"). Theorien stellen quasi Gesetzesaussagen mit einem Gültigkeitsbereich, den Annahmen (hypothetische, heuristische) sowie Axiomen und Paradigmen dar. Das fachsprachliche Gebilde, das auf diese Weise entsteht, wird als *theoretisches Modell* bezeichnet. Das Denken in theoretischen Modellen ist das Leitmodell der Produktionswirtschaft resp. der Betriebswirtschaft.

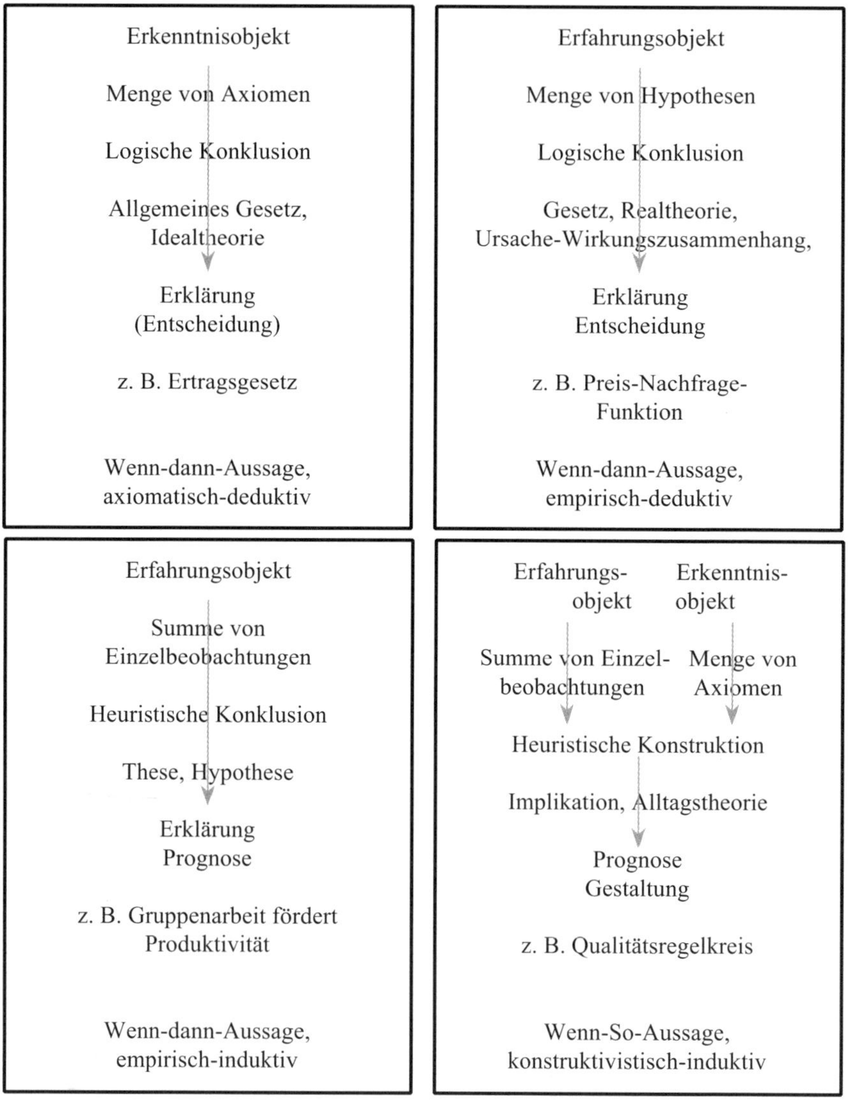

Erkenntnisobjekt	Erfahrungsobjekt
Menge von Axiomen	Menge von Hypothesen
Logische Konklusion	Logische Konklusion
Allgemeines Gesetz, Idealtheorie	Gesetz, Realtheorie, Ursache-Wirkungszusammenhang,
Erklärung (Entscheidung)	Erklärung Entscheidung
z. B. Ertragsgesetz	z. B. Preis-Nachfrage-Funktion
Wenn-dann-Aussage, axiomatisch-deduktiv	Wenn-dann-Aussage, empirisch-deduktiv

Erfahrungsobjekt	Erfahrungs- objekt / Erkenntnis- objekt
Summe von Einzelbeobachtungen	Summe von Einzel- beobachtungen / Menge von Axiomen
Heuristische Konklusion	Heuristische Konstruktion
These, Hypothese	Implikation, Alltagstheorie
Erklärung Prognose	Prognose Gestaltung
z. B. Gruppenarbeit fördert Produktivität	z. B. Qualitätsregelkreis
Wenn-dann-Aussage, empirisch-induktiv	Wenn-So-Aussage, konstruktivistisch-induktiv

Bild A-4: Schließende Forschungsmethoden: Deduktion und Induktion

c) Modelle

Das Problem, vor dem die Produktionswirtschaft steht, sind Untersuchungen am realen Objekt. In der Regel sind diese nämlich nicht wiederholbar (im Unterschied zu naturwissenschaftlichen Experimenten) und auch die Isolierung einzelner Ursachen ist i.d.R. nicht durchführbar. Aus diesem Grunde erfolgen Untersuchungen am Modell als Abbild des realen Sachverhalts (Modellexperiment c.p.). Ein *Reduktionsmodell* stellt ein Abbild durch Vereinfachung her; ein *Konstruktionsmodell* gewinnt das Abbild durch Zusammenfügen einzelner Grundformen und Elemente. Modellaussagen sind hypothetisch oder theoretisch, da Hypothesen und Heuristiken auf empirisch-induktivem Weg nicht zu verifizieren sind. Die Brauchbarkeit der Modellergebnisse und somit der Nutzen des Modells ist so lange gegeben, wie die Hypothesen nicht falsifiziert und die Heuristiken nicht widerlegt sind.

Ein Modellsystem besteht aus einer Menge von Variablen unterschiedlicher Art als Modellelementen (bspw. endogene, exogene, unabhängige, abhängige Variablen) und Relationen zwischen diesen Elementen. Modellarten lassen sich nach verschiedenen Kriterien unterscheiden. *Beschreibungsmodelle* bestehen nur aus einer Menge von Elementen. Ein Beispiel hierfür ist die Buchhaltung, die aus den Elementen Konten, Einzahlungen und Auszahlung besteht.

Erklärungsmodelle benötigen neben Elementen auch kausale Relationen, die den Zusammenhang zwischen den Elementen erklären (wie bspw. bei der Buchführung). *Prognosemodelle* sind ähnlich konzipiert, beschreiben jedoch funktionale Dependenzen zwischen den Elementen. Um ein Erklärungsmodell in ein Prognosemodell überzuführen, müssen die kausalen Relationen in funktionalen Zusammenhängen präzisiert werden, bspw. indem in der Aussage "verknappt das Güterangebot, steigt der Güterpreis" der Zusammenhang zwischen Güterangebot und Preis quantifiziert wird.

Für ein *Entscheidungsmodell* sind neben Elementen und funktionalen Relationen ein Zielsystem sowie eine Entscheidungsregel erforderlich. So könnte beispielsweise bei der Ermittlung der optimalen Losgröße die Loskosten die Zielgröße und die Minimierung der Zielgröße die Entscheidungsregel sein. *Gestaltungsmodelle* verfügen ebenfalls über ein Zielsystem, Elemente und Relationen sowie über Verfahrens- oder Gestaltungsregeln, die überwiegend heuristischer Natur sind.

Nach dem Umfang der Modellbildung lassen sich *Totalmodelle*, die alle relevanten Sachverhalte abbilden, *Partialmodelle*, die nur Teilaspekte abbilden und *myopische Modelle*, als eine spezielle Art statischer Partialmodelle mit einem nur kleinen Abbildungsausschnitt, unterscheiden. Nach der Form der Darstellung modellierter Zusammenhänge kann zwischen verbalen Modelle (z. B. Szenarien oder Gutachten) und formalen Modellen (zum Beispiel Losgrößenmodell, Programmplanung) differenziert werden. Bild A-5 vermittelt einen zusammenfassenden Überblick zu den diskutierten Modellen.

Nach dem Aussagezweck		*Nach dem Zeitbezug*
- Beschreibungsmodell	- Erklärungsmodell	- Statisches Modell (zeitneutral)
- Prognosemodell	- Entscheidungsmodell	- Komparativ-statisches Modell (zeitvergleichend)
- Gestaltungsmodell		- Dynamisches Modell (zeitliche Entwicklung)

Nach der Darstellungsform	*Nach dem Modellumfang*
- Verbales Modell (sprachlich)	- Totalmodell (alle relevanten Sachverhalte)
- Formales Modell (schematisch, mathematisch)	- Partialmodell (Teilaspekte abgebildet)
	- Myopisches Modell (kleiner Ausschnitt, statisch)

Bild A-5: Arten produktionswirtschaftlicher Modelle
(Eigene Darst. nach Selchert (1991), S. 37)

d) Tools

Tools sind Handwerksinstrumente, die zur Lösung von Problemen mittels Modellen eingesetzt werden, z.B. formale Logik, Analytik, Differentialrechnung, Enumeration, Heuristik, Simulation, spieltheoretische Verfahren und andere mehr.

4. Erkenntnistheoretische Ansätze

Durchaus kontrovers verläuft die Diskussion um die *methodische Ausrichtung* der Betriebswirtschaftslehre und damit um die Frage, ob die Betriebswirtschaftslehre eine wertfreie oder eine wertende Wissenschaft sein sollte. Um dies zu beurteilen, müssen Werturteile nach ihrer Art unterschieden werden. *Sekundäre Werturteile* stellen eine Wertbeziehung zwischen zwei Objekten her. Eine Wertbeziehung ist beispielsweise die Aussage, "Verfahren A ist wirtschaftlicher als Verfahren B". Diese Aussage läßt sich nach Definition des Maßstabs "Wirtschaftlichkeit" mit wissenschaftlichen Methoden sichern und gilt deshalb als wertfrei.

Hingegen ist die Aussage "Verfahren B ist nicht human" ein *primäres Werturteil*, das auf dem Vergleich mit einem persönlichen Wertesystem basiert und deshalb ein subjektives Urteil darstellt. Diese Aussage stellt ebenso wie bspw. die Aussage "Gewinne sind unsozial" ein persönliches Bekenntnis und keine objektive Erkenntnis dar. Derartigen normative Aussagen rücken deshalb in die Nähe ideologischer Bekenntnisse, was eine Wissenschaft vermeiden sollte. Klammern wir normative Wertungen aus, so lassen sich drei grundlegende Ansätze in der Betriebswirtschaftslehre unterscheiden:

(1) *Betriebswirtschaftslehre als theoretische Disziplin* (Rieger, Schmidt, Gutenberg): Das Ziel dieses Ansatzes ist es, betriebliche Sachverhalte zu beschreiben und zu erklären. Demzufolge steht die systematische Erforschung empirischer betrieblicher Problemstellungen im Vordergrund. Zeitaktuelle Probleme dienen gewöhnlich als Antriebsmotor. Mittels mathematisch deduktiver Forschung wird die Entwicklung betriebswirtschaftlicher Theorien (sog. Idealtheorien) angestrebt. Zwischen 1960 und 1965 hat diese Periode vorläufig einen Abschluß gefunden.

(2) *Betriebswirtschaftslehre als empirisch-realistische Disziplin:*
Unter diesem Ansatz wird Betriebswirtschaftslehre als eine angewandte Wissenschaft verstanden. Empirisch-induktiv werden Theorien entwickelt, in dem zunächst festgestellt wird, wie gehandelt wird (Beschreibung), um dann daraus Verfahrensregeln abzuleiten, die gestaltend Anwendung finden sollen. Diese praktischen Normen (Realtheorien) erheben den Anspruch auf Wertfreiheit.

(3) *Betriebswirtschaftslehre als heuristisch-normative Disziplin:*
Dieser Ansatz stellt die Forderung einer praktischen Wissenschaft an die Betriebswirtschaftslehre. Aus heuristisch-induktiven Aussagen wird ein Sollzustand für betriebswirtschaftliche Sachverhalte gefolgert. Aussagen dieser Art haben die Eigenschaft einer paradigmatischen Norm.

a) Faktortheoretischer Ansatz von Gutenberg

Gutenberg fokussierte sich insbesondere auf die mathematisch deduktive Erforschung des Kombinationsprozesses der Produktionsfaktoren (vgl. Gutenberg). Für seine Zwecke entwickelte er ein System der produktiven Faktoren (Bild A-6), welche die Grundlage für den faktortheoretischen Ansatz bilden:

- die Produktions- und Kostentheorie,
- die Theorie der Verbrauchsfunktionen,
- die Theorie der Anpassung an Beschäftigungsschwankungen,
- die Theorie der Produktionskoeffizienten und
- die Theorie der Produktionsfunktionen.

	Planung	
Dispositive Faktoren	Organisation	**Derivative Faktoren**
	Betriebs- und Geschäftsleitung	
Elementare Faktoren	Objektbezogene Arbeit	**Originäre Faktoren**
	Betriebsmittel	
	Werkstoffe	

Bild A-6: System produktiver Faktoren nach Gutenberg

Wie andere Theorien, ist auch diese Theorie keineswegs unumstritten, so wird bspw. der Vorwurf wirklichkeitsfremder Spekulation erhoben (vgl. bspw. Mellerowich) und der Erkenntnisgewinn für die Praxis bezweifelt.

b) Entscheidungstheoretischer Ansatz

Das Ziel dieses Ansatzes sind empirisch-realistische Aussagen auf der Grundlage eines Systems entscheidungslogischer Erkenntnisse (vgl. Heinen). Im Vordergrund steht deshalb die Frage "Wie können betriebswirtschaftliche Ziele optimal realisiert werden?". Damit rückt der Mensch stärker in den Forschungsfokus der Betriebswirtschaftslehre, die sich somit zwangsläufig zu den Verhaltenswissenschaften hin öffnen muß. Mit Mutationen und Erweiterungen kann dieser Ansatz der Gewinnung empirisch gehaltvoller Theorien als die heute vorherrschende Konzeption gelten.

Um rationale Problemlösungen zu gewinnen werden betriebswirtschaftliche Entscheidungstatbestände in Entscheidungsmodellen (Erkenntnisobjekt) abgebildet. Diese Modelle werden i.d.R. als mathematische Optimierungsmodelle gestaltet, die unterschiedlichen Lösungsverfahren zugänglich sind.

Der Erkenntnisfortschritt liegt in der interdisziplinären Öffnung der Betriebswirtschaftslehre. Insbesondere erfährt die bisher weitgehend statische betriebswirtschaftliche Theorie eine Dynamisierung. Betriebliche Entscheidungstatbestände werden im Zeitablauf erforscht, sowie unter Risiko und Unsicherheit.

Auch dieser Ansatz ist keineswegs ohne Kritik geblieben. Da allein Unternehmen betrachtet und ausschließlich Kapitalinteressen verfolgt werden, wird häufig der Vorwurf des Partikularismus erhoben. Ferner ist der Ansatz von Positivismus geprägt, da nur auffindbare, aber keine wünschenswerten Ziele erforscht werden. Auch zielt dieser Ansatz nur auf rational-ökonomisches Handeln, wirtschaftliches Handeln hingegen ist aber soziales Handeln, was weitgehend ununtersucht bleibt.

c) Gestaltungstheoretischer Ansatz

Dem gestaltungsorientierten Ansatz können der systemorientierte Ansatz, sowie der evolutionsorientierte Ansatz subsumiert werden.

Der *systemorientierte Ansatz* definiert den Betrieb als produktives soziales System, das sich dynamisch entwickelt und deshalb zu gestalten ist (vgl. Ulrich). Betriebe sind offene Systeme, die mit ihrer Umwelt über die Systemgrenzen kommunizieren (Information) und interagieren (Güteraustausch). Die Vorstellung der Systemtheorie ist, daß diese Systeme hinsichtlich angestrebter Zustände zu strukturieren und durch Regelmechanismen zu steuern sind (Kybernetik I). Die Entwicklung von Modellösungen für die Praxis erfolgt auf der Basis des theoretischen Wissens einer Vielzahl von Disziplinen. Dieser Ansatz zielt nicht auf die Erklärung der Wirklichkeit, sondern strebt den Entwurf bzw. die Konstruktion zukünftiger Wirklichkeiten an. Die Entwicklung der BWL zu einer interdisziplinären Wissenschaft ist der Erkenntnisfortschritt, der mit diesem Ansatz verbunden ist.

Der *evolutionsorientierte Ansatz* interpretiert Betriebe als hochkomplexe Organismen mit koevolutiver, selbstorganisierender Entwicklung (vgl. Jantsch, Riedel, Fester, Ulrich, Gomez, Malik). Diese Auffassung beruht auf der Einsicht, daß die Steuerung von Betrieben (Kybernetik I) nur in begrenztem Umfang durch geplante Eingriffe möglich ist. Unternehmen lassen sich deshalb nur indirekt beherrschen durch eine organisch-hierarchische Struktur und neue Führungsprinzipien.

Dem Ansatz ist ein ganzheitliches systematisches Denken statt einer abstrahierend reduktionistischen Denkweise eigen. Wirtschaft wird nur als ein Aspekt des sozialen Gebildes Unternehmen gesehen. Der Forschungsfokus liegt deshalb auf den Prozessen der Selbstorganisation. Eine totale Machbarkeit ist nicht gegeben, weil soziale und ökonomische Zusammenhänge nicht allein auf analytischem Wege begreifbar und analytisch erfaßbar sind. Deshalb erfolgt eine Fokussierung auf den Prozeß (das Werden) und nicht auf den Strukturerhalt (das Sein). Diese Vorgehensweise wird häufig mit dem Schlagwort Prozeßorientierung belegt.

Der Erkenntnisfortschritt dieses Ansatzes besteht darin, daß eine Öffnung zu Nachbarwissenschaften der Betriebswirtschaftslehre, insbesondere zu den Sozialwissenschaften, den Naturwissenschaften, der Ökologie und der Evolutionstheorie erfolgte. Strategisches (Produktions-)Management erfordert deshalb besondere Organisationsansätze und Führungsmodelle, die sich in den Schlagworten Lean Management (oder Lean Production), flache Hierarchien, Dezentralisierung, Selbststeuerung und Kundenorientierung manifestieren.

d) Verhaltenstheoretischer Ansatz

Der homo oeconomicus, der rational entscheidende Mensch, ist eine Fiktion und deshalb realitätsfern. Wirtschaften ist soziales Verhalten, weshalb tatsächliches Entscheidungsverhalten nur mit Hilfe der Verhaltenswissenschaft zu erfassen ist. Unter diesen Paradigma fand die Betriebswirtschaftslehre eine Hinwendung zu betriebswirtschaftlicher Verhaltensforschung. Die Erkenntnisse der Forschung schlagen sich in unterschiedlichen Managementlehren nieder, die als Handlungsanweisungen für Managementprobleme zu sehen sind.

So läßt sich bspw. die Marketingtheorie als eine Führungskonzeption mit Ausrichtung auf die Absatzmärkte und somit das Konsumentenverhalten verstehen. Die Organisationstheorie beschäftigt sich mit dem Verhalten von Institutionen sowie dem Verhalten von Mitgliedern in Institutionen. Kritisch geäußert zu diesem Ansatz wird, daß das Verhalten von Märkten und Organisationen zu komplex ist, um es in Form von Gesetzen beschreiben und erklären zu können. Die BWL läuft damit Gefahr, die Eigenschaft einer soliden theoretischen Wissenschaft zu verlieren und sich zu einer Verhaltenswissenschaft zu wandeln.

e) Sonstige Ansätze

Es gibt eine Vielzahl von anderen Ansätzen in der Betriebswirtschaftslehre von denen hier nur kurz drei weitere genannt werden sollen: Der *arbeitsorientierte Ansatz* will eine arbeitsorientierte Einzelwirtschaftslehre entwickeln. Ausgehend davon, daß Arbeiter die einzige produktive Klasse sind, tendiert dieser Ansatz zu einer politisch ideologischen Ausrichtung.

Mit dem Argument, daß Information und Kommunikation ca. 75 % der betrieblichen Aktivitäten umfassen, fordert der *EDV-orientierte Ansatz* die Ausrichtung der Betriebswirtschaftslehre auf elektronische Datenverarbeitung (EDV) und Informationstechnologien (IT). Informationssysteme sollen deshalb im hohen Maße eingesetzt werden, um die betrieblichen Prozesse zu steuern und zu kontrollieren. Hiergegen läßt sich kritisch einwenden, daß dieser Ansatz im Grunde keine betriebswirtschaftliche Konzeption darstellt, sondern nur eine Technik, die in allen anderen Ansätzen ebenfalls anwendbar ist.

Fassen wir die wesentlichen Gedanken des wissenschaftstheoretischen Kapitels in Kürze zusammen: Das Streben nach Erkenntnis, spezielle Erkenntnisobjekte und Erkenntnisziele, die Anwendung spezifischer Forschungsmethoden sowie die Sicherung der Erkenntnisse und deren systematische Ordnung kennzeichnen eine Wissenschaft. Entscheidungsorientiertes Handeln fordert Ziele. Sachziele definieren, was gemacht werden soll. Auf dieser strategischen Ebene geht es darum, "die richtigen Dinge zu tun". Formalziele legen im Unterschied dazu fest, wie etwas gemacht werden soll, nämlich auf operativer Ebene "die Dinge richtig zu tun". Rationalziele sind Grundregeln für ökonomische Entscheidungen. Hier lassen sich zum einen technische Rationalziele wie Produktivität, Beschäftigung, Ausbeute, leistungswirtschaftliche Ziele, wie kostenorientierte oder erlösorientierte Wirtschaftlichkeit, sowie finanzwirtschaftliche Ziele wie Umsatzrendite, Kapitalumschlagshäufigkeit oder Kapitalrendite (ROI) unterscheiden.

Unternehmen, Betriebe, Werke oder Produktionssysteme sind als reale Phänomene Erfahrungsobjekte. Durch Abstraktion vom realen Abbild entstehen Denkmodelle, die als Erkenntnisobjekte bezeichnet werden. So ist beispielsweise das Denkmodell einer Fließfertigung das Abbild einer realen Fließstrecke. Grundlegende Forschungsmethoden der Betriebswirtschaftslehre sind Deduktion und Induktion. Die Deduktion verfolgt den Weg vom Allgemeinen zu Besonderen. Dies mag idealtheoretisch erfolgen, indem vom Erkenntnisobjekt ausgehend Wenn-dann-Aussagen abgeleitet werden. Dies erfolgt realtheoretisch, wenn aus dem Erfahrungsobjekt Aussagen über Ursache-Wirkungs-Zusammenhänge abgeleitet werden.

Induktive Methoden verfolgen den umgekehrten Weg. Auf empirisch induktivem Weg wird eine Hypothese (Zusammenhangvermutung) formuliert, die aus dem Erfahrungsobjekt abgeleitet wird. Konstruktivistisch-induktives Vorgehen führt zu Aussagen über Gestaltungszusammenhänge ("Alltagstheorien") in Form von Wenn-so-Aussagen (Implikationen), die aus dem Erfahrungsobjekt und auch dem Erkenntnisobjekt abgeleitet sein können.

Übungsaufgaben zu Kapitel A

1. Was kennzeichnet eine "Wissenschaft"?
2. Erläutern Sie Sach-, Formal- und Rationalziele und nennen Sie Beispiele dafür!
3. Die Betriebswirtschaftslehre differenziert zwischen Erkenntnisobjekt und Erfahrungsobjekt. Definieren Sie die Inhalte und Bezugsobjekte der beiden Begriffe.
4. Erläutern Sie und beschreiben Sie beispielhaft das deduktive und das induktive Vorgehen beim Erkenntnisgewinn.
5. a) Erläutern Sie das Forschungsziel der Produktionswirtschaft!
   b) Erklären Sie den Begriff "Modell" und begründen Sie die Anwendung in der Produktionswirtschaft.
   c) Strukturieren Sie Erscheinungsformen produktionswirtschaftlicher Modelle nach Art und Zweck.
6. In der betriebswirtschaftlichen Theorie werden unterschiedliche Vorgehensweisen bei der Erkenntnisgewinnung sowie der -nutzung unterschieden und diese Konzeptionen als Forschungsansätze bezeichnet. Beschreiben Sie die grundlegenden Gedanken der beiden Ausprägungen "Entscheidungsorientierter Ansatz" und "Gestaltungsorientierter Ansatz".

B. Produktionswirtschaftliche Prozesse

1. Zielbildungsprozesse

a) Entstehung von Zielen

Ziele sind angestrebte, zukünftige Zustände wie bspw. der Verkauf oder der Erwerb einer Unternehmenssparte, eine geplante Produktivität oder eine angestrebte Rendite. Ziele sind jedoch keine dauerhaft vorgegebenen Größen. Ziele hängen deshalb einerseits von unternehmensinternen Entwicklungen ab (Rendite, Produktivität, Gewinn), aber ebenso von den Veränderungen in der betrieblichen Umwelt (z. B. Wechselkurse, Absatzmarkt, Beschaffungsmarkt, Arbeitskosten, etc.). Ziele sind von sehr unterschiedlicher Tragweite, bspw. Sachziele, die eine strategische Ausrichtung verkörpern, und Formalziele, die operatives Verhalten steuern. Ziele sind i.d.R. interdependent, wobei die kurzfristige und langfristige Interdependenz sehr unterschiedlich geartet sein können. So kann bspw. unter den hiesigen Bedingungen das Formalziel einer langfristig hohen Rendite wohl kaum erreicht werden, wenn das Sachziel Bergbautätigkeit ist. Ziele, als das Ergebnis von Zielbildungsprozessen, dienen dazu, das Verhalten von Mitarbeitern zu steuern.

Der Ausgangspunkt für *Zielbildungsprozesse* sind latente Ansprüche und Bedürfnisse. Da diese auf seiten von Entscheidungsträgern und Interessengruppen durchaus sehr unterschiedlich sein können, ist ein Kompromiß in Form eines Ausgleichs oder einer Relativierung zu suchen. Die Art des Ausgleiches hängt dabei von der Machtverteilung und dem Durchsetzungsvermögen der Entscheidungsträger (Vorstand, Unternehmensleitung, Aufsichtsrat, Aktionäre) sowie der Anspruchsgruppen (Kapitalgeber, Marktpartner, Gesellschaft, Politik) ab. Unter Umständen sind hier Schlichter oder Vermittler in Form von Beratern oder angesehenen Persönlichkeiten einzuschalten.

Das Resultat des Zielbildungsprozesses sind verbindliche Ziele, die für eine Organisationseinheit Gültigkeit haben. Häufig werden Ziele zunächst in Form eines Oberziels, beispielsweise auf Unternehmensebene formuliert. Das *Oberziel* bildet ein System von Leitmaximen, in denen sich die ethisch, moralische, soziale Grundhaltung bei wirtschaftlichem Handeln manifestiert. Aus dem Oberziel sind *Unterziele* abzuleiten, indem das Oberziel konkretisiert und operationalisiert wird. Dies ist erforderlich, um das Ausmaß der Zielerreichung meßbar und somit die Zielerreichung kontrollierbar zu machen.

b) Dimension des Zielsystems

Die Ziele in einem Unternehmen als soziales System haben sehr unterschiedliche Dimensionen. Mit sozialer, ökologischer und wirtschaftlicher Dimension sollen drei wesentliche unterschieden werden.

In der *sozialen Dimension* geht es um den Menschen als Mitarbeiter und Führungskraft. Im Vordergrund stehen deshalb Arbeitsbedingungen, Entlohnungssystem, Anreizsysteme, Mitwirkung und Mitsprache, sowie Arbeitsplatzsicherheit. Die Rechte von Mitarbeitern sind unter anderem durch das Mitbestimmungsrecht und Tarifverträge geregelt. Dies hat zwangsläufig Auswirkungen auf produktionswirtschaftliche Ziele und Planungen.

In *ökologischer Dimension* stehen die Ressourcennutzung, der Produktgebrauch, die Produktentsorgung sowie der Umweltschutz aus produktionswirtschaftlich-logistischer Sicht im Vordergrund. Ökologisch vorteilhafte Entscheidungen konfligieren jedoch häufig mit ökonomischen und sozialen Ansprüchen.

In *ökonomischer Dimension* lassen sich Leistungsziele, Finanzziele und Erfolgsziele unterscheiden. Leistungsziele betreffen betriebliche Organisationsleistungen wie beispielsweise Beschaffung und Einkauf, Disposition und Produktion, Logistik und Materialwirtschaft, Absatz und Vertrieb oder Marketing. Die wesentlichen Finanzziele sind Liquidität, Investition und Finanzierung. Umsatz, Gewinn, Rentabilität und Produktivität können als die wesentlichen Erfolgsziele gesehen werden. Da ökonomische Ziele häufig in Konflikt mit sozialen und ökologischen Zielen stehen, ist ein Ausgleich nur durch Kompromisse zu finden.

c) Bildung eines Zielsystems

Da Oberziele nicht operational sind und gewöhnlich eine Vielzahl von Zielen existiert, muß eine geordnete Zielplanung mittels Konkretisierung und Operationalisierung von Zielen in einem Zielsystem erfolgen. Der Prozeß der Zielplanung läßt sich in sieben Phasen disaggregieren (s. Bild B-1).

In der Phase der *Zielsuche* ist ein Zielkatalog zu entwickeln und aus diesem Zielkatalog sind 'die richtigen Ziele' zur Erfüllung der Oberziele auszuwählen. Die Auswahl wird dabei durch die Realisierbarkeit der Ziele mit den gegebenen Mitteln gesteuert.

Die ausgewählten Ziele sind zu *operationalisieren*, indem Zielinhalt (z. B. Rentabilität), Zielausmaß (z. B. $\geq 10\%$) und Zeitbezug (z. B. in einem Jahr) konkretisiert werden, um zu gegebener Zeit über das Ausmaß der Zielerreichung zu befinden.

B. Produktionswirtschaftliche Prozesse — 21 —

Phase	Aufgabe
(1) Zielsuche	Zielkatalog entwickeln
(2) Operationalisierung	Zielinhalt,- ausmaß und Zeitbezug konkretisieren
(3) Zielordnung	Zweck-Mittel-Beziehung zwischen Oberziel und Unterzielen
(4) Realisierbarkeit	Ausmaß der Zielerreichung
(5) Zielselektion	Auswahl konkreter Ziele
(6) Zielumsetzung	Einzelziele vereinbaren oder vorgeben
(7) Zielüberprüfung, -revision	Überprüfung und Anpassung

Bild B-1: Phasen im Prozeß der Zielplanung

Die *Zielordnung* stellt eine Zweck-Mittel-Beziehung zwischen Oberziel und Unterzielen auf. Die Erreichung des Unterziels ist deshalb ein Mittel zur Erreichung des Oberziels. Z. B. kann bei hoher Produktqualität (Unterziel) eine höherer Produktpreis durchgesetzt werden, der über höhere Löhne auch zu höheren Gewinnen (Oberziel) führt. Ein derartiges Zielsystem verdeutlicht die Wirkungen von Zielbeziehungen. Ziele sind *komplementär*, wenn sie sich hinsichtlich Zielerreichung gegenseitig unterstützen; z. B. fördert die Steigerung der Produktqualität das Ziel einer Preiserhöhung.

Indifferente Ziele haben keinerlei Einfluß aufeinander; bspw. trägt die Verbesserung des Kantinenessens kaum zur Besserung der Qualität eines Produktes bei. Bei *Zielkonkurrenz* kann das eine Ziel nur zu Lasten des anderen Ziels erreicht werden. So steht beispielsweise das Ziel Intensivierung des Kundenservice im Widerspruch zu dem Ziel geringe Servicekosten. Bei *Zielantinomie* schließen sich die Zielerreichungen gegenseitig aus. So läßt sich beispielsweise die Halbierung des Emissionsvolumens c.p. bei Verdoppelung des Produktionsvolumens in einer Periode nicht erreichen.

Bei Festlegung eines Planziels ist die Zielerreichung auf *Realisierbarkeit* zu überprüfen. So dient ein Ziel, das nicht zu erreichen ist, keineswegs der Motivation von Handelnden. Gegebenenfalls sind deshalb Ziele auf eine sinnvolles Ausmaß zu revidieren.

Aus der großen Zahl der Ziele sind konkrete *Ziele* zu *selektieren*. Erfahrungsgemäß sollte die Zahl der gleichzeitig zu verfolgenden Ziele möglichst klein sein und etwa fünf bis sieben Ziele nicht übersteigen.

Die *Umsetzung der Ziele* erfordert konkrete Zielvorgaben für die einzelnen Abteilungen des Unternehmens respektive für deren Mitarbeiter. Je nach Art des Führungssystems können an die Stelle von Vorgaben (autoritär) auch Vereinbarungen (partizipativ) mit Abteilungen und Mitarbeitern treten.

Um sich an Veränderungen in der Umwelt und auch an interne Veränderungen anzupassen, sollten Ziele situativ oder periodisch einer *Überprüfung* auf Zweckmäßigkeit unterzogen und gegebenenfalls revidiert werden.

2. Planungsprozesse

a) Planungsaufgaben

Die produktionswirtschaftlichen Planungsaufgaben umfassen das Produktsystem, das Produktionssystem, das Produktionsprogramm sowie den Produktionsvollzug. Das Sachziel legt das Produktfeld fest (beispielsweise Automobile). Die nachgelagerte taktische Aufgabe besteht darin, Einzelprodukte im Produktfeld zu positionieren, beispielsweise Pkw nach Preis- oder Qualitätsklasse, und über die Einführung neuer Produkte, über Produktvariationen oder über Produkteliminationen zu befinden. Die Festschreibung der Einzelprodukte im Produktportfolio führt zu dem *Produktprogramm*. Dieses Produktprogramm ist im Hinblick auf Zukunftsorientierung, Überalterung und Position in der Lebenszyklusphase zu analysieren. Ein überaltertes Produktprogramm (Bild B-2) ist dadurch gekennzeichnet, daß ein hohes Umsatzpotential bei Produkten mit niedriger Lebenserwartung besteht. Vice versa besteht ein niedriges Umsatzpotential bei Produkten mit langer Lebenserwartung, ein unausgewogenes Programm, das keine nachhaltige Entwicklung erwarten läßt.

Ein zukunftsorientiertes Produktprogramm (Bild B-3) zeichnet sich durch ein hohes Umsatzpotential bei Produkten mit hoher Lebenserwartung aus und vice versa ein niedriges Umsatzpotential bei Produkten mit niedriger Lebenserwartung. Falls derartige Analysen eine strategische Lücke aufzeigen, so sollte diese geschlossen werden. Mögliche Maßnahmen sind Produktinnovation, Produktimitation (innovierend, kopierend), Produktvariation und Produktelimination innerhalb der Planungsperiode. Das Produktprogramm legt somit die Sortimentsbreite und die Sortimentstiefe eines Geschäftsfelds fest.

Der Zweck des *Produktsystems* ist die Realisierung gewünschter Leistungen durch die Ausführung bestimmter Produktionsaufgaben. Träger der Leistungserstellung sind Produktiveinheiten (Mensch, Betriebsmittel), die aufgabenteilig im Produktionsprozeß eingesetzt werden. Die Nutzungsmöglichkeiten dieser Leistungsträger bleiben über abgegrenzte Produktionsperioden nahezu gleich hoch erhalten; sie werden deshalb Potentiale genannt. Betriebsmittel dienen der Werkverrichtung, Menschen leisten Arbeitsverrichtung.

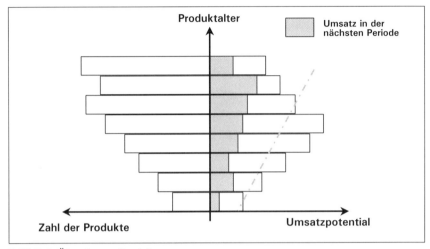

Bild B-2: Überaltertes Produktprogramm

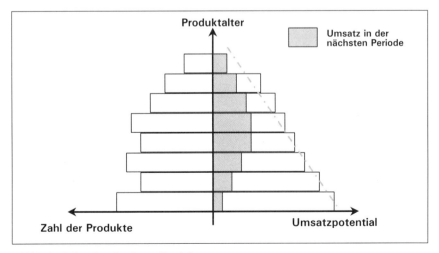

Bild B-3: Zukunftsorientiertes Produktprogramm

Das *Produktionsprogramm* legt die Leistungen nach Art (Qualität), Menge (Quantität) und zeitlicher Verteilung innerhalb einer Produktionsperiode fest. Das Programm ist das Ergebnis der operativen Produktionsplanung. Die programmatische Festschreibung muß als ein verbindlicher Vertrag zwischen Marketing und Produktion gesehen werden.

Die wesentlichen Aufgaben der Programmplanung bestehen darin,
- erfolgversprechende Erzeugnisse zu ermitteln (Produktion, Marketing),
- Bereichsziele zu vereinbaren (Produktion, Marketing, Optimierung),
- Lagerbestände zu vereinbaren (Beschaffung, Produktion, Vertrieb),
- Primärbedarfe zu ermitteln (Materialbedarfsplanung, Termine),
- Engpässe zu berücksichtigen (Personal, Maschinen, Termine) und
- finanzwirtschaftliche Informationen zu ermitteln
(Einzahlungen, Auszahlungen, Auswirkung auf die Liquidität).

Die Art der Programmbildung kann nach Kundenauftrag oder nach Markterwartung unterschieden werden. Im Anlagebau oder Hochbau bezieht sich die Nachfrage auf kundenindividuelle Erzeugnisse. Die Programmbildung ist deshalb nur kundenauftragsbezogen möglich. Das hat den Vorteil, daß keine Absatzprognose zu erstellen ist und auch kein Absatzrisiko entsteht. Diese Art des Kundenauftrags bedeutet aber zugleich eine sehr hohe Lieferfrist und hinsichtlich der Planung von Konstruktion und Fertigung einen hohen technischen und organisatorischen Aufwand.

Weiße (Küchengeräte) und braune Ware (Rundfunkgeräte) hingegen sind standardisierte Erzeugnisse, deren Absatz auf Grund von Erwartungen periodisch geschätzt wird. Der Rückgriff auf standardisierte Planungs- und Fertigungsunterlagen sowie Erfahrungen bedingt deshalb bei erwartungsbezogene Programmbildung einen relativ geringen Aufwand.

In der Praxis findet man häufig Mischtypen. So sind im Werkzeugmaschinenbau beispielsweise standardisierte und kundenindividuelle Erzeugnisse im Programm. Vielfach werden Standarderzeugnisse auch mit kundenindividueller Variation geliefert (Lkw, Busse, landwirtschaftliche Fahrzeuge und Maschinen). Dies ermöglicht die erwartungsbezogene Vorfertigung von einzelnen Teilen. Die Baukastenproduktion (beispielsweise bei PC, Möbelsystemen) erlaubt die Vorfertigung aller Teile, die nach Kundenwunsch schließlich nur noch montiert werden müssen.

Das Produktionsprogramm ist die fundamentale Grundlage für Fertigung und Montage, um die Leistungserstellung effizient und effektiv zu vollziehen (vgl. Bild B-4).

Auf der Basis des Produktionsprogramms kann nun die Planung und die Steuerung des *Produktionsvollzugs* unter Formalzielen erfolgen. Die Einzelaufgaben bestehen in der Bereitstellungsplanung, in der Fertigungsplanung und in der Ablaufsteuerung. In der Bereitstellungsplanung sind Menge und Termine für Material auf der Basis von Nettobedarfen nach Eigenfertigung und Fremdfertigung zu planen. Aus den Eigenfertigungsbedarfen läßt sich schließlich der Bedarf an Personal und Betriebsmitteln und somit der Kapazitätsbedarf für die Fertigungsaufgaben ableiten. Die *Fertigungsplanung* muß Losgrößen ermitteln, die Auftragsreihenfolgen festlegen, die Größen von Zwischenlagern planen, Arbeitsgänge terminieren, Produktionsfaktoren reservieren und bereitstellen, den Produktiveinheiten Aufträge zuweisen sowie Arbeitsunterlagen (Fertigungsaufträge, Bestellanforderungen) erstellen. Der *Ablaufsteuerung* obliegt, die Fertigungsaufträge nach Überprüfung auf Durchführbarkeit freizugeben, den Fertigungsfortschritt zu kontrollieren sowie die Fertigung zu sichern.

Programmplanung	*Absatzplanung* - Kundenaufträge - Absatzprognosen - Eilaufträge	*Produktionsplanung*
	Produktionsprogrammplanung - Sortimente - Mengen - Fertigungsart	
Vollzugsplanung	*Bereitstellungsplanung* - Material - Personal - Kapazitäten	*Produktionssteuerung*
	Fertigungsplanung - Losgrößen - Auftragsreihenfolge - Zwischenlager - Arbeitsgangterminierung - Reservierung Produktionsfaktoren - Arbeitsunterlagen erstellen	
	Ablaufsteuerung - Auftragsfreigabe - Fertigungsfortschritt kontrollieren - Fertigung sichern	

Bild B-4: Produktionsprogramm- und Produktionsvollzugsplanung

Durch Bündelung von Fertigungsaufgaben zu Fertigungs- und Beschaffungsaufträgen erfolgt eine Entkopplung von Bedarf und Auftrag. Aus unterschiedlichen Primärbedarfen werden Nettobedarfe terminiert. Aus diesen Nettobedarfen resultieren Fertigungs- und Beschaffungsbedarfe, die dann zusammengefaßt werden zu Fertigungs- bzw. Beschaffungsaufträgen.

Die Formalziele der Produktionswirtschaft legen fest, wie produziert werden soll. Handelt es sich um Kostenziele, so ist das Formalziel gewöhnlich die Kostenminimierung. Als Ersatzziele für fehlende oder aufgrund komplexer Zusammenhänge nicht definierbarer Kostenziele dienen Zeitziele, so daß häufig auch die Zeitminimierung (bspw. der Durchlaufzeit oder der Wartezeit) als Formalziel herangezogen wird.

b) Planungsmethoden

Wirtschaftliches Handeln ist zielorientiert. Planung bedeutet die gedankliche Vorwegnahme zukünftigen Handelns, im Gegensatz zu Improvisation. Planung ist deshalb zugleich als ein willensbildender Prozeß zur Erreichung von Zielen zu verstehen. Die Aufgaben des dispositiven Faktors bestehen darin, Ziele zu setzen (vgl. Kap. B1), Leistungen zu planen (vgl. Kap. B2), über Planungsobjekte zu entscheiden (vgl. Kap. B3), Entscheidungen zu realisieren und die Realisierung der Aufgaben zu steuern und zu überwachen (vgl. Kap. B4).

Die Art der Planung kann unterschieden werden nach dem *Planungszweck*. Die *Effektivplanung* ist die Planung für den laufenden Bedarf. *Alternativplanung* wird erforderlich, wenn eine grundlegende Änderung der Lage erfolgt. *Eventualplanungen* sind Vorausplanungen für Ausnahmesituationen oder Notfälle.

In der *Grundsatzplanung* wird das Unternehmensleitbild entworfen. Die *Maßnahmenplanung* dient zur Realisierung derartiger Leitziele, wobei sich aufgrund unterschiedlicher *Planungsinhalte* die strategische, die taktische und die operative Planungsebene unterscheiden lassen:

Die *strategische Planung* ist eine Rahmenplanung, die auf die Erhaltung und Schaffung langfristiger Erfolgspotentiale abstellt. Gegenstand der strategischen Planung sind strategische Geschäftsfelder (Produkt-Markt-Kombinationen). Damit werden Strukturen qualitativ festgelegt. Der Zeitraum der strategischen Planung umfaßt, je nach Branche, zwischen zwei und fünfzehn Jahren. Instanz der Planungsebene ist die Unternehmens- oder Geschäftsfeldführung.

Im Rahmen der *taktischen Planung* erfolgt die Konkretisierung der Rahmenplanung auf Geschäftsfeldebene durch Festlegung von Leistungspotentialen. Hierzu sind Maßnahmenkataloge (Produktionsvolumen, Fertigungsorganisation, Investment) im Zeitraum zwischen 0,5 und 3 Jahren zu entwerfen. Die Planung auf Ebenen des Geschäftsfelds quantifiziert deshalb Strukturen und legt Prozesse qualitativ fest.

Der *operativen Planung* obliegt die Optimierung der betrieblichen Aktivitäten im taktischen Rahmen bei gegebener Nachfrage. Aufgabe ist die Festlegung eines Produktionskalenders auf Ebene der Fachabteilung in einem Zeitraum zwischen einem Tag und einem Jahr. Aufgrund der übergeordnet festgelegten Rahmenbedingungen erfolgt hier die Optimierung der operativen Prozesse.

Die Anordnung der Planungsebenen führt zu einer *hierarchischen Planungsstruktur* (s. Bild B-5). Bei *retrograder Planung* (Top down) werden aus dem strategischen Plan die taktischen Pläne der Geschäftseinheiten und aus letzteren die operativen Pläne abgeleitet. Bei *progressiver Planung* beginnt die Planung in Form von Einzelplänen in den operativer Einheiten, die dann auf taktischer Ebene zu Plänen der Geschäftsfelder zusammengefaßt werden. Die Zusammenführung der Geschäftsfeldpläne führt schließlich auf oberster Ebene zur strategischen Planung. Häufig erfolgt die Planung in Form des *Gegenstromverfahrens* (kooperative Planung) mit Top-down-Eröffnung. Hier werden Ziele nicht von oben nach unten fest vorgegeben, sondern mittels Abstimmungsprozessen durch Kompromisse vereinbart.

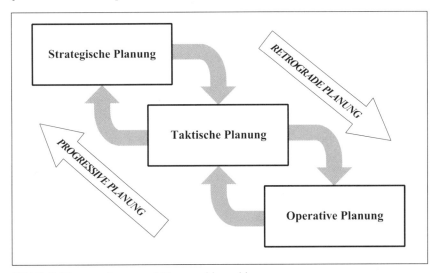

Bild B-5: Planungsebenen und Planungshierarchie

Innerhalb der Planung lassen sich vier *Planungsphasen* unterscheiden. In der (1) *Informationsphase* erfolgt die Sachstandsermittlung mit Situationsanalyse und Lagefeststellung. In der (2) *Suchphase* wird das Entscheidungsfeld analysiert. Es werden potentielle Alternativen erfaßt, realisierbare Alternativen ausgewählt und letztendlich diese bewertet. In der (3) *Optimierungsphase* werden die Alternativen in eine Rangfolge gebracht, um daraus einen Vorschlag für den Entscheidungsträger zu entwickeln. Schließlich sind die (4) *Ergebnisse* der Planung auf allen Ebenen auf die Notwendigkeit von Plananpassungen zu *überprüfen*.

Der *Planungsumfang* differiert mit den betrieblichen Hauptfunktionen. Im Rahmen der Beschaffungsplanung stehen Produktionsfaktoren und Zahlungsmittel im Vordergrund. Die Leistungserstellung (Produktion) führt die Programmplanung, die Bereitstellungsplanung sowie die Ablaufplanung durch. Aufgabe der Leistungsverwertung ist die Festlegung der Absatzpolitik sowie der Vertriebswege.

c) Planungsprinzipien

Drei Prinzipien verkörpern die wesentlichen Grundsätze der Planung: Der Planungsgrundsatz der *Vollständigkeit* erfordert die umfassende Planung nach Planungsbreite und Planungstiefe. Sämtliche entscheidungsrelevanten Sachverhalte sind zu berücksichtigen. Im Rahmen dieser umfassenden Planung sind Teilpläne aufeinander abzustimmen, unter Umständen durch Kompromisse, und zu einem integrierten Gesamtplan zusammenzufassen. Das Ausgleichsgesetz der Planung erfordert die Orientierung am Minimumsektor (Engpaßplanung). Ein Ausgleich läßt sich dadurch schaffen, daß Engpässe ausgeweitet oder überdimensionierte Sektoren abgebaut werden.

Der Grundsatz der *Realität* erfordert, die Planung so anzulegen, daß eine intersubjektive Nachprüfbarkeit der Planungsergebnisse nicht ausgeschlossen ist. Nach Möglichkeit sind auch Unsicherheiten in der Planung zu berücksichtigen.

Der Grundsatz der *Elastizität* fordert eine flexible Anpassung des Plans an veränderte interne sowie externe Gegebenheiten und somit eine periodische Überprüfung (rollierende Planung).

3. Entscheidungsprozesse

Eine Entscheidung ist das Ergebnis eines Auswahlprozesses; dieser Prozeß wird Entscheidungsprozeß genannt. Eine Entscheidung hat den Charakter eines Imperativs, stellt also den Sollwert für das Handeln der Aufgabenträger dar.

a) Entscheidungsdeterminanten

Entscheidungsdeterminanten sind Einflußgrößen, die auf eine Entscheidung einwirken. Hierzu zählen die Ausgangssituation, die Entscheidungsparameter sowie die Aktions- und die Erwartungsvariablen.

Die *Ausgangssituation* wird durch die betriebliche Zustände und die Umweltzustände charakterisiert. Wenn diese Zustände sich verändern so ist stets zu überprüfen, ob das derzeitige Verhalten beibehalten oder verändert werden soll. Zustandsänderungen erzwingen deshalb Verhaltensänderungen. Voraussetzung für eine Entscheidung ist, daß der Entscheidungsträger Ziele hat und diese Ziele durch alternative Verhaltensweisen erreichen kann. So könnte bspw. eine Erhöhung der Lohnkosten (Veränderung) durch Investitionen in Betriebsmittel mit geringer Lohnintensität (Alternative) das Erfolgsziel minimale Stückkosten realisiert werden. Ziele steuern somit den Auswahlprozeß.

Entscheidungsparameter beeinflussen die Entscheidung, weil sie eine Wirkung auf den Grad der Zielerreichung entfalten. So können bspw. innerhalb einer Planungsperiode der Lohnsatz, der Zinssatz, die Energiekosten und andere Entscheidungsparameter nicht beeinflußbar sein. Ferner ist denkbar, daß bestimmte Parameter wie Preise, Produktionsprogramm oder Arbeitsvolumen innerhalb der Planungsperiode intangibel sind, weil sie nicht verändert werden sollen. Auch rechtliche, sachliche oder geistige Gegebenheiten, wie Arbeitszeit, Maschinenausstattung oder Werbekonzept können parametrische Wirkung entfalten. Parametrische Variablen sind zwar nur theoretisch unabhängig, in der Praxis ist aber die Interdependenz in einer Planungsperiode so gering, daß die Rückwirkung vernachlässigbar ist.

Aktionsvariable sind Größen die von der Entscheidungseinheit autonom festgesetzt werden können, wie bspw. Güterpreis, Absatzmenge oder Betriebsmittelkapazität. Aktionsvariablen kommt gewöhnlich eine dualer Aspekt zu. Für den Entscheidungsträger sind es Aktionsvariable, für den Aufgabenträger hingegen sind dies Parameter.

Erwartungsvariable sind Größen, die direkt von der Fixierung der Aktionsvariablen abhängen. Aufgrund unvollkommener Information ist das Ausmaß der Zielerreichung jedoch nur unter Erwartungshaltungen zu schätzen, bspw. die Änderung der Absatzmenge aufgrund einer Preisänderung.

Die Lösung betrieblicher Entscheidungsprobleme bei unvollkommener Information durch die systematische Analyse und Auswahl von Wahlhandlungen, ist Gegenstand der betrieblichen *Entscheidungstheorie*. Die *normative Entscheidungstheorie* setzt rationales Handeln voraus und zeigt unter diesen Annahmen Implikationen der Rationalität auf. Die *deskriptive Entscheidungstheorie* versucht hingegen tatsächliches Handeln zu beschreiben und zu erklären. Hierzu entwickelt sie empirisch gehaltvolle Hypothesen über menschliches Entscheidungsverhalten.

b) Entscheidungsfeld

Handlungsalternativen beschreiben die Menge der Handlungsmöglichkeiten. Die Summe aller Alternativen repräsentiert den *Aktionsraum*, auch *Entscheidungsraum* genannt. Die Aktion entsteht durch die Kombination verschiedener Aktionsvariablen. Soll bspw. eine Investition in Höhe von x Geldeinheiten getätigt werden, so könnte (1) in Produktionsmittel investiert werden, (2) in eine Geldanlage oder (3) jeweils zur Hälfte in Produktionsmittel und Geldanlage.

Entscheidungen erfordern ferner Informationen über den Zustand der Umwelt. Diese *Umfeldbedingungen* stellen innerhalb dieses Entscheidungszeitraums gewöhnlich Parameter dar. Die Summe aller relevanten Umweltzustände beschreiben den *Zustandsraum*.

Der Informationsbedarf umfaßt die Menge des erforderlichen Wissens. In Abwägung der Kosten für die Beschaffung zusätzlichen Wissens und des Nutzens dieses zusätzlichen Wissens, ergibt sich die Menge der zu beschaffenden Informationen. Dieses Informationssystem umfaßt die Menge des Wissens über mögliche Zustände.

Bei unvollkommener Information besteht Entscheidungsunsicherheit, wenn keine Wahrscheinlichkeit p angegeben werden kann. Ist hingegen eine Wahrscheinlichkeitsverteilung $p = f(p)$ gegeben, dann wird von Entscheidung unter Risiko gesprochen. Bei vollkommener Information ($p = \{0,1\}$) besteht Entscheidungssicherheit.

Das Ergebnis einer Entscheidung hängt von der gewählten Aktion sowie dem angenommenen Umweltzustand ab. Formalisiert läßt sich das Ergebnis in Form einer Ergebnisfunktion darstellen, als eindeutige Implikation aus Aktion und Umweltzustand. Die Menge aller Ergebnisse in Abhängigkeit von Aktion und Umweltzustand (*Ergebnismatrix*) beschreibt den *Ergebnisraum*.

Ergebnisse als Resultat von Aktionen haben in der Regel unterschiedliche Ausprägungen, so daß eine _Bewertung von Handlungsalternativen_ erforderlich wird. So können bspw. Gewinn und Umsatz in Höhe sowie Sicherheit und Zeitbezug bei Alternative A ganz erheblich von den Ausprägungen derselben Ergebnisvariablen bei Alternative B differieren. Die Vergleichbarkeit läßt sich erreichen, wenn es gelingt, die Ausprägung einer Ergebnisvariablen mittels einer Nutzenfunktion in einen Nutzenwert zu transformieren. Die Ergebnismatrix kann somit in eine _Nutzenmatrix_ transformiert und als _Entscheidungsmatrix_ genutzt werden. Dabei ist zu beachten, daß der Wert eines Ergebnisses infolge individueller Zielbezogenheit stets eine subjektive Größe ist.

c) Problemlösung

Die Entscheidungstheorie befaßt sich mit _Entscheidungsregeln_ unter Sicherheit, unter Risiko sowie im Rahmen spieltheoretischer Ansätze unter bewußt handelnden Gegnern (Unsicherheit). Mathematische Entscheidungsmodelle (Operations Research) formulieren Entscheidungsprobleme in der formalen Sprache der Mathematik. Der Ablauf gestaltet sich in der Weise, daß zunächst das Problem formuliert und dann ein Modell konstruiert wird, aus dem sich eine formale Lösung ableiten läßt. Diese Lösung ist hinsichtlich der Modellannahmen und -vereinfachungen kritisch zu überprüfen, bevor nachfolgend die Realisierung der Entscheidung angegangen werden kann.

Mathematische Entscheidungsmodelle dieser Art stoßen sehr schnell an ihre Grenzen. Denn mit Umfang des Entscheidungsproblems steigt der Aufwand zur Beschaffung der notwendigen Daten sowie zur Darstellung der Kausalitäten. Vielfach erfordert die Anwendung eines bestimmten Lösungsverfahrens Kompromisse bei der Gestaltung des Modells. Auch Fragen der Wirtschaftlichkeit bezüglich der Datenbeschaffung sowie der Modellgenerierung spielen eine wesentliche Rolle. Grundsätzlich sind derartige Modelle analytisch, durch Programmierung oder durch Simulation lösbar.

4. Steuerungs- und Überwachungsprozesse

a) Wesen der Steuerung

Planen stellt den Prozeß der Willensbildung dar (vgl. Kap. B2). Durch Entscheiden erfolgt die Handlungsauswahl und somit die Willensfestlegung (vgl. Kap. B3). Mit Steuern wird der Prozeß des Umsetzens der gewählten Alternative bezeichnet.

Bezogen auf die Fertigung ist das Veranlassen von Fertigungsprozessen zwecks Realisierung eines Plans (Organisationsprozeß) mittels zielgerichteter Strukturen (Organisationsstruktur) der *Inhalt* des Steuerung. Somit läßt sich unterscheiden: Organisieren zum einen als Gestaltungsprozeß von Strukturen und Abläufen zwecks Realisierung von Fertigungsaufgaben (Fertigungsorganisation prozessual). Zum anderen ist Produktionsorganisation als Gesamtheit aller Mittel und Regelungen ein Gestaltungsinstrument (Fertigungsorganisation instrumentell). Das System von Regelungen erfaßt die betrieblichen Abläufe, um arbeitsteilig eingesetzte Mitarbeiter auf ein übergeordnetes Ziel (die Fertigungsaufgabe) auszurichten. Die Festlegung dieses Systems von Regelungen ist Aufgabe der Produktionsleitung.

Die *Aufgaben* der Steuerung lassen sich nach Funktionen und Unterfunktionen innerhalb der zu steuernden Organisationsbereiche differenzieren (Ablaufsteuerung). So ist bspw. die Aufgabe von Fertigungs- und Montagesteuerung die Steuerung der Auftragsbearbeitung. Beschaffung und Einkauf steuern die Beschaffungsaufträge. Materialwirtschaft/Logistik steuern den Materialfluß, das Transportwesen steuert die Güterlogistik und die Anlagenwirtschaft steuert Wartung und Reparatur von Betriebsmitteln.

b) Methoden der Steuerung

Als Extremausprägungen lassen sich zentrale und dezentrale Steuerung unterscheiden. *Zentralisation* bedeutet die Fokussierung der Ausführungsentscheidung auf eine Instanz und somit die Einschränkung der Entscheidungsfreiheit in den (nachgelagerten) produktiven Bereichen. Dies hat den Vorteil der Vereinfachung der Führungsaufgabe. Fachkompetenz und Wissen sind zentralisiert, so daß wenige Fachkräfte benötigt und die nachgelagerten Führungsorgane entlastet werden. Dies dient einerseits schnellen Entscheidungen und auch der Übersichtlichkeit. Anderseits bedeutet diese Zentralisierung zugleich eine ausgeprägte Schematisierung.

Infolge dieser Strukturorientierung mangelt es einer zentralen Steuerung gewöhnlich an Flexibilität und Problemnähe. Bei der *Dezentralisation* von Ausführungsentscheidungen ist die Verantwortung auf die dezentralen Einheiten delegiert. Dies hat den Vorteil der Problemnähe bei Flexibilität und bereichsübergreifender Kooperation. Nachteilig kann sich auswirken, daß ein höherer Kommunikationsaufwand notwendig wird; auch ist keinesfalls sicher zu stellen, daß sich die erforderliche Fachkompetenz vor Ort befindet, was sich negativ auf die Qualität und Schnelligkeit von Entscheidungen auswirken kann.

In der Praxis hat sich eine Mischung aus zentraler und dezentraler Steuerung etabliert. Dezentrale Funktionen sind gewöhnlich Arbeitsvorbereitung, Fertigungsplanung, Fertigung, Montage und gewöhnlich auch Disposition. In zentraler Funktion sind meist Verwaltung, Einkauf, Forschung und Entwicklung, Rechnungswesen und Controlling angesiedelt.

c) Wesen der Überwachung

In der Prozeßkette Planen, Entscheiden, Steuern ist Überwachen der abschließende Prozeß. Überwachung umfaßt Kontrollieren und Sichern. Kontrolle bedeutet die periodische Überprüfung der Ergebnisse hinsichtlich der Planvorgaben, sei es durch ausführende Personen oder Dritte. Sichern umfaßt die Maßnahmen, die bei Planabweichung erforderlich werden, um das geplante Ergebnis dennoch zu realisieren. Controlling im Produktionsbereich ist ein Managementkonzept und zugleich ein Führungsinstrument, um die Produktion ergebnisorientiert zu planen, zu steuern und zu überwachen.

Überwachen erfolgt durch Gegenüberstellung von Plangröße und Regelgröße. Je nach Zweck lassen sich als *Inhalte*
- die *Ergebnisüberwachung* als Soll-Ist-Vergleich (Durchführungsüberwachung),
- die *Planfortschrittsüberwachung* als Soll-Wird-Vergleich (unter Umständen werden Änderungen im Planungshorizont erforderlich),
- die *Zielüberwachung* als Soll-Soll-Vergleich (Überprüfung von Zielsetzungen) sowie
- das *Benchmarking* als Ist-Soll-Vergleich (mit internen oder externen Produktionsbereichen) unterscheiden.

Aufgaben der Überwachung sind das Verhindern abweichenden Verhaltens (Prävention), die Sicherung von Prozessen, Ergebnissen und Strukturen sowie die Beurteilung der Qualität von Prozessen, um aus Fehlern zu lernen.

d) Methoden der Überwachung

Überwachung läßt sich in Abwägung von Vertrauen, Wirksamkeit und Kosten nach den Trägern der Überwachung als Selbstkontrolle oder als Fremdkontrolle institutionalisieren. Die Fertigungsbereiche tendieren zu einer automatisierten Kontrolle mit dezentral überwachten Leistungsbereichen. Häufig erfolgt Selbstkontrolle. Im Gegensatz dazu dominiert bspw. in Finanzbereichen (internes und externes Rechnungswesen) die zentrale Überwachung.

Auf Grund der Vielzahl der betrieblichen Prozesse können nahezu alle betrieblichen Objekte _Gegenstand_ der Überwachung sein:
- Personen (Mitarbeiter, Kunden, Lieferanten),
- Werkstoffe, Betriebsmittel, Fertigungserzeugnisse,
- Erfolg, Qualität, Termine,
- Liquidität, Kasse,
- Buchhaltung, Jahresabschluß.

Eine totale Überwachung nach dem Muster der zentralen Planwirtschaft ist in der Realität nicht gegeben. Häufig erfolgt nur eine partielle Überwachung (Auswahlprüfung), die auf Schwerpunkte oder Schwachstellen beschränkt sein kann.

Die Vielzahl produktionswirtschaftlicher Prozesse haben wir nach Zielbildungs-, Planungs-, Entscheidungs- sowie Steuerungs- und Überwachungsprozesse systematisiert. Ziele konkretisieren den angestrebten Zustand einer Organisationseinheit. Der Weg zur Zielerreichung bedarf zwecks Willensbildung der gedanklichen Vorwegnahme durch Planung. Angesichts alternativer Wege gilt es, in Entscheidungsprozessen Problemlösungen zu bewerten und Kompromisse zu suchen. Aufgabe der Steuerung ist es, die gewählte Alternative effektiv umzusetzen und das Ergebnis auf Planabweichung zu überprüfen. Bei Abweichungen vom Plan ist das Erreichen des Planziels durch geeignete Eingriffe zu sichern. Unter Umständen sind Planänderungen unumgänglich.

Übungsaufgaben zu Kapitel B

1. Nennen Sie die wesentlichen Formalziele eines Unternehmens, und beschreiben Sie je zwei Beispiele zu konfliktären und komplementären Zielbeziehungen (Begründung)!

2. Welche Relevanz weist das dominante Unternehmensziel "Maximierung des Gewinns" für produktionswirtschaftliche Entscheidungen auf?

3. a) Qualifizieren Sie den Prozeß der Zielentstehung!
   b) Erklären Sie die Begriffe "Zielsystem" und "Dimension des Zielsystems".
   c) Beschreiben Sie den Prozeß der Bildung eines Zielsystems!
   d) Welchen Anforderungen sollten betriebliche Zielsysteme idealtypisch entsprechen?

4. a) Erläutern Sie Aufgaben und Inhalte produktionswirtschaftlicher Planungsprozesse!
   b) Beschreiben Sie Arten und Prinzipien der Planung!

5. Bei produktionswirtschaftlichen Planungsprozessen sind horizontale (sachliche) und vertikale (zeitliche) Interdependenzen zu berücksichtigen. Was ist darunter zu verstehen, und wie lassen sich diese Interdependenzprobleme lösen?

6. a) Beschreiben Sie das Wesen und die Elemente von Entscheidungsprozessen!
   b) Beschreiben Sie das Wesen und die Elemente von Steuerungs- und Kontrollprozessen!

C. Produktionswirtschaftliche Strukturen

1. Strukturentscheidungen

a) Standort

Der Standort ist der geographische Ort der Ansiedlung einer Produktionsanlage. Die Festlegung eines Standorts für einen Produktionsbetrieb stellt sich als mehrdimensionales Optimierungsproblem dar.

Die *geographische Dimension* der Entscheidung verkörpert sich in der interlokalen Standortwahl (international, national, regional), in der lokalen Standortwahl (Lage im Ort) und in der innerbetrieblichen Standortwahl (Fabriklayout).

In der *betriebswirtschaftlichen Dimension* geht es um die Frage der Neugründung, der Standortverlagerung oder der Standortspaltung. Für Entscheidungen über die Standortwahl sind gewöhnlich sehr unterschiedliche Kriterien ausschlaggebend. Beschaffungsorientierte Motive können die Verfügbarkeit und die Qualifikation von Arbeitskräften und anderen Ressourcen, die Verkehrsanbindung, die Form und die Lage des Grundstücks, das erforderliche Kapital sowie gewährte Subventionen sein. Bei absatzorientierten Motiven können der Absatzmarkt, Zölle, die Konkurrenz, die Qualität und die Vertriebswege relevant sein. Finanzorientierte Motive beziehen sich auf Produktionskosten, Steuern, Risiko, Inflation, Kreditkonditionen, Konvertibilität, Währungsraum u.a.m.. Neben diesen drei wesentlichen Motiven sind häufig auch weiche Faktoren wie das soziokulturelle Umfeld oder die geopolitische Lage entscheidungsrelevant.

Zur modellgestützten Ermittlung von Standorten können neben anderen Modellarten bspw. mathematische Modelle dienen. Ein klassisches mathematisches *Modell zur Standortwahl* ist das Modell von Weber, dem das Ziel der Transportkostenminimierung zugrunde liegt (s. Bild C-1). Die Fund- und Konsumorte P_i (Liefer- und Verbrauchsstellen) werden durch ihre geographischen Koordinaten x_i und y_i beschrieben, so daß sich nach dem pythagoräischen Lehrsatz die Entfernung r_i zum Standort S in Abhängigkeit von den unabhängigen Koordinaten x und y des Standorts ermitteln läßt. Mittels Minimierung der Zielfunktion T der Transportkosten (partielle Differentiale) lassen sich die Koordinaten des optimalen Standorts ermitteln. Die Prämissen und Restriktionen dieses einfachen Ansatzes dürfen jedoch nicht übersehen werden: Nur eine Problemdimension, Entfernungen über Luftlinie berechnet, konstanter Transportkostensatz, u.U. kann der theoretisch optimale Standort nicht genutzt werden. Das Modell ließe sich jedoch erweitern.

1. Ausgangslage

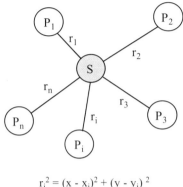

P_i: Fund-, bzw. Konsumorte
S: Standort
r_i: Entfernung $\overline{P_iS}$
a_i: Transportmenge $\overline{P_iS}$ oder $\overline{SP_i}$

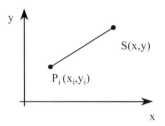

$r_i^2 = (x - x_i)^2 + (y - y_i)^2$

2. Zielfunktion Transportkosten

$$T = c \cdot \sum_{i=1}^{n} a_i \cdot r_i \Rightarrow \text{Min!}$$

$$T(x,y) = c \cdot \sum_{i=1}^{n} a_i \cdot \sqrt{(x-x_i)^2 + (y-y_i)^2}$$

c Transportkosten/Tkm
a_i Transportmenge
r_i Transportentfernung

3. Bewertungsregel: Minimierung

$$\frac{\partial T}{\partial x} = 0 = c \cdot \sum_i \frac{a_i \cdot (x-x_i)}{\sqrt{(x-x_i)^2 + (y-y_i)^2}}$$

$$\frac{\partial T}{\partial y} = 0 = c \cdot \sum_i \frac{a_i \cdot (y-y_i)}{\sqrt{(x-x_i)^2 + (y-y_i)^2}}$$

Iterative Lösung, da nichtlineares Gleichungssystem
Ausgangslösung: Schwerpunkt $S(x_0/y_0)$

$$x_0 = \frac{\sum_{i=1}^{n} a_i \cdot x_i}{\sum_{i=1}^{n} a_i} \; ; \; y_0 = \frac{\sum_{i=1}^{n} a_i \cdot y_i}{\sum_{i=1}^{n} a_i}$$

$$x_1 = \frac{\sum_i \frac{a_i \cdot x_i}{\sqrt{(x_0-x_i)^2 + (y_0-y_i)^2}}}{\sum_i \frac{a_i}{\sqrt{(x_0-x_i)^2 + (y_0-y_i)^2}}}$$

$$y_1 = \frac{\sum_i \frac{a_i \cdot y_i}{\sqrt{(x_0-x_i)^2 + (y_0-y_i)^2}}}{\sum_i \frac{a_i}{\sqrt{(x_0-x_i)^2 + (y_0-y_i)^2}}}$$

Bild C-1: Standortoptimierung: Ansatz nach Weber

Auch Modelle, die auf Investitionsrechnungsverfahren basieren, sowie Kosten-Nutzen- und Scoring-Modelle (s. Bild C-2) finden häufig Verwendung. Die Technik des Scoring-Modells besteht darin, Entscheidungsfaktoren mittels Relevanzfaktoren R

	R	Standort A		Standort B		Standort C	
		B	Z	B	Z	B	Z
1. Soziokultur							
Fremdenfeindlichkeit	6	1	6	1	6	-3	-18
Sozialsystem	5	2	10	2	10	1	5
Politisches System	5	4	20	2	10	2	10
Außenpolitik	6	2	12	2	12	2	12
Soziale Stabilität	10	1	10	2	20	-3	-30
Politische Stabilität	10	2	20	2	20	-3	-30
2. Allgemeine Wirtschaft							
Klima (meteorologisch)	1	4	4	2	2	4	4
Bodenschätze	1	2	2	2	2	1	1
Entwicklungsstand	5	2	10	2	10	1	5
Wirtschaftsordnung	7	2	14	1	7	1	7
Wirtschaftsplanung	7	1	7	2	14	2	14
3. Investitionspolitik							
Allgem. Investitionspolitik	5	1	5	2	10	2	18
Projektbez. Investpolitik	8	1	8	4	32	1	8
Investitionsgesetze	10	1	10	2	20	-5	-50
4. Betriebswirtschaftlich relevante Standortfaktoren							
Arbeitsmarktlage	10	4	40	2	20	4	40
Qualität d. Ausbildung	4	-3	-12	1	4	1	4
Verfügbark. Einsatzstoffe	5	1	5	2	10	1	5
Kostenniveau	6	2	12	1	6	1	6
Absatzvolumen Inland	10	1	10	2	20	1	10
Exportpotentiale	9	1	9	4	36	1	9
Marktorganisation	5	2	10	2	10	2	10
Konkurrenzverhältnisse	7	1	7	-3	-21	4	28
Kaufverhalten	7	1	7	4	28	1	7
Kapitalmarktsituation	2	1	2	4	8	1	2
Besteuerung	6	2	12	2	12	-3	-18
Gesamtbewertungszahl			240		308		51

R = Relevanzfaktor (Skala von 1 bis 10 mit zunehmender Relevanz): 1-3 tertiär, 4-7 sekundär, 8-10 primär
B = Bewertungsfaktor (4 = gut; 2 = befriedigend; -3 = ungenügend; -5 = sehr schlecht)
Z = R x B = Einzelbewertungszahl

Bild C-2: Scoring-Modell zur Standortermittlung (Eigene Darst. nach Hahn (1990), S.552)

zu gewichten und ihre Ausprägung bezüglich eines Standorts zu bewerten (Bewertungsfaktoren B). Die multiplikative Verknüpfung von R und B ergibt die Bewertungszahl Z für den einzelnen Entscheidungsfaktor. Die Gesamtbewertungszahl des Standorts errechnet sich schließlich aus der Addition der einzelnen Bewertungszahlen.

Neben der Standortwahl sind *Entscheidungen über Standortveränderungen* häufig vorzufindende Tatbestände. Ein einmal gewählter Standort kann aufgrund von Veränderungen im Zustands- und Aktionsraum seine Vorteilhaftigkeit im Laufe der Zeit verlieren. Standorte sind deshalb periodisch auf eventuell erwachsene Nachteile zu überprüfen. So werden z.B. in Deutschland als Standortnachteile häufig die hohen Lohn- und Lohnnebenkosten, die Kosten des Umweltschutzes, die Unternehmensbesteuerung, der hohe Regulierungsumfang sowie die Inflexibilität der Verwaltung moniert. Dem stehen aber auch wichtige Vorteile gegenüber wie bspw. die Qualität der Arbeitskräfte, die politische Stabilität, der Vorteil des europäischen Binnenmarktes mit der Möglichkeit lokaler Marktpräsenz u.a.m..

Bei *Standortverlagerungen* erfolgt gewöhnlich die Verlagerung des gesamten Betriebes nicht in einem Schritt. Häufig ist zu beobachten, daß zuerst an dem neuen Standort die Montage aufgenommen wird und die Fertigung erst später folgt, wenn Arbeitskräfte für die Fertigungsaufgaben in dem erforderlichen Umfang qualifiziert worden sind. Erst danach folgen gewöhnlich weitere Funktionen, häufig in der Sequenz Verwaltung, Entwicklung, Forschung.

Bei Entscheidungen über eine *Standortspaltung* sind die Neugründung eines Betriebs sowie die Ausgliederung oder Abspaltung eines Betriebsteils die Handlungsoptionen. Hier spielt die Frage nach Kostenvorteilen, Marktnähe und Währungsraum eine besondere Rolle.

b) Betriebsgröße

Die Betriebsgröße wird zunächst mit der Gründung vorgegeben. Gewöhnlich wird hierbei von einer Mindestbetriebsgröße ausgegangen. Auf Grund der Veränderung von Entscheidungsdeterminanten ist die Betriebsgröße periodisch zur Disposition zu stellen. Mit dem Ziel, die Betriebsgröße bezüglich der Leistung zu optimieren, sind dann Entscheidungen über Wachsen, Schrumpfen oder Konzentrieren der Betriebstätigkeit zu fällen.

Die Betriebsgröße wird gewöhnlich über das Leistungspotential eines Betriebs definiert. Meßgrößen hierfür können zum einen Einsatzgrößen wie bspw. Beschäftigtenzahl (häufig), Betriebsmittelzahl oder Kapitaleinsatz sein. Bei Orientierung an Ergebnisgrößen stehen Produktionsmengen, Produktionswerte, Umsatz (häufig) oder die Bilanzsumme als Kriterien im Vordergrund. Anhand dieser Größen kann bspw. eine Klassifizierung von Betrieben vorgenommen werden (vgl. Bild C-3).

Unternehmenstyp	Beschäftigtenzahl	Steuerpflichtiger Umsatz in DM
Kleinstbetrieb	< 20	< 0,1 Mio.
Kleinbetrieb	20 < 100	0,1 < 1 Mio.
Mittelbetrieb	100 < 500	1 < 10 Mio.
Großer Mittelbetrieb kleiner Großbetrieb	500 < 2.000	10 < 100 Mio.
Großbetrieb	> 2.000	> 100 Mio.

Bild C-3: Klassifizierung von Betriebsgrößen

Eine grundsätzliche Fragestellung im Kontext der Diskussion über Betriebsgröße und die *Bestimmungsfaktoren der Betriebsgröße* lautet: Welche betriebswirtschaftlichen Einflüsse begünstigen oder benachteiligen kleine, mittlere und große Unternehmen. In Bild C-4 sind die wesentlichen Wirkungen von Entscheidungsdeterminanten hinsichtlich der Beurteilungsfelder Markt, Absatz und Leistung in ihrer tendenziellen Wirkung zusammengestellt.

Unterstellen wir modellhaft, daß zwei Faktoren die Faktorkosten determinieren. Die Faktorkosten BNF des einen Einflußfaktors sinken mit wachsender Betriebsgröße BG, und die Faktorkosten BPF des anderen Einflußfaktors steigen mit wachsender Betriebsgröße BG. Dann läßt sich die optimale Betriebsgröße mittels Maginalrechnung aus der Funktion der gesamten Faktorkosten FB der Betriebsgröße ermitteln:

$$FB = BNF(BG) + BPF(BG)$$

FB - Gesamte Faktorkosten der Betriebsgröße
BNF - Faktorkosten, die mit zunehmender Betriebsgröße BG sinken (dBNF/dBG < 0)
BPF - Faktorkosten, die mit zunehmender Betriebsgröße BG steigen (dBPF/dBG > 0)

Differenzieren wir die vorstehende Gleichung nach der Betriebsgröße BG und setzen die differenzierte Gleichung auf null, ergibt sich die Bestimmungsgleichung für die Betriebsgröße:

$$\frac{dFB}{dBG} = \frac{dBNF}{dBG} + \frac{dBPF}{dBG} = 0.$$

	pro Großbetrieb	pro KMU
Markt	Produzentenmarkt Kapitalbeschaffung Einkaufsmacht Sozialleistungen Gehalt	Käufermarkt Kooperation Betriebsklima Verantwortung Überschaubarkeit
Absatz	Werbung Preispolitik Risiko Zuliefer- und Vertriebsnetz	Qualität Service Kundennähe
Leistung	Massen- und Großserienfertigung Produktivität Innovation Diversifikation	Kleinserien- und Einzelfertigung Flexibilität Invention niedriger Fixkostensockel

Bild C-4: Bestimmungsfaktoren der Betriebsgröße und tendenzielle Wirkung

Das Umformen der Gleichung verdeutlicht, daß Bedingung für die optimale Betriebsgröße die Gleichheit der absoluten Grenzkostenbeträge der Faktorkosten ist:

$$-\frac{dBNF}{dBG} = \frac{dBPF}{dBG} \quad \left(\text{mit } \frac{dBNF}{dBG} < 0 \; !\right).$$

Betrachten wir vorstehendes Modell aus modelltheoretischer Sicht (vgl. Kap. A3), so stellen die gesamten Faktorkosten der Betriebsgröße das Zielsystem dar. Die Entscheidungsregel ist durch die Kostenminimierung gegeben, Elemente sind die einzelnen Faktorkosten, über das Relationensystem (Addition) mit der Zielfunktion verknüpft.

c) *Produktprogramm*

Das Produktprogramm ist die Grundlage für den Markt bzw. Geschäftserfolg eines Unternehmens. Dabei darf das Leistungsangebot im Zeitverlauf jedoch nicht als konstant angesehen werden. Der Wettbewerb ist - insbesondere heute - durch eine hohe Dynamik gekennzeichnet, so daß die Ausprägung der Wettbewerbsdeterminanten sich permanent verändert: Der technische Fortschritt führt zu Innovationen, die Konkurrenz verändert ihr Verhalten, auf Nachfrageseite können Bedarfsverschiebungen erfolgen ebenso wie Angebots- oder Preisveränderungen auf den Beschaffungsmärkten. Zudem umfaßt das Produktprogramm eines Unternehmens nicht nur Sachleistungen, sondern in zunehmendem Umfang ein Leistungsbündel aus Sach- und (industriellen) Dienstleistungen.

Die Geschäftsfeldtätigkeit als Kombination von Produkt- und Marktaktivitäten determiniert das Produktprogramm. Wichtige Beurteilungskriterien für das Produktprogramm sind dessen Ausgewogenheit und Zukunftsorientierung (vgl. Kap. B2). Ob neue Produkte in den Markt eingeführt werden sollen (Produktinnovation), ob Produkte modifiziert oder aus dem Programm eliminiert werden sollten, sind Fragestellungen, die Produktions- und Absatzwirtschaft übergreifen. Die Einbettung dieser Fragestellungen in eine Wettbewerbsstrategie erfordert deshalb insbesondere die Abstimmung der Funktionsbereiche Marketing und Produktion. Hieraus resultiert in heutiger Zeit die hohe Bedeutung der Produktion als Wettbewerbsfaktor.

Folgt man Porter, so lassen sich zwei grundlegende Strategien im Wettbewerb um den *Gesamtmarkt einer Branche* identifizieren: *Umfassende Kostenführerschaft* hat zum Ziel, im Preis-Leistungsverhältnis der Beste zu sein. Voraussetzung hierzu sind eine hocheffiziente Fertigung und Montage, eine effiziente Logistik, strenge Kostenkontrolle unter Ausnutzung von Erfahrungskurven, ein hoher relativer Marktanteil sowie ein breites Sortiment gleichartiger Produkte, um den Gesamtmarkt möglichst in seiner Breite abzudecken. Als Beispiel für diese Strategie lassen sich PC-Produzenten nennen. Die Beispiele ESCOM, VOBIS u.a.m. zeigen aber zugleich, daß diese - wie jede andere - Strategie nur temporär Erfolg haben kann, und Veränderungen im Umfeld Anlaß geben, die gewählte Strategie kritisch zu reflektieren.

Ein weitere Grundstrategie ist die *Leistungsdifferenzierung* innerhalb des Gesamtmarkts einer Branche. Durch hohe Qualität und hohe Leistungsfähigkeit in Logistik und Service werden qualitative Unterschiede entwickelt, welche die erstellte Leistung als einzigartig erscheinen lassen. In diesem Fall wird das Produkt zur Marke, wie sich an den Beispielen Mercedes, BMW u.a.m. zeigen läßt.

Bei schwerpunktmäßiger *Spezialisierung auf einen Teilmarkt* oder auf ein Segment innerhalb einer Branche unterscheidet Porter ebenfalls zwei mögliche Strategien: Die *Nischenstrategie* stellt darauf ab, Produkte in einer Marktnische anzubieten, die nicht von anderen besetzt ist. Porsche sei hier als Beispiel genannt. Bei der *Rückzugstrategie* steht die Nutzung spezieller Fähigkeiten und Kenntnisse im Vordergrund. Damit verbunden ist gewöhnlich die Aufgabe von Aktivitäten, die nicht dem Kerngeschäft zuzurechnen sind. Diese verteidigende Strategie unter Rückzug auf Kernkompetenzen war bspw. vergangenheitlich im deutschen Werkzeugmaschinenbau beobachtbar.

Nach der Festlegung der Strategie sind nachfolgend die Geschäftsprozesse zu definieren, die zum angestrebten Erfolg führen sollen. Organisationsstrukturen, welche die Geschäftsprozesse tragen, sind hierbei als Hilfsmittel anzusehen.

d) Produktionsstruktur

Die Komplexität eines Fertigungsprozesses erfordert die Differenzierung des ganzheitlichen Prozesses in unterschiedliche Teilprozesse. Nachfolgend kann dann die Zuordnung der Teilprozesse auf einzelne Produktiveinheiten oder Fertigungsstellen erfolgen. Durch diesen Prozeß der _Arbeitsteilung_ wird die _Mikrostruktur_ des Produktionssystems geschaffen, bestehend aus den Produktiveinheiten und den diesen zugeordneten Teilprozessen (s. Bild C-5).

Einkauf	Sägen	Lackieren	Montage	Disposition
Rohmaterial	Beine	Beine	Zusammen-	Mengen-, Zeit-,
Schrauben	Tischplatte	Tischplatte	schrauben	Kapazitäts-
Lack	Teile des	Teile des	der lackier-	planung und
Flansche	Tragrahmens	Tragrahmens	ten Teile	Ablauf-
				steuerung

| E | S | L | M | PS |

Bild C-5: Arbeitsteilung: Mikrostruktur

Zur Erfüllung des Systemzwecks in der Produktion sind die Produktiveinheiten und Fertigungsstellen im Materialfluß durch Verkettung zu koppeln. Dieses Vorgehen, als _Arbeitseinung_ bezeichnet, fordert die räumliche, mengenmäßige und zeitliche Konkretisierung und Koordination von Input-Output-Beziehungen in Ausrichtung auf die produktionswirtschaftlichen Ziele. In dieser Koppelung der Stoffflüsse verkörpert sich die _Makrostruktur_ des Produktionssystems (s. Bild C-6).

2. Strukturmerkmale von Produktionsprozessen

Produktionsprozesse sind sehr komplex und auch sehr unterschiedlich. Die wissenschaftliche Beschäftigung mit Produktionsprozessen erfordert deshalb eine Typisierung der Vielfalt der Produktionssituationen mit dem Ziel, spezifische Produktionssituationen exemplarisch zu untersuchen. Im Ergebnis entstehen unter Beschränkung auf die produktionswirtschaftlich relevanten Sachverhalte theoretische Produktionsmodelle. Produktionssituationen lassen sich bspw. nach faktorbezogenen, prozessbezogenen und produktbezogenen Eigenschaften unterscheiden (s. Bild C-7). Bereits diese drei Eigenschaften führen aufgrund unterschiedlicher Ausprägungsmöglichkeiten zu einer Vielzahl von möglichen Produktionsmodellen, wobei nicht jede denkbare Kombination sich als sinnvoll erweisen muß.

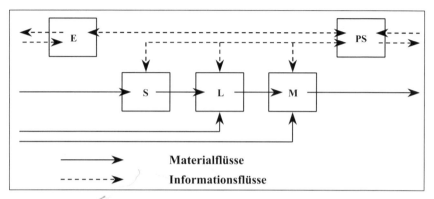

Bild C-6: Arbeitseinung: Makrostruktur

Faktorbezug (Input)	Zahl der Vorprodukte		Flexibilität der Einsatzfaktoren		Konstanz der Faktorqualität	
	einteilig	mehrteilig	Spezial-produktion	Universal-produktion	wiederholbar	nicht wiederholbar
Prozeßbezug (Throughput)	Zahl der Produktionsstufen		Organisationstyp			Grad der Wiederholung			
	einstufig	mehrstufig	BF	WBF	WSF	RLF	FlieF	FlexF	EinzelF	SerienF	SortenF	MassenF
Produktbezug (Output)	Auslösung der Produktion		Grad der Spezifizierung		Anzahl der Endprodukte	
	auftrags-bezogen	markt-bezogen	kunden-orientiert	Standard-fertigung	Einprodukt-fertigung	Mehrprodukt-fertigung

BF - Baustellenfertigung;   WBF - Werkbankfertigung   WSF - Werkstattfertigung
RLF - Reihen-, Linienfertigung   FlieF - Fließfertigung   FlexF - Flexible Fertigung

Bild C-7: Strukturmerkmale von Produktionsprozessen

a) Faktorbezogene Eigenschaften

Wesentliche faktorbezogenen Eigenschaften betreffen die Zahl der Vorprodukte oder Teile, die Flexibilität der Einsatzfaktoren und die Konstanz der Faktorqualität. Für die

Fertigung eines Erzeugnisses sind gewöhnlich mehrere Vorprodukte oder Teile erforderlich. Seltener hingegen ist die einteilige Fertigung wie im Falle der Stromproduktion (Vorprodukte bspw. Kohle, Heizöl oder Gas). Der Einsatz von Universalmaschinen erlaubt eine höhere Flexibilität in der Fertigung und damit ein breiteres Fertigungsprogramm als der Einsatz von Spezialmaschinen, mit denen sich - zwar hochproduktiv - jedoch nur spezielle Teile fertigen lassen. Die Konstanz der Faktorqualität entscheidet darüber, ob die Wiederholung des Fertigungsprozesses zu dem qualitativ gleichen oder zu einem qualitativ unterschiedlichen Ergebnis führt.

b) Prozeßbezogene Eigenschaften

Die Zahl der Produktionsstufen, der Typ der Produktionsorganisation und der Grad der Wiederholung des Fertigungsprozesses determinieren die prozeßbezogenen Eigenschaften. Produktionsprozesse erfordern gewöhnlich mehrere Produktionsstufen. Seltener, meist nur bei aggregierter Betrachtung, ist die einstufige Fertigung, wie bspw. idealisierend die Stromerzeugung gesehen werden kann. Die Organisationstypen der Fertigung verkörpern mit Baustellen-, Werkbank-, Werkstatt-, Reihen- und Linienfertigung sowie Fließfertigung und flexiblen Organisationstypen eine breite Palette von Optionen. Nach der Wiederholungsfrequenz des Produktionsprozesses lassen sich die Fertigungstypen Einzel-, Serien-, Sorten- und Massenfertigung unterscheiden, die in engem Bezug zu den Organisationstypen der Fertigung stehen.

c) Produktbezogene Eigenschaften

Die Auslösung der Produktion kann einerseits durch die Erteilung eines Kundenauftrags erfolgen, wobei zu unterscheiden ist, ob der Kunde selbst das Erzeugnis spezifiziert (bspw. den Bau eines Krans) oder die Fertigung eines standardisierten Erzeugnisses anstößt (bspw. Pkw). Im anderen Fall, bei der Fertigung von Standardprodukten, ist die Marktnachfrage unter Erwartungshaltungen qualitativ und quantitativ zu prognostizieren, wie bspw. bei brauner und weißer Ware. Nach der Anzahl der gefertigten Arten an Endprodukten kann zwischen Ein- und Mehrproduktfertigung differenziert werden.

d) Typische Produktionssituationen

Zur Reduktion der Vielzahl von Produktionsmodellen erfolgt gewöhnlich die Beschränkung auf wenige typische Produktionssituationen, wie bspw.:

Stromerzeugung:	Einteilige, einstufige, marktbezogene Spezialproduktion in Fließfertigung mit einem Standardprodukt, das in Massenfertigung erzeugt wird.
Sondermaschinenbau:	Mehrteilige, mehrstufige, auftragsbezogene Universalproduktion. Die Fertigung folgt überwiegend kundenorientiert als wiederholbare Einzel- oder Mehrproduktfertigung in Werkstätten.
Pkw-Produktion:	Mittelstellung zwischen Stromerzeugung und Sondermaschinenbau. Die Produktion ist mehrteilig, mehrstufig, auftrags- oder marktbezogen. Es handelt sich um eine Spezialproduktion in Werkstatt- oder Fließfertigung als Kunden- oder Standardfertigung. Das Produktionsergebnis ist wiederholbar. Es kann sich um eine Einproduktfertigung oder sowie um Sorten- und Serienfertigung handeln.

Bei Beschränkung auf den Wiederholungsgrad lassen sich Einzelfertigung, Massenfertigung sowie Sorten- und Serienfertigung als Zwischenstellung unterscheiden:

Einzelfertigung:	Auftragsbezogene und kundenorientierte Produktion. Entscheidungsprobleme sind die Produktionssteuerung, Fragen der Maschinenbelegung, Kapazitätsauslegung und Lagerhaltung.
Massenfertigung:	Marktbezogene Standardfertigung. Entscheidungstatbestände sind hier die Anpassung der Produktion an die Nachfrage unter Beachtung von Problemen der Lagerhaltung und der Auslastung.
Sorten- und Serienfertigung:	Häufig vorzufindendes Problem sind Engpässe in der Maschinenkapazität. Entscheidungen sind zu fällen über Losgröße, Losfrequenz, Kapazitätsauslastung, Maschinenbelegung sowie Anpassung an die Nachfrage.

Produktionsmodelle dieser Art, seien sie sehr einfach oder auch hochkomplex, dienen letztendlich als Erkenntnisobjekte dazu, die ökonomischen Wirkungen von geplanten Entscheidungen auf theoretischer Ebene zu untersuchen.

C. Produktionswirtschaftliche Strukturen

e) Grundbegriffe

Produktionswirtschaftliche Begriffe haben wir bereits in großer Zahl verwendet, ohne jedoch auf Bedeutung und Inhalt näher einzugehen. Dies kann zu Mißverständnissen führen, wenn unterschiedliche Bedeutungen assoziiert werden, zumal produktionswirtschaftliche Begriffe auch im allgemeinen Sprachgebrauch Verwendung finden. Nur wenige produktionswirtschaftliche Begriffe lassen sich allgemein definieren. Bei wissenschaftlichem Arbeiten mit unscharfen Begriffen ist es deshalb geboten, inhaltliche Erläuterungen oder Arbeitsdefinitionen vorzunehmen.

- *Produktionsbegriffe*

Der Begriff Produktion leitet sich aus lat. producere (hervorbringen) ab. In gleicher oder ähnlicher Bedeutung werden häufig auch die Begriffe Herstellung, Fertigung oder Erzeugung verwendet. Die Begriffsverwendung soll anhand der Auslegungsweite veranschaulicht werden.

In weitester Auslegung wird jegliche Kombination von Produktionsfaktoren zwecks Leistungserstellung als Produktion bezeichnet. Durch Produktion, verstanden das Schaffen von Werten (im Unterschied zur Konsumtion als Verzehr von Werten), entstehen materielle und immaterielle Güter sowie Dienstleistungen.

In weiter Fassung wird gewöhnlich der Produktionsbegriff nur auf die betriebliche Leistungserstellung bezogen:
- Die Gewinnung von Rohstoffen in Gewinnungsbetrieben,
- die Bearbeitung von Rohstoffen, Zwischenerzeugnissen und Fabrikaten in Veredelungsbetrieben,
- die Herstellung von Erzeugnissen in Fertigungsbetrieben sowie
- die Ausführung von Dienstleistungen.

In enger Fassung werden Produktion und Fertigung häufig synonym verwandt. Nachfolgend soll mit *Fertigung* (unter Einschluß der Montage) die unmittelbare materielle Veränderung von Einsatzgütern bezeichnet werden. Fertigung wird demzufolge synonym zu Herstellung verwendet. *Produktion* soll als übergeordneter Begriff zur Beschreibung des gesamten Produktionsprozesses Verwendung finden, schließt also Beschaffung, Lagerwesen, Disposition, Steuerung, Überwachung, etc. ein. So umfaßt bspw. die Produktion von Büchern an Einzelaktivitäten die Korrespondenz, die Manuskripterstellung, den Druck, das Binden, die Auslieferung sowie die Honorarabrechnung, aber auch die Disposition des Ablaufs und dessen Steuerung. Zur Herstellung zählen nur der Druck und das Binden.

- *Produktionsfaktoren*

Die Leistungserstellung erfolgt durch die Kombination der drei Elementarfaktoren (ausführende Arbeit, Betriebsmittel, Werkstoffe). Die Leistungsdisposition erfolgt durch den dispositiven Faktor (vgl. Bild A-6). Die Leitung als originärer Faktor gibt die Ziele vor und steuert die Produktionsprozesse. Planung, Organisation und Überwachung als derivative Faktoren dienen zur Vorbereitung und zielorientierten Durchführung der Prozesse.

Die nicht-dispositiven Faktoren umfassen Potential- und Repetierfaktoren. Menschliche Arbeit dient der Arbeitsverrichtung, wobei in heutiger Zeit die Abgrenzung zwischen ausführender und dispositiver Arbeit zunehmend verschwimmt. Bei Entscheidungen über die Arbeitsorganisation ist nicht nur die Wirtschaftlichkeit von Bedeutung. Humane, ergonomische und auch andere Ziele sind von ebenso großer Wichtigkeit.

Die *Betriebspotentiale* umfassen eine umfangreiche Palette von Einrichtungen:
- Grundstücke, Gebäude,
- Maschinen, Apparate, Vorrichtungen, Werkzeuge, Meß- und Prüfeinrichtungen, Modelle,
- Versorgungs- und Entsorgungsanlagen, Transportmittel, EDV,
- soziale Einrichtungen, Sicherheitseinrichtungen,
- etc..

Ein wichtiger Begriff ist die *Kapazität* zur Charakterisierung des Leistungsvermögens von Potentialfaktoren innerhalb einer Referenzperiode. Bei Einproduktfertigung genügt gewöhnlich die Angabe der Menge an hergestellten Gütern. Bei Mehrproduktfertigung wird die Fertigungskapazität häufig durch den Zeitfond des Potentialfaktors beschrieben, der die für Fertigungszwecke nutzbare Zeit angibt. Ein *Engpaß* kann entstehen, wenn das Leistungsvermögen eines Potentialfaktors in einer Prozeßkette geringer ist als das Leistungsvermögen der anderen Potentialfaktoren. In kurzfristiger, operativer Perspektive determiniert ein Kapazitätsengpaß die Gesamtkapazität eines Produktionssystems. Gemäß dem Ausgleichsgesetz der Planung sollten allerdings langfristig die Kapazitäten der Prozeßkette aufeinander abgestimmt sein.

Die eingesetzten Stoffe zählen zu den *Repetierfaktoren*. Nach Fortschritt in Fertigungsrichtung lassen sich unterscheiden:
- Rohstoffe (bspw. Roheisen, Rohöl, Erze, Minerale, Holz),
- Halbzeuge (vorgeformte Rohstoffe, bspw. Bleche, Profile, Stangen, Destillate),
- Halbfabrikate (vorgefertigte Werkstücke, bspw. Guß- und Schmiedestücke),

- Fremdteile (handelsübliche Fertigteile, bspw. Schrauben, Normteile),
- Handelsware (fertig bezogene Waren, die nicht weiter bearbeitet werden, bspw. Software, Meßgeräte),
- Fertigfabrikate (Enderzeugnisse).

Nach der fertigungstechnischen Beziehung zum Erzeugnis werden häufig unterschieden:
- Werkstoffe, als Stoffe, die der Be- oder Verarbeitung unterliegen und Hauptbestandteil eines Erzeugnisses sind;
- Hilfsstoffe, die - wie Werkstoffe - der Be- oder Verarbeitung unterliegen, aber wert- und mengenmäßig nur eine geringe Bedeutung haben (bspw. Klebstoffe, Schrauben, etc.);
- Betriebsstoffe, die nicht unmittelbar in das Erzeugnis eingehen (bspw. Kraftstoffe, Schmierstoffe, etc.).

In dieser klassischen Strukturierung von Produktionsfaktoren werden Information und natürliche Umwelt nicht als Produktionsfaktoren aufgeführt. Aus heutiger Sicht ist deshalb die dargestellte Strukturierung selbstverständlich zu hinterfragen, denn auch Information und natürliche Umwelt haben die Eigenschaften von Produktionsfaktoren. *Information*, verstanden als zweckorientiertes Wissen, besitzt unter dem Aspekt der Knappheit einen Wert und hat deshalb den Charakter eines ökonomischen Guts. Informationen werden produziert, wie sich an den Prozessen der Beschaffung, der Verarbeitung und des Vertriebs von Informationen darstellen läßt. Informationen sind die Grundlage für betriebliche Entscheidungen, steuern damit also die betrieblichen Abläufe. Schwierig ist allerdings die Zuordnung in das klassische System, denn Information als Produktionsfaktor hat sowohl Potential- als auch Repetiereigenschaften.

In ähnlicher Weise nimmt auch die natürliche *Umwelt* als stummer Produktionsfaktor eine Zwitterstellung ein. Einerseits ist Umwelt ein Einsatzfaktor in Form entgeltlicher oder unentgeltlicher Umweltgüter. Unter dem Aspekt, daß die natürliche Regenerationsrate den Verbrauch eines Umweltgutes weit übersteigt, ist Umwelt als Potentialfaktor zu sehen. Angesichts des heute dominierenden hohen Umweltverbrauchs muß der natürlichen Umwelt jedoch die Eigenschaft eines Repetierfaktors zugesprochen werden. Andererseits entstehen bei der Produktion gewünschter Güter aufgrund der Kuppelproduktion auch unerwünschte Güter, die in die Umwelt entlassen werden. Aus Sicht der Umwelt als Aufnahmemedium mit beschränktem Potential sind der Umwelt wiederum Verbrauchseigenschaften beizumessen.

3. Organisationsformen in der Fertigung

Entscheidungen über Organisationsformen in der Fertigung und Fertigungsverfahren betreffen die mittelfristige Produktionsplanung und sind deshalb heutzutage dem Bereich taktischer Entscheidungen und weniger den strategischen Entscheidungen zuzuordnen.

a) Begriff Fertigungsverfahren

Die organisatorische Gestaltung des Fertigungsablaufs, verkörpert im Fertigungsverfahren, betrifft die Verteilung von Betriebsmitteln im Raum. Die Unterschiede in der Art der räumlichen Anordnung von Betriebsmitteln wird als *Organisationstyp der Fertigung* bezeichnet. Nach der Wiederholungsfrequenz des Fertigungsvorgangs (Häufigkeit der Wiederholung eines Fertigungsprozesses) und damit nach der Anzahl der Produkte gleicher Art wird der *Fertigungstyp* nach Einzelfertigung und Mehrfachfertigung unterschieden.

b) Organisationstypen

Der Weg eines Werkstückes von Arbeitsstation zu Arbeitsstation beschreibt den Materialfluß. Zum Transport der Werkobjekte sind Transporteinrichtungen erforderlich. Oftmals wird der Materialfluß aufgrund von Transportwegen und Transportzeiten deutlich unterbrochen. Auch Zwischenlager, die als Pufferlager zum Ausgleich unterschiedlicher Arbeitsgeschwindigkeiten von Betriebsmitteln erforderlich sind, stellen eine Unterbrechung des Materialflusses dar. Entscheidungen über den Organisationstyp der Fertigung können deshalb nicht isoliert vorgenommen werden, sondern müssen unter Berücksichtigung der produktionstechnischen Gegebenheiten nach produktionswirtschaftlichen Kriterien (bspw. Produktivität, Durchlaufzeit, Auslastung, etc.) erfolgen (vgl. Bild C-8).

Legt der Fertigungsablauf die Reihenfolge der installierten Anordnung von Betriebsmitteln fest und durchlaufen die Werkstücke die Bearbeitungsstationen in dieser Folge, dann wird der Organisationstyp als *Fließfertigung* bezeichnet. Die Fließfertigung zielt auf einen Durchlauf von Werkstücken ohne Unterbrechung des Materialflusses. Hierzu sind die Arbeitsvorgänge in den Arbeitsstationen mit dem Ziel minimaler Transportwege und minimaler Läger aufeinander abzustimmen. Mit der *Fließbandfertigung* wird dieses Prinzip realisiert. Erfolgen die Teilarbeiten im Takt und erfolgen auch Arbeitsverrichtungen (ausführende Arbeiten), so liegt eine Fließband oder eine Fertigungsstraße vor. Werden keine ausführenden, sondern nur noch die Automatisierung überwachende Aufgaben wahrgenommen, so handelt es sich um eine _Transferstraße_. Erfolgen bei Fließfertigung die Teilarbeiten ohne Takt so wird dies als _Reihenfertigung_ bezeichnet.

Fließfertigung

Prinzip:	Anordnung von Arbeitsplätzen (Betriebsmittel und Personal) nach dem Produktionsfluß
Voraussetzung:	Wenige Produktarten mit hoher Stückzahl und gleicher Bearbeitungsreihenfolge
Unterscheidung:	Fließbandfertigung (getaktet) Transferstraße (vollautomatisch, getaktet) Reihenfertigung (Takt mit zeitl. Spielraum, ungetaktet)
Vorteile:	Planbarkeit, Steuerbarkeit, keine Zwischenläger, Einsatz angelernter Arbeitskräfte, Produktivität
Nachteile	Kapitalintensität, Störanfälligkeit, geringe Flexibilität, physisch-psychische Belastung

Werkstattfertigung

Prinzip:	Zusammenfassung von Arbeitsplätzen mit gleichartigen Verrichtungen zu Werkstätten
Voraussetzung:	Viele Produktarten mit geringer Stückzahl und sehr unterschiedlicher Bearbeitungsreihenfolge; qualifizierte Arbeitskräfte
Vorteile:	Flexibilität, einsetzbar bei sehr heterogenen Fertigungsabläufen, geringe Monotonie
Nachteile:	Transportwege und -zeiten, Zwischenläger, Produktivität

Gruppenfertigung

Prinzip:	Zusammenfassung von Arbeitsplätzen zu Fertigungsgruppen nach dem Fließprinzip mit dem Ziel weitgehender Komplettbearbeitung von Werkstücken; Werkstattprinzip zwischen Fertigungsgruppen
Voraussetzung:	Viele Produktarten mit partiell gleicher Bearbeitungsfolge
Vorteile:	Verminderung der Nachteile und Nutzung der Vorteile von Fließ- und Werkstattfertigung

Bild C-8: Organisationsformen der Fertigung (Eigene Darst. nach Selchert (1991), S. 169)

Die Vorteile der Fließfertigung liegen in der kurzen Durchlaufzeit, der Spezialisierung und geringen Lägern, woraus die hohe Produktivität von Fließprozessen resultiert. Nachteilig wirken allerdings der hohe Kapitalbedarf, die Inflexibilität hinsichtlich der

Fertigung unterschiedlicher Erzeugnisse, die Störungsanfälligkeit und - bei ausführenden Arbeiten - die hohe physisch-psychische Belastung. Anwendung erfährt die Fließfertigung, sofern nicht zwangsläufig notwendig (wie bspw. in der Verfahrensindustrie), bei Großserien- und Massenfertigung.

Sind die Standorte der Betriebsmittel fest vorgegeben und durchlaufen die Werkstücke die Bearbeitungsstationen in unterschiedlicher Folge, dann liegt _Werkstattfertigung_ vor. Bei Werkstattfertigung werden Maschinen und Arbeitsplätze gleicher Verrichtung zu Werkstätten zusammengefaßt (bspw. Dreherei, Fräserei, Schweißerei, Bohrerei, etc.). Ein Werkstück muß dabei eine Werkstatt oft mehrmals durchlaufen. Die Vorteile der Werkstattfertigung liegen in der Flexibilität aufgrund des Einsatzes von Universalmaschinen. Produktvarianten sind deshalb einfacher zu realisieren, ebenso Anpassungen an Nachfrageschwankungen. Werkstätten mit einem hohen Anteil an ausführender Arbeit sind wenig störanfällig und erfordern einen vergleichsweise geringen Kapitaleinsatz. Nachteile entstehen aufgrund weiter Transportwege und der damit induzierten Transportkosten und -zeiten. Häufig entstehen beim Durchlauf der Werkstücke durch Werkstätten Wartezeiten, welche die Einrichtung von Zwischenlägern bedingen. Besonders aufwendig sind deshalb die Terminplanung für Fertigungsaufträge sowie die Steuerung des Fertigungsablaufs. Werkstattfertigung findet insbesondere Anwendung bei der Einzelfertigung, der Fertigung kleiner Lose sowie bei der Variantenfertigung.

Die _Gruppenfertigung_ ist eine Kombination von Fließ- und Werkstattfertigung. Produktiveinheiten werden dergestalt zu Gruppen für bestimmte Arbeitsvorgänge zusammengefaßt, so daß weitgehend eine Komplettfertigung in der Fertigungsgruppe erfolgen kann. Innerhalb der Gruppen wird das Fließprinzip realisiert, zwischen den Gruppen jedoch das Werkstattprinzip. Gruppenfertigung wird bspw. bei kleinen Serien eingesetzt, wenn Fließfertigung sich nicht lohnt, die Fertigung von Einzelteilen und Halbfabrikaten in Fließfertigung jedoch möglich ist, die Fertigung der anderen Teile aber Werkstätten erfordert. Die Vorteile liegen im Vergleich zu Werkstätten bei kürzeren Durchlaufzeiten, kürzeren Transportwegen und weniger Lägern. Nachteilig ist allerdings die geringere Flexibilität.

Bild C-9 stellt qualitativ den Trade-off zwischen Produktivität und Flexibilität der Organisationstypen der Fertigung dar. Zugleich sind tendenzielle Beziehungen zwischen Organisationstyp und Fertigungstyp verdeutlicht, wobei Fertigungstypen erst Gegenstand des nachfolgenden Abschnitts sind.

C. Produktionswirtschaftliche Strukturen

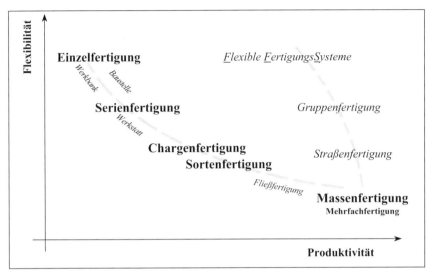

Bild C-9: Organisationsformen und Typen der Fertigung

c) Fertigungstypen

Einzel-, Massen-, Serien-, Sorten- und Chargenfertigung repräsentieren die wesentlichen Fertigungstypen (s. Bild C-10). Bei der *Einzelfertigung*, bspw. von Werkzeugmaschinen, Schiffen, Brücken, Häusern oder Produktionsanlagen wird nur ein einzelnes Erzeugnis gefertigt. Dies schließt jedoch nicht aus, daß das gleiche Erzeugnis zu einem späteren Zeitpunkt, nach zwischenzeitlicher Fertigung anderer Erzeugnisse, erneut hergestellt wird. Je nach Anforderungen an die Mobilität der Produktionsanlagen sind Werkstattfertigung (immobile Anlagen) und Baustellenfertigung (mobile Anlagen) geeignete Organisationstypen. Die wesentlichen produktionswirtschaftlichen Aufgaben liegen bei der Einzelfertigung in der Fertigungsvorbereitung sowie in der Steuerung der Kapazitätsauslastung.

Unter *Mehrfachfertigung* fallen Massen-, Serien-, Sorten- und Chargenfertigung. Bei Massenfertigung lassen sich einfache Massenfertigung mit der Fertigung von nur einem Erzeugnis (bspw. Zement, Zigaretten, Strom, Wärme) und mehrfache Fertigung infolge von *Kuppelproduktion* (bspw. Strom und Wärme, petrochemische und chemische Erzeugnisse) unterscheiden. Organisationstyp ist gewöhnlich die Fließfertigung, die sich durch einen hohen Mechanisierungs- und Automatisierungsgrad auszeichnet.

Einzelfertigung

Prinzip:	Jedes Erzeugnis wird ablauftechnisch und -organisatorisch getrennt von anderen Erzeugnissen gefertigt. Die Fertigung ist nicht darauf eingerichtet, ein gleiches Produkt nochmals herzustellen.
Konsequenzen:	Erzeugnisindividuelle Fertigungsplanung, Auslösung der Produktion nach Kundenauftrag.

Massenfertigung

Prinzip:	Erzeugnisse einer Art werden in nicht im vorhinein begrenzter, relativ großer Stückzahl gefertigt.
Konsequenzen:	Kostensenkung durch hohe Produktivität.

Serienfertigung

Prinzip:	Erzeugnisse, zwischen denen eine partielle Übereinstimmung im Fertigungsprozeß besteht, werden zu größeren Stückzahlen (Serien) zusammengefaßt, um die Fertigung zu rationalisieren.
Konsequenzen:	Kostensenkung im Vergleich zu Einzelfertigung durch serienfixe Kosten und Kostendegression, Beschränkung der Zahl der einer Serie zuordenbaren Erzeugnisse, je nach Seriengröße und Nähe zu Einzel- oder Massenfertigung.

Sortenfertigung

Prinzip:	Erzeugnisse, die in der Art des verwendeten Stoffs, dessen Verarbeitung, ihren Abmessungen, ihrer Qualität und Gestalt nicht wesentlich abweichen.
Konsequenzen:	Kostensenkung gegenüber Einzelfertigung durch Nutzung einer Produktionsanlage.

Chargenfertigung

Prinzip:	Erzeugnisse einer Art werden gemeinsam bearbeitet und weisen dadurch - produktionsbedingt und nicht vermeidbar - Unterschiede gegenüber einer anderen Charge auf.
Konsequenzen:	Ungewollte Produktdifferenzierung.

Bild C-10: Fertigungstypen (Eigene Darst. nach Selchert (1991), S. 168)

Bei _Serienfertigung_ (auch als Los- oder Wechselfertigung bezeichnet) werden ähnliche Produkte jeweils ohne Unterbrechung durch Werkzeugwechsel in größerer Zahl, als Serie oder Los bezeichnet, hergestellt. Die Unterschiedlichkeit der Produkte erfordert jedoch unterschiedliche Fertigungsgänge und -materialien, so daß zwischen zwei Serien die Fertigungsanlagen umzurüsten sind, bevor die Fertigung einer anderen Serie

C. Produktionswirtschaftliche Strukturen   - 55 -

anlaufen kann. Dieser Fertigungstyp ist insbesondere fertigungsverwandten Erzeugnissen wie Pumpen, Motoren aber auch bei Pkw und Lkw vorzufinden.

Mit *Sortenfertigung* wird die Fertigung artgleicher Produkte bezeichnet, die nach Herstellungsprozeß und Rohstoff eng miteinander verwandt sind, z.b. Schokolade, Gummibärchen oder auch Anzüge. Der Sortenwechsel erfordert ebenfalls die Umrüstung der Fertigungsanlagen. Fertigungsstraßen und Reihenfertigung sind typische Ausprägungsformen für Serien- und Sortenfertigung.

Chargenfertigung ist häufig bei chemischen und pharmazeutischen Erzeugnissen vorzufinden. Aufgrund der Eigenarten der Batchfertigung in Reaktoren können sich bei Chargenwechsel geringe Unterschiede ergeben, weshalb die Erzeugnisse nicht in gleicher Qualität wiederholbar herzustellen sind (bspw. Farben).

4. Aufbau- und Ablauforganisation

a) Grundbegriffe und Grundlagen

Mit Organisation wird die Vorgehensweise zur Umsetzung einer gewählten Handlung mittels zielgerichteter Strukturen und Prozesse bezeichnet. Organisation ist hierbei als Prozeß und als Ergebnis zu begreifen.

Soziologisch betrachtet verkörpert eine Wirtschaftseinheit eine Organisation: Der *Betrieb ist eine Organisation*. Betriebswirtschaftlich läßt sich Organisation prozessual und instrumental unterscheiden. Einerseits wird mit Organisation der Gestaltungsprozeß des Betriebsaufbaus und -ablaufs zwecks Realisierung des Willens bezeichnet (Organisation gleichbedeutend mit Organisieren). Zum anderen wird das Ergebnis der Entwicklung einer zweckorientierten Ordnung ebenfalls als Organisation bezeichnet: Der *Betrieb hat eine Organisation*. Organisation beschreibt hier das System von Regelungen für betriebliche Abläufe, um Mitarbeiter auf ein übergeordnetes Ziel auszurichten. Die Gesamtheit aller Regelungen wirkt deshalb als Gestaltungsinstrument.

Die Organisationsbereiche werden gewöhnlich nach betrieblichen Funktionen mit Haupt-, Unter- und Querfunktionen differenziert, bspw. Forschung und Entwicklung, Beschaffung/Einkauf, Fertigung, Montage, Personal, Materialwirtschaft/Logistik, Anlagenwirtschaft, Rechnungswesen, Transportwesen, Marketing, Vertrieb u.a.m..

Die *Aufbauorganisation* repräsentiert die Struktur betrieblicher Teilaufgaben mit ihren Beziehungen. Organigramme beschreiben statisch den Zustand des Aufbaus (vgl. Bild

C-11). Die Aufbauorganisation stellt somit den Rahmen und zugleich das Mittel für betriebliche Abläufe dar. Die Entwicklung einer Aufbauorganisation erfordert die Zerlegung der Gesamtaufgabe bis hin in die letzten Elemente. Die Synthese einzelner Aufgaben führt zur Schaffung von Stellen/Instanzen mit Entscheidungsbefugnis und Verantwortung. Die Koordination der einzelnen Aktivitäten von Stellen und Instanzen als organisatorische Einheiten erfolgt durch Regelung der Beziehungen zwischen den Stellen.

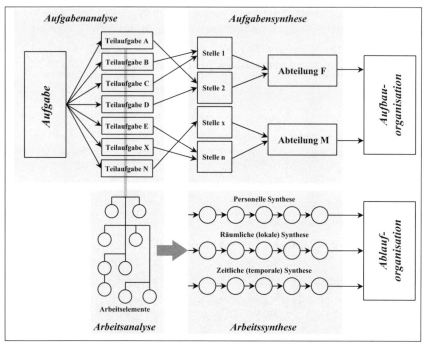

Bild C-11: Entwicklung der Aufbau- und Ablauforganisation aus den betrieblichen Aufgaben (Eigene Darstellung nach Hahn (1990), S. 396)

Die Stellenbildung erfolgt durch die Zusammenfassung der Teilaufgaben von arbeitsteiligen Einheiten. Eine Fertigungsstelle beschreibt somit abstrakt den Aufgaben- und Arbeitsbereich einer Person. Das Ergebnis der Stellenbildung ist der Stellenplan mit Stellenbeschreibungen. Gegenstand von Stellenbeschreibungen sind Funktion oder Aufgabe, Verantwortlichkeit (Pflichten), Kompetenz (Rechte), eine Anleitung zur zweckmäßigen Aufgabenlösung, die personellen Anforderungen an den Stelleninhaber sowie die Eingliederung der Stelle in die Organisation.

C. Produktionswirtschaftliche Strukturen

Die Bildung von Instanzen und Abteilungen erfolgt durch Festlegen einer hierarchische Rangordnung. Hierbei kann zwischen Ausführungsaufgaben und Leitungsaufgaben unterschieden werden. Eine Instanz ist eine Stelle, die Ausführungsaufgaben für die übergeordnete Instanz wahrnimmt und Leitungsaufgaben für rangniedere Stellen. Eine Instanz mit ihren untergeordneten Stellen wird als Abteilung bezeichnet. Die Zahl der organisatorischen Einheiten innerhalb einer Organisationsstufe beschreibt die Leitungsspanne der ranghöheren Stelle. Die Zahl der Organisationsstufen in einer Hierarchie beschreibt die Gliederungstiefe.

Die *Ablauforganisation* als Prozeßorganisation umfaßt die Ordnung der Betriebsabläufe nach inhaltlichen (aufgabenbezogenen), zeitbezogenen und räumlichen Aspekten. Im Vordergrund steht deshalb die Gestaltung des Arbeitsinhaltes. In dem sukzessiven Prozeß von Arbeitsanalyse, Arbeitsteilung und Arbeitszuteilung (Arbeitsbeschreibung) wird die Arbeitseinung (Synthese) vollzogen (vgl. Bild C-11). Ein Arbeitsgang umfaßt die übertragene Stellenaufgabe bspw. die Montage einer Pumpe, das Drehen einer Welle oder die Reparatur eines Motors. Ein Arbeitsgang wird zwecks Strukturierung in Arbeitsphasen (Gangstufen) gegliedert. Arbeitsphasen beschreiben Einzelaufgaben in ihrer sukzessiven Folge, bspw. Flansch montieren, Meßdose am Flansch mit Schrauben befestigen, etc. Arbeitsphasen gliedern sich letztlich in Arbeitselemente, den kleinsten Arbeitseinheiten wie bspw. Sicherungsblech einlegen, Schraube durchstecken, Schraube anziehen (vgl. dazu auch das Beispiel in Bild C-12).

Der zeitlichen Ablauforganisation obliegt die Regelung der Zeitfolge von Teilaufgaben. Hierzu ist eine Ablaufschema in Form einer Arbeitsanweisung zu erstellen, in der Teilaufgaben mit Zeitdauer und Festlegung von Terminen beschrieben werden. Die räumliche Gestaltung umfaßt einerseits die Raumgestaltung als optimale Anordnung von Betriebsmitteln und die Arbeitsplatzgestaltung (vgl. Bild C-11). Aufbau- und Ablauforganisation sind eng in iterativem Wechselspiel miteinander verzahnt, weil Veränderungen der Aufbauorganisation sich auf die betrieblichen Abläufe auswirken, und Änderungen in Abläufen Veränderungen der Aufbauorganisation erfordern.

Arbeitsphase	Abteilung
Anfrage registrieren	Akquisition, Kalkulation
Text analysieren	Akquisition, Kalkulation
Baustelle besichtigen	Kalkulation, Bauleitung, Geräteeinsatz
Offen Fragen mit Auftraggeber klären	Kalkulation, Bauleitung
Stoffpreise ermitteln	Kalkulation, Einkauf
Subunternehmerangebote einholen	Kalkulation, Einkauf
Geräte auswählen	Geräteeinsatz
Versicherungs- und Bürgschaftskosten ermitteln	Kaufmännische Leitung, Finanzwesen
Personalbedarf feststellen	Kalkulation, Bauführung
Herstellkosten errechnen	Technische Leitung, Kalkulation
Angebotssumme ermitteln	Geschäfts-, Technische, Kaufmännische Leitung, Kalkulation
Angebotsunterlagen erstellen	Technische Leitung, Kalkulation, Bauführung, Geräteeinsatz
Angebotsbestandteile zusammenstellen und unterzeichnen	Geschäfts-, Technische Leitung, Kalkulation
Angebot übermitteln	Akquisition

Arbeitselemente

1. Sortieren der Kundenanfragen (Eingang über Hauspost)
2. Kontrolle der Eingänge
   - Prüfen des Eingangsstempels
   - Prüfen des Eingangszeichens des Geschäftsleitung
   - Prüfung des Weiterleitungsvermerks
   - Prüfung der fachlichen Zuständigkeit
3. Festlegung der Registrierungsbezeichnung
4. Eintragen in Eingangs-Registrierungsliste
5. Anbringen der Registrierungsbezeichnung auf der Kundenanfrage
6. Anfertigen von drei Kopien
7. Anbringen der Merkfarben auf den Kopien
   - rot = Geschäftsleitung
   - grün = Weiterlauf
   - gelb = Registratur
8. Einlegen der roten Kopie in Weiterleitungsmappe "Geschäftsleitung"
9. Einlegen von Original und grüner Kopie in Weiterleitungsmappe "Kalkulation - Textanalyse"
10. Ablage von gelber Kopie in Kundenregister

Bild C-12: Zerlegung des Arbeitsgangs "Bearbeitung einer Kundenanfrage" in Arbeitsphasen und der Arbeitsphase "Registrierung einer Kundenanfrage" in Arbeitselemente (Eigene Darst. in Anlehnung an Hahn (1990), S.426 f.)

b) Formen organisatorischer Gestaltung

Verrichtungsorganisation, Objektorientierte Organisation und Duale Organisation verkörpern drei grundlegende organisatorische Gestaltungsformen, die häufig auch mit anderen Bezeichnungen belegt sind.

- *Verrichtungsorientierte Organisation*

Bei der verrichtungsorientierten Organisation (auch funktionale Organisation, funktionsorientierte Prozeßorganisation) sind die betrieblichen Funktionen das Aufgliederungskriterium (vgl. Bild C-13). Verrichtungsorganisationen sind primär auf den internen Betrieb ausgerichtet und fokussieren auf die Aufgabenerfüllung. Zwangsläufig sind damit eine gewisse marktferne Starrheit und Inflexibilität verbunden. Die Innenfixierung führt deshalb häufig zu Ressortdenken und Bürokratisierung. Aufgrund der geringen Kosten dieser Organisationsform ist die Verrichtungsorganisation repräsentativ für kleine und mittlere Unternehmen (KMU). Vorteilhaft ist diese Organisationsform insbesondere bei repetitiven Prozessen, die bspw. bei Massenproduktion oder auch in Verwaltungsbetrieben vorzufinden sind.

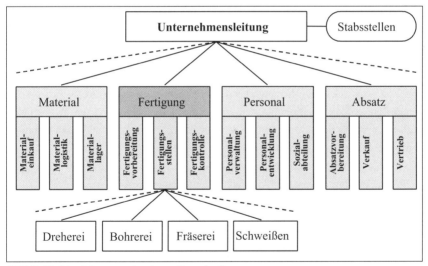

Bild C-13: Verrichtungsorientierte Organisation

- *Objektorientierte Organisation*

Objekte können bspw. Produkte, Produktgruppen, Regionen oder Kunden sein. Unter diesen Strukturierungskriterien entstehen Divisionen oder Sparten als lebensfähige Unternehmenseinheiten (vgl. Bild C-14). Die *Divisionalisierung* ist charakteristisch für größere Industrieunternehmen und Konzerne. Bei produktorientierter Divisionalisierung entstehen Geschäftsbereiche oder Geschäftsfelder, die eigenverantwortlich Marktaufgaben wahrnehmen (bspw. DASA, DEBIS, MERCEDES, etc. beim DaimlerChrysler-Konzern). Bei gebietsorientierter Divisionalisierung stehen Geschäftsgebiete und Märkte im Vordergrund (bspw. VW Mexico, VW Südafrika, etc.). Die kundenorientierte Divisionalisierung ist charakteristisch für Dienstleistungsbetriebe wie Banken, die bspw. zwischen Privatkunden, Handel und Industriekunden differenzieren.

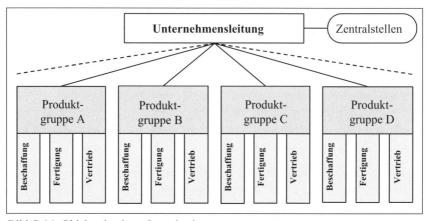

Bild C-14: Objektorientierte Organisation

Das Ziel ist die Bildung strategischer Geschäftseinheiten mit wirtschaftlicher Selbständigkeit, jedoch unter zentraler Koordination. Das Vorgehen kann als Betriebsspaltung gesehen werden. Je nach Abgrenzung von Kompetenz und Verantwortung (Führung) lassen sich unterscheiden

- Cost Center mit Produktionsautonomie,
- Profit Center mit Absatz- und Produktionsautonomie sowie
- Investment Center mit absatz-, produktions- und partieller Investitionsautonomie.

Die Vorteile der objektorientierten Organisation sind in flexiblen, anpassungsfähigen Teilsystemen zu sehen, die marktnah operieren und aufgrund der gewährten Entscheidungsfreiheit eine hohe Produktivität erzielen. Durch 'Unternehmen im Unternehmen' sollen marktwirtschaftliche Prinzipien in Unternehmen hereingetragen werden. Nachteilig kann sich auswirken, daß Bereichsegoismen entstehen und in der Erfolgsorientierung der Kurzfristaspekt dominiert. Die Gefahr besteht auch, daß wichtige Aufgaben (Ausbildung, Investition) vernachlässigt werden. Mit der Aufspaltung sind gewöhnlich organisationale Redundanzen verbunden (bspw. im Einkauf oder im Vertrieb), die Kostensteigerungen bewirken.

- **Duale Organisation**

Das Prinzip der dualen Organisation (auch Matrixorganisation genannt) vereinigt Objekt- und Funktionsorientierung. Durch Mehrfachunterstellung entstehen überlappende Zuständigkeiten (vgl. Bild C-15). Der Produktbereich ist dem Produktmanager produktfachlich unterstellt. Dieser bestimmt 'was wird gemacht'. Der Fachbereich untersteht disziplinarisch dem Fachmanager der bestimmt, 'wie wird gemacht'. Die duale Organisation ist eine charakteristisch Organisationsform für Großunternehmen.

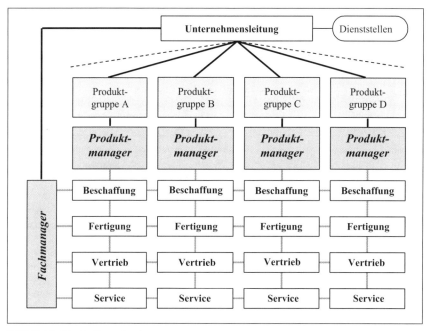

Bild C-15: Duale Organisation

Fassen wir kurz zusammen: Produktionswirtschaftliche Strukturen begegnen uns in sehr unterschiedlichen Erscheinungsformen, die hier nur ausschnittsweise diskutiert wurden. Reale betriebliche Strukturen dienen als Mittel, geplante Geschäftsprozesse zielwirksam durchzuführen. Dementsprechend bedeutsam sind Strukturentscheidungen. Um produktionswirtschaftliche Entscheidungssituationen aus wissenschaftlicher Sicht zu analysieren und Entscheidungen zu bewerten, sind komplexe reale Phänomene und kognitive Vorstellungen in Modellen zu strukturieren.

Übungsaufgaben zu Kapitel C

1. Eine Unternehmung plant die Errichtung einer zweiten Produktionsstätte. Es kommen vier Standorte in Frage, die nach sechs verschiedenen Standortfaktoren mit unterschiedlichem Gewicht bewertet werden. Jeder Standort wird bezüglich der einzelnen Kriterien auf einer Skala von 0 (sehr schlecht) bis 10 (sehr gut) bewertet. Zur Bestimmung von Gewichtungsfaktoren wurde eine Präferenzmatrix für die Standortfaktoren erstellt und die Zahl der Nennungen ermittelt. Zusammen mit den Ergebnissen der Bewertung sind diese in der nachfolgenden Tabelle dargestellt:

Standortfaktor	Nennungen in der Matrix	Bewertung für Standort			
		A	B	C	D
Arbeitsmarkt	4	9	5	6	8
Transportwege	3	6	6	5	4
Nähe zu Lieferanten	3	3	4	4	6
Nähe zum Absatzmarkt	2	7	4	6	5
Lebensqualität	2	3	4	6	1
Steuerliche Belastung	1	3	7	7	5

   a) Bestimmen Sie die Gewichte für die Standortfaktoren.
   b) Welche Präferenzfolge ergibt sich, wenn das Entscheidungsproblem anhand des Nutzwertverfahrens (Scoring-Technik) formalisiert wird?
   c) Sehen Sie grundlegende Probleme bei der Anwendung der Scoring-Technik?

2. Einem High-Tech-Unternehmen der Luft- und Raumfahrtbranche stehen zwei Alternativen bei der Auswahl eines neues Standorts zu Verfügung. Um die Entscheidung zu erleichtern, beschließt der Vorstand eine Nutzwertanalyse durchzuführen.
   a) Beschreiben Sie die einzelnen Phasen bei der Durchführung einer Nutzwertanalyse.
   b) Erstellen Sie für die Geschäftsleitung ein Scoring-Modell. Wählen Sie dazu mindestens vier Faktoren aus. Begründen Sie Ihre Auswahl! Verwenden Sie für alle Faktoren die gleiche Meßskala (der Wert 5 steht für sehr gut, der Wert 1 für sehr schlecht)
   c) Für welche Alternative sollte sich die Geschäftsleitung entscheiden, wenn Sie Ihr Modell aus der Aufgabe b) der Entscheidung zugrunde legen? (Begründung)

3. Erklären Sie die Begriffe "Makrostruktur" und "Mikrostruktur" bezüglich produktionswirtschaftlicher Strukturen.

4. Nennen und erklären Sie Strukturmerkmale von Produktionsprozessen.

5. Erstellen Sie mit Hilfe der Merkmale "Auslösung der Produktion", "Fertigungstyp" und "Organisationstyp" ein Produktionsprofil und ordnen Sie drei reale Produktionssysteme in dieses Profil ein.

6. a) Benennen und erklären Sie Formen organisatorischer Gestaltung von Geschäftsprozessen.
   c) Was beinhaltet das Schlagwort "Organisation als Prozeß und Ergebnis"?

D. Produktionstheoretische Aussagesysteme

1. Objekte der Produktionstheorie

Die Beziehungen zwischen den Einsatzgütern (Input) und den Produktionsgütern (Output) eines Produktionsverfahrens sind abhängig von der Art des technologischen Prozesses. Unterschieden werden soll zwischen dem Begriff _Produktionstechnologie_ als grundlegendes Prozeßprinzip (bspw. Herstellung eines Lochs in einem Werkstück durch Bohren) und dem Begriff _Produktionsverfahren_ als Art der technischen Lösung (bspw. Bohren mit einer Hand- oder Ständerbohrmaschine oder einer Werkzeugmaschine). Technologische Prozesse entstehen aus einer Folge von Teilprozessen und Subprozessen. Wichtige Fragen sind in diesem Kontext die Prozeßstrukturierung (Gestaltungsalternativen) sowie Gewinnung quantitativer Prozeßinformationen zwecks Entscheidung. Nachfolgend werden diese Erkenntnisobjekte deskriptiv analysiert.

a) Technologische Prozesse

Technologische Prozesse stellen unter Ausnutzung technologischer Gesetzmäßigkeiten auf die Erzeugung eines oder mehrerer Güter aus einem oder mehreren Einsatzstoffen ab. Hierbei läßt sich prozessual zwischen Divergenz (Kuppelproduktion), Konvergenz und glatter Produktion unterscheiden. Bei Divergenz entstehen aus einem Einsatzstoff (z. B. Rohöl) simultan mehrere Güter (bspw. Leicht-, Mittel-, Schwerdestillate). Bei konvergenten Prozessen wird aus zwei oder mehr Einsatzstoffen ein Erzeugnis hergestellt (bspw. bei Montagearbeiten). Bei glatter Produktion erfährt der Einsatzstoff nacheinander eine unterschiedliche Behandlung, ohne daß weitere Einsatzstoffe hinzukommen oder entstehen (bspw. Walzen von Flachstahl zu Bandstahl). Produktionsverfahren setzen sich aus vielen einzelnen Grundelementen zusammen und sind deshalb sehr komplex. Ebenso wie bei Produktionsmodellen erfolgt die Abbildung von Produktionsverfahren klassifizierend und abstrahierend in idealtypischen Modellen.

Die _Fertigungstechnik_ befaßt sich mit physikalischen Prozessen wie bspw. Schneiden (mechanisch), Gießen (thermisch), Funkenerosion (elektrisch) oder Induktionshärten (magnetisch). Bei physikalischen Prozessen steht deshalb die Form- und Strukturveränderung von Stoffen im Fokus: Energie wird in physikalische Arbeit umgewandelt, die wiederum dann dazu dient, physikalisch stoffliche Veränderungen durchzuführen (Stoffzusammenhalt schaffen, vermehren, beibehalten, vermindern).

Chemische und biologische Prozesse sind Objekte der _Verfahrenstechnik_. Bei chemischen Prozessen erfolgt eine Stoffumwandlung durch chemische Reaktionen (Oxydation, Reduktion, Addition, Kondensation). Biologische Prozesse nutzen lebende Organismen zur Stoffumwandlung (z. B. durch Gärung, Fermentierung, Faulung, Oxydation, Reduktion).

Ein typisches _Klassifikationsmerkmal_ von Produktionsverfahren ist die Zahl der Produktionsstufen (vgl. Kap. C2). Hinsichtlich der Kontinuität des Produktionsflusses lassen sich kontinuierliche Verfahren (Herstellung von Fließgütern, bspw. Drähte, Rohre, Papier) und diskontinuierliche Verfahren (Stückgüter, Chargen) unterscheiden. Handarbeit, Mechanisierung (Antreiben von Maschinen), Automatisierung (Antreiben und Steuern von Maschinen) sowie Vollautomatisierung (Antreiben und Regeln von Maschinen) sind unterschiedliche Ausprägungsgrade des Mechanisierungs- bzw. Automatisierungsgrads. Energietechnische Prozesse, die Gegenstand der _Energietechnik_ sind, sowie chemische und biologische Prozesse bleiben im weiteren ausgeklammert.

b) Prozeßstrukturierung

Um Prozesse zu strukturieren, müssen wir den _Prozeßbegriff_ verstehen: Geschäftsprozesse stellen in strukturierter Anordnung eine Ablauffolge von Aktivitäten (Prozeßkette) dar. Geschäftsprozesse haben einen Beginn und ein Ende und sind durch Beziehungen mit inneren oder äußeren Lieferanten und Kunden verknüpft. Geschäftsprozesse sollen in ihrer Gesamtheit einen Wert für Kunden erzeugen. Als Geschäftsprozesse dieser Art lassen sich Transformationsprozesse, Informationsflußprozesse, Materialflußprozesse und Entscheidungsprozesse begreifen. Die strukturierte Anordnung von Geschäftsprozessen zu einer Prozeßkette bedarf der organisatorischen Gestaltung.

Ein Wertschöpfungsprozeß entsteht durch die Anordnung von Hauptprozessen in einer Wertschöpfungskette. Die wirtschaftlich-organisatorische Gestaltung umfaßt drei Elemente: Prozeßanalyse, Prozeßgestaltung und Prozeßkoordination. Ein Prozeß ist dabei als ein repetitiver Vorgang (für eine begrenzte Zeit) zu betrachten, der standardisierbar ist, wie bspw. die Fertigung oder Montage von Teilen.

Je nach Betrachtungsebene sind sehr unterschiedliche Prozesse das Objekt der _Prozeßanalyse_ (s. Bild D-1). Sind Verrichtungen das Objekt der Untersuchung, dann stehen bspw. direkt wertschöpfende Verrichtungen (z. B. Beschaffung, Produktion, Absatz) sowie indirekt wertschöpfende Prozesse (z. B. Disposition, Materialwirtschaft, Leitung, Finanzierung) im Fokus. Ist die Fertigung eines Endproduktes das Untersuchungsobjekt, dann sind die Vorfertigung von Teilen, die Hauptfertigung von Baugruppen und die Endmontage wesentliche Teilprozesse. Auf der Betrachtungsebene eines Zwischenprodukts ist der Ablauf der Fertigungsprozesse (bspw. Sägen, Drehen, Bohren, Härten eines Teils) von besonderem Interesse.

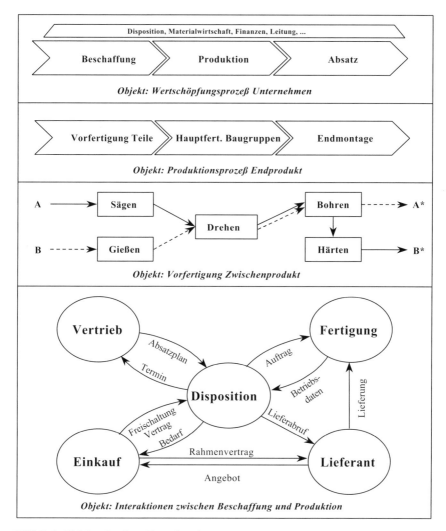

Bild D-1: Objektorientierte Prozeßanalyse

Bei einer Prozeßanalyse stehen zwar Materialflußprozesse im Vordergrund der Betrachtung, aber ebenso bedeutungsvoll sind auch Informations- und Entscheidungsprozesse, die Steuerungsfunktion haben. Ergebnis der theoretischen Prozeßanalyse ist die

Selektion relevanter Partialprozesse mit der Bildung von Hypothesen über Input-Output-Beziehungen der untersuchten Prozesse.

Die *Prozeßgestaltung* sucht nach alternativen Gestaltungsmöglichkeiten von Prozessen unter vorgegebenen Zielen, wie bspw. Kosten und Zeit. So können Alternativen, die sich nach Mechanisierung, Automatisierung oder Informatisierung unterscheiden, formal in einem Modell abgebildet werden, so daß die Analyse von Konsequenzen möglich wird.

Zwecks Erreichung produktionswirtschaftlicher Zielsetzungen bedürfen die Teilprozesse einer die Schnittstellen übergreifenden *Prozeßkoordination*. Grundsätzlich bieten sich die Möglichkeiten der Push- oder Pull-Steuerung, hierarchischer Koordination oder eines Mix aus den beiden vorgenannten Prinzipien. Bei Push-Steuerungen werden Aufträge in die Fertigung "hineingeschoben" und die Werkobjekte von Bearbeitungsstation zu Bearbeitungsstation transportiert und - je nach Verfügbarkeit der Stationen - bearbeitet. Bei Pull-Steuerung löst erst der Kundenauftrag die Fertigung eines Erzeugnisses in der letzten Fertigungsstufe aus. Hierzu bevorratet die Fertigungsstelle Material in kleiner Menge. Geht der Vorrat zu Ende, dann wird die Fertigung in der vorgelagerten Stufe angestoßen, die ebenfalls über einen Materialpuffer verfügt. Auf diese Weise ist jede vorgelagerte Fertigungsstelle selbstregelnd mit ein oder mehreren nachgelagerten verkettet. Bei hierarchischer Koordination erfolgt die Abstimmung von Teilprozessen durch übergreifende Disposition und Weisung.

c) Prozeßquantifizierung

Gegenstand der Prozeßquantifizierung ist die Bewertung von Alternativen. Hierzu sind die *Prozeßelemente* zunächst zu identifizieren. Mittels Messung des Input (Einsatzgüter) und des Output (Produkte und Produktionsgüter) läßt sich ein Prozeß auf Grundlage seiner Input-Output-Relationen bewerten.

Elementarprozesse bestehen aus einer Menge von Prozeßelementen. Einsatzgüter sind materielle und/oder immaterielle Realgüter (vgl. Bild D-2). Materielle Realgüter umfassen Verbrauchsgüter (Stoffe: Werkstoffe, Betriebsstoffe, Hilfsstoffe), die in einem Nutzungsakt verbraucht werden, sowie Gebrauchsgüter (Potentiale: Maschinen, Gebäude, Anlagen), die eine Nutzungsabgabe über einen längeren Zeitraum ermöglichen. Das Nutzungspotential derartiger Potentialfaktoren ist deshalb in Nutzungsakte zu zerlegen, die Nutzungsperioden zugeordnet werden. Immaterielle Materialgüter sind Arbeits- und Dienstleistungen sowie Information. Während Arbeits- und Dienstleistungen in einen Nutzungsakt verbraucht werden, kann eine gleichartige Aussage über

D. Produktionstheoretische Aussagesysteme

Information nicht getroffen werden. Auch Produktionsgüter können materielle oder immaterielle Realgüter sein. Bei materiellen Realgütern handelt es sich um Zwischen- oder Endprodukte. Immaterielle reale Produktionsgüter können ebenfalls Arbeits- und Dienstleistungen sowie maschinelle Leistungen und Information sein.

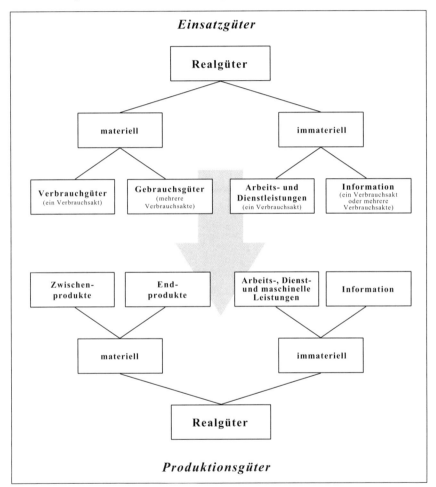

Bild D-2: Prozeßelemente: Einsatzgüter und Produktionsgüter

Die _Messung von Input und Output_ führt zu periodenbezogenen Angaben über Güterart (Qualität), Gütermenge (Quantität), Zeitpunkt der Erzeugung oder Zeitdauer des Verbrauchs. In der Regel bereitet die Messung dieser Größen kein größeres Problem.

Bild D-3 gibt einen Überblick über produktionswirtschaftliche _Transformationsprozesse_ nach Art der Einsatzgüter und die Messung von deren Qualität und Quantität.

Güterart	Qualität	Quantität
Verbrauchsgüter	Physikalische, chemische, biologische Eigenschaften, Standardbezeichnungen	Verbrauch in physikalischen Einheiten (Volumen, Masse, genormte Stücke)
Maschinenleistungen	Art der Teilverrichtung beschreiben	Intensität (Geschwindigkeit), Dauer, Leistungsmenge
Körperliche Arbeitsleistung	Art der Verrichtung beschreiben	Intensität (Geschwindigkeit), Dauer, Leistungsmenge
Geistige Arbeitsleistung	Nur Beschreibung einfacher Vorgänge	Intensität ? Dauer ? Leistungsmenge?
Dienstleistung	Nur Beschreibung einfacher Vorgänge	Intensität ? Dauer ? Leistungsmenge?
Information	Beschreibung ?	Syntaktisches Maß ?

Bild D-3: Beschreibung von Transformationsprozessen

Produktionstheoretische Aussagen beschränken sich nur auf Transformationsprozesse in der Ausführungsphase. Planungs-, Entscheidungs- und Kontrollprozesse werden in produktionstheoretischen Aussagesystemen nicht erfaßt. Auch Verwaltungsprozesse sind nicht Gegenstand produktionstheoretischer Aussagen.

2. Grundlegende Begriffe

a) Produktionstechnologie

Die _Aktivität_ t kann für einen Elementarprozeß mittels der Einsatzmengen r_j an Produktionsfaktoren und der Ausbringungsmengen x_i an Erzeugnissen beschrieben werden:

$t = \{r_1,...,r_j,...,r_m, x_1,...,x_i,..., x_n\}$.

Ein Aktivität stellt somit einen Vektor im Raum R^{m+n} dar. Der Endpunkt des Vektors markiert mit den Einsatzmengen und den Ausbringungsmengen einen Produktionspunkt in diesem Raum, hinter dem ein bestimmtes Produktionsverfahren steht.

D. Produktionstheoretische Aussagesysteme

Die *Transformationsfunktion* **T** stellt bezüglich der Aktivität t eine gesetzmäßige Beziehung zwischen den Einsatzmengen **r** = $\{r_1,...,r_j,...,r_m\}$ und den Ausbringungsmengen **x** = $\{x_1,...,x_i,..., x_n\}$ eines Elementarprozesses dar:

T: **r** = r(**x**).

Die Transformationsfunktion läßt sich mittels Aktivitätsanalyse aus den gegebenen technischen Produktionsbedingungen (Gesetzmäßigkeiten) ermitteln.

Die Menge aller technisch realisierbaren Aktivitäten eines Betriebs beschreibt die verfügbare *Technologiemenge*. Kann bspw. eine homogenes Gut nach den Verfahren τ_1, τ_2 oder τ_3 hergestellt werden, dann stellt die Menge der Verfahren τ_1, τ_2, τ_3 die einsetzbare Technologie dar.

Zwecks Einschränkung des Technologieraums werden produktionstheoretisch plausible Annahmen getroffen, womit die Menge der zulässigen *Technologiearten* definiert ist:

(1) $x_i > 0$; $r_j > 0$, d.h. es wird nur reale Produktion unterstellt;

(2) Die Situation $x_i = 0$; $r_j \geq 0$ beschreibt den Betriebsstillstand;

(3) Produktionsprozesse sind irreversibel.

(4) Nur effiziente Technologien sind Gegenstand produktionstheoretischer Aussagesysteme. Eine Aktivität ist dann effizient, wenn keine andere Aktivität verfügbar ist, die bei gleichem Faktoreinsatz mehr Ausbringungsgüter erzeugt (Maximumpinzip) oder bei gleicher Ausbringungsmenge mit geringerem Faktoreinsatz auskommt (Minimumprinzip). Die Menge aller effizienten Aktivitäten beschreibt als effizienter Rand einer Technologiemenge die effiziente Technologie.

(5) Mit der Größe λ wird das Ausbringungsniveau einer Aktivität bezeichnet, das durch bestimmte Maßnahmen gesteigert oder gesenkt werden kann. Je nach Ausprägung der Größe λ in der Input-Output-Beziehung $x \sim r^\lambda$ läßt sich die Beziehung zwischen Output und Input qualifizieren:

$\lambda = 1$: Größenproportionalität besteht, wenn die Ausbringungsmenge sich proportional zu einer Änderung der Einsatzmenge verhält.

$\lambda < 1$: Größendegression besteht, wenn die Ausbringungsmenge degressiv einer Zunahme der Einsatzmenge folgt.

$\lambda > 1$: Größenprogression besteht, wenn die Ausbringungsmenge progressiv mit Zunahme der Einsatzmenge anwächst.

b) Produktionsfunktion

Lineare Technologien spielen eine besondere Rolle, sowohl in der Produktionstheorie als auch in der Kostentheorie. Eine Technologie ist linear, wenn Größenproportionalität vorliegt. Dann nämlich ist die Additivität von Aktivitäten gegeben (Vektoraddition), weshalb auch von additiven Technologien gesprochen wird. Zusammengefaßt sind ausschließlich *effiziente lineare Technologien* Gegenstand betriebswirtschaftlicher Theorien. Die funktionale Beschreibung des Randes der Technologie wird als Produktionsfunktion bezeichnet. Sie beschreibt die maximale Ausbringungsmenge bei gegebener Einsatzmenge und erlaubt deshalb allgemeingültige Aussagen über Input-Output-Kombinationen.

Produktionsfunktionen lassen sich in input- oder outputorientierter Notation darstellen. Die *outputorientierte Darstellungsform* beschreibt die Abhängigkeit der Endproduktmengen x von der Menge r der originären Einsatzgüter:

$(x_1,...,x_i,..., x_n) = f(r_1,...,r_j,...,r_m)$

oder in verkürzter Schreibweise

$x = f(r)$.

Die *inputorientierte Darstellungsform* beschreibt die Beziehung zwischen Input und Output:

$r = g(x)$.

Sie stellt somit die Umkehrfunktion dar. Beide Darstellungsweisen sind statisch, d.h., daß keine zeitlichen Abhängigkeiten berücksichtigt werden. Produktionswirtschaftliche Aussysteme werden meist inputorientiert notiert, weil die Aufgabe der Planung darin besteht, aus einem vorgegebenen Programm, das die Endproduktmengen x definiert, die Menge der erforderlicher Produktionsfaktoren r zu ermitteln.

Läßt sich - bei Einsatz von zwei Produktionsfaktoren - dieselbe Ausbringungsmenge x durch Steigerung der Einsatzmenge r_1 des einen Produktionsfaktors bei gleichzeitiger Verringerung der Einsatzmenge r_2 des anderen erzielen, dann besteht zwischen diesen beiden Produktionsfaktoren *Substitutionalität*. Die Isoquanten sind der geometrische Ort aller Faktorkombinationen mit gleicher Ausbringungsmenge, auch als Ertrag bezeichnet (s. Bild D-4). Das *Substitutionsfeld* beschreibt die Menge möglicher Substitutionen. Läßt sich ein Faktor bis auf 0 reduzieren, dann besteht alternative Substitution. Sind jedoch jeweils Mindestmengen eines Produktionsfaktors erforderlich, dann besteht nur begrenzte Substitution.

Bei realen Produktionssituationen (Verfahrenstechnik ausgenommen) sind Produktionsfaktoren häufig nur in einem konstanten Verhältnis einsetzbar. In diesem als *limi-*

tational bezeichneten Fall sind die Produktionskoeffizienten als Relation von primärer Faktoreinsatzmenge **r** und Ertrag **x** konstant:

$$a = \frac{r}{x}, \text{ bzw. } a_{ij} = \frac{r_j}{x_i}.$$

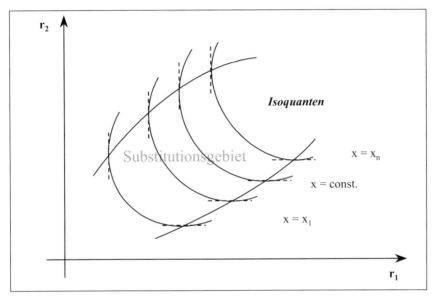

Bild D-4: Substitutionale Transformationsfunktionen

Die Isoquanten verlaufen bei Limitationalität achsparallel, weil bei Mehreinsatz nur eines Produktionsfaktors keine höhere Ausbringungsmengen zu erzielen sind. Für die Ausbringung nur eines Gutes bei Einsatz von zwei Produktionsfaktoren ist der Sachverhalt der Limitationalität in Bild D-5 dargestellt. Der Ort des minimalen Einsatzes an Produktionsfaktoren bei konstanter Ausbringung liegt auf einer Ursprungsgeraden.

c) Produktionsmodell: Allgemeiner Ansatz der Produktionsfunktion

Die _Produktionsfunktion_ bildet den totalen Realgüterprozeß eines Betriebs ab. Sie stellt demzufolge die Menge der Endprodukte in Abhängigkeit der Menge originärer Einsatzgüter dar. _Transformationsfunktionen_ hingegen bilden lediglich Partialprozesse ab. Diese beschreiben die Menge der Ausbringungsgüter (Zwischen- und Endprodukte) in Abhängigkeit von den Mengen originärer und derivativer Einsatzgüter. Um Transformationsfunktionen zu ermitteln, sind Fertigungsstellen abzugrenzen, deren

Partialprozesse aufzunehmen und durch Input-Output-Analyse zu quantifizieren. Die Verflechtung der einzelnen Partialprozesse bildet die _Produktionsstruktur_ ab, die schließlich in einem Gleichungssystem dargestellt wird.

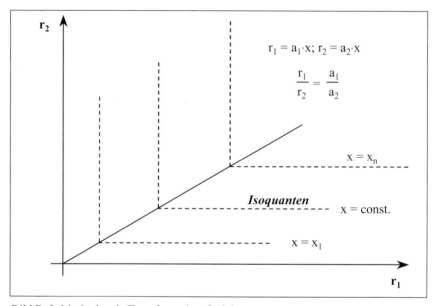

Bild D-5: Limitationale Transformationsfunktionen

Bild D-6 illustriert diesen Ansatz: Die Produktionsstruktur ist durch die Partialprozesse Beschaffen, Fertigen und Lagern charakterisiert. Die Beschaffungsstelle B_1 liefert die Faktormenge r_{13} an die Fertigungsstelle F_3 und die Faktormenge r_{14} an die Fertigungsstelle F_4. Die Mengenbilanz der Beschaffungsstelle führt somit zu der Mengengleichung $r_1 = r_{13} + r_{14}$. Allgemein gilt für die Faktormenge r_i, welche die Beschaffungsstelle B_i an die Fertigungsstellen F_j abgibt, die Bilanzgleichung

$$r_i = \sum_{j=1}^{n} r_{ij} \quad (i = 1...m).$$

Die Fertigungsstelle F_3 liefert die Faktormenge r_{35} (Zwischenerzeugnis) an die Fertigungsstelle F_5, die Lagermenge Δl_3 an das Lager L_6 (Enderzeugnis) sowie die Ausbringung x_3 (Enderzeugnis) an Externe ab. Die Mengenbilanz der Fertigungsstelle führt somit zu der Mengengleichung $r_3 = r_{35} + x_3 + \Delta l_3$. Allgemein gilt für die Faktormenge r_i, welche die Fertigungsstelle F_i an weitere Fertigungsstellen, an Läger sowie als Erzeugnisse an externe Kunden abgibt, die Bilanzgleichung

$$r_i = \sum_{j=1}^{n} r_{ij} + x_i + \Delta l_i \quad (i=1...m).$$

- *Produktionstruktur*

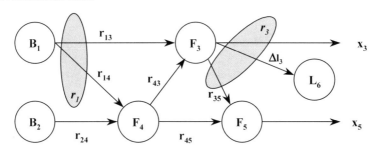

- *Beschaffungsstellen*

  $r_1 = r_{13} + r_{14}$

  $r_2 = r_{24}$ $\quad\}\quad x_i = 0$, da Zwischenprodukt

- *Produktionsstellen*

  $r_3 = r_{35} + x_3 + \Delta l_3$

  $r_4 = r_{45} + r_{43}$

  $r_5 = x_5$ $\qquad r_{ij} = 0$, da nur Absatz

- *Transformation allgemein*

  $r_i = \sum_j r_{ij} + x_i + \Delta l_i$

Bild D-6: Abbildung der Produktionsstruktur

Diese Gleichung stellt zugleich allgemeingültig die Transformationsfunktion eines Realgüterprozesses für alle Stellen dar, da Beschaffungsstellen nur Zwischenprodukte liefern (dann ist $x_i = 0$!) und auch Beschaffungsstellen auf Lager liefern können.

Die Produktionsfunktion als totaler Realgüterprozeß umfaßt sämtliche Transformationen und läßt sich in Vektor- oder Matrixschreibweise darstellen (unter Vernachlässigung von Lagerprozessen):

$$r = R \cdot e + x \quad \text{mit } e = (1,1...,1,1);$$

$$\begin{bmatrix} r_1 \\ \cdot \\ \cdot \\ \cdot \\ r_m \end{bmatrix} = \begin{bmatrix} r_{11} & \cdots & r_{1n} \\ \cdot & & \cdot \\ \cdot & & \cdot \\ \cdot & & \cdot \\ r_{m1} & \cdots & r_{mn} \end{bmatrix} \cdot \begin{bmatrix} 1 \\ \cdot \\ \cdot \\ \cdot \\ 1 \end{bmatrix} + \begin{bmatrix} x_1 \\ \cdot \\ \cdot \\ \cdot \\ x_m \end{bmatrix}$$

In einfachster Darstellung beschreibt ein *Produktionsmodell* die Herstellung eines Endproduktes mittels einer Fertigungsstufe unter Einsatz von ein bis zwei Produktionsfaktoren bei deterministischen Beziehungen zwischen den Variablen und ohne Berücksichtigung des Faktors Zeit (vgl. Spalte 1 der Tabelle). Produktionsmodelle können allerdings auch erheblich komplexere Produktionsvorgänge abbilden, bspw. die Produktionsprozesse in einer Raffinerie. Nachfolgend werden lediglich Ansätze einfacher Art tiefergehend untersucht.

Abbildungsdimension	Einfaches Modell	Komplexes Modell
Zahl der Endprodukte	1	> 1
Zahl der Fertigungsstufen	1	> 1
Berücksichtigung von Zeiten	nein	Ja
Grad der Bestimmtheit	Sicherheit, deterministisch	Risiko stochastisch
Zahl der Produktionsfaktoren	1 - 2	> 2

3. Produktionsfunktionen

a) Produktionsfunktion mit substitutionalen Faktoren (Typ A)

Dem Gesetz der landwirtschaftlichen Erzeugung von Turgot (*Ertragsgesetz*) liegt die Hypothese zu Grunde, daß bei gegebener Bodenfläche ein zunehmender Arbeits- und Mitteleinsatz (originäre Einsatzfaktoren) zunächst zu einer überproportionalen, nachfolgend aber unterproportionalen Ertragssteigerung führt und schließlich in eine Ertragsabnahme übergeht (vgl. Bild D-7 oben). Die Annahmen, die dem Ertragsgesetz zugrunde liegen, sind: Nur eine Produktart wird erzeugt, die Produktionstechnik bleibt unverändert, die variablen Produktionsfaktoren sind beliebig teilbar und homogen.

D. Produktionstheoretische Aussagesysteme - 75 -

Zur Untersuchung der Effekte der *Faktorvariation* nehmen wir an, daß nur ein Produktionsfaktor variiert wird und alle anderen Einsatzfaktoren konstant bleiben:

$$E = f^*(r_1, \bar{r}_2, ..., \bar{r}_m) \; ; \; (\bar{r}_2, ..., \bar{r}_m) = const.!$$

Somit läßt sich die Ertragsfunktion vereinfacht schreiben mit

$$E = f(r_1).$$

Aus der Ertragsfunktion E kann der *Durchschnittsertrag* e ermittelt werden, indem der Gesamtertrag (bspw. Doppelzentner Getreide pro Hektar) durch die Faktoreinsatzmenge (bspw. Düngermitteleinsatz pro Hektar) dividiert wird:

$$e = \frac{E}{r_1} = \frac{f(r_1)}{r_1}$$

Der Durchschnittsertrag e (vgl. Bild D-7 unten) entspricht der Steigung des Fahrstrahls vom Origo zu einem Punkt der Ertragskurve (s. Bild D-7 Mitte).

Der *Produktionskoeffizient* a ist der reziproke Wert des Durchschnittsertrag e, stellt also das Verhältnis von eingesetzter Menge des originären Faktors zum Ertrag dar:

$$a = \frac{1}{e} = \frac{r_1}{E}.$$

Die *Grenzproduktivität* E' (auch *Grenzertrag* genannt) entspricht der Steigung der Tangente in einem Punkt an der Ertragskurve und ist deshalb mittels Differential zu ermitteln (s. Bild D-8 oben und Mitte):

$$E' = \frac{dE}{dr_1} = \frac{df(r_1)}{dr_1}.$$

Lassen sich zwei Einsatzfaktoren variieren so besteht periphere Substitution:

$$E = f^*(r_1, r_2, \bar{r}_3, ... \bar{r}_m), \; (\bar{r}_3 ... \bar{r}_m) = const., \text{ vereinfacht dargestellt durch}$$

$$E = f(r_1, r_2).$$

Der *totale Grenzertrag* dE ist das totale Differential der Ertragsfunktion:

$$dE = \frac{\partial E}{\partial r_1} \cdot dr_1 + \frac{\partial E}{\partial r_2} \cdot dr_2.$$

Die beiden Terme $\frac{\partial E}{\partial r_1}$ und $\frac{\partial E}{\partial r_2}$ stellen die *partiellen Grenzproduktivitäten* der Ertragsfunktion dar.

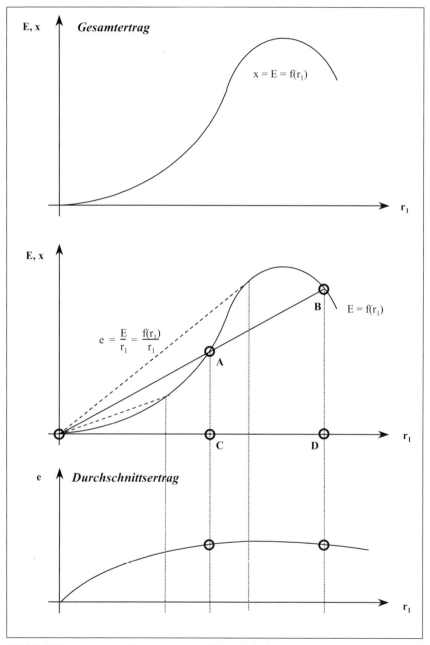

Bild D-7: Ertragsgesetz: Gesamtertrag und Durchschnittsertrag

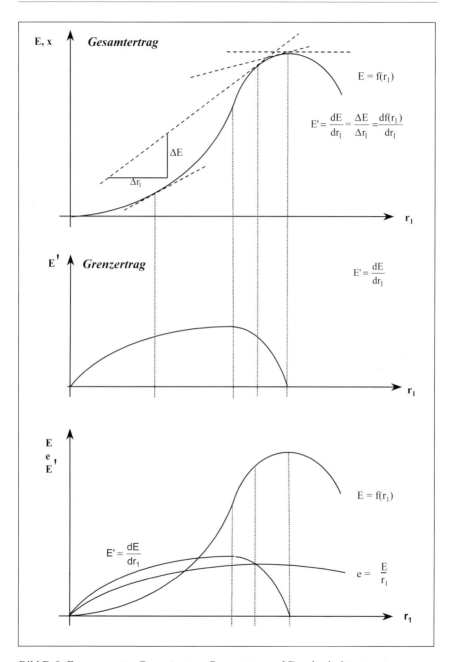

Bild D-8: Ertragsgesetz: Gesamtertrag, Grenzertrag und Durchschnittsertrag

Die Linien konstanten Ertrags (dE = 0) bilden die *Isoquanten* der Ausbringung. (s. Bild D-9). Mit dE = 0 ergibt sich aus der Gleichung für den totalen Grenzertrag durch Umformung die *Grenzrate der Substitution*:

$$\frac{dr_2}{dr_1} = -\frac{\partial E/\partial r_1}{\partial E/\partial r_2}.$$

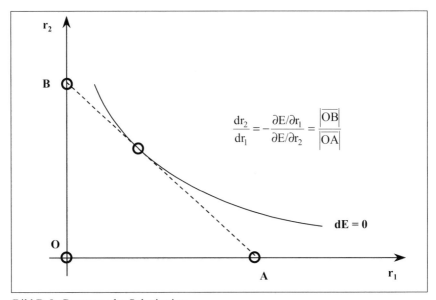

Bild D-9: Grenzrate der Substitution

Das Substitutionsgebiet als Bereich effizienter Substitutionen wird demzufolge beschrieben durch die Bedingung $dr_2/dr_1 < 0$. Im Fall von zwei Produktionsfaktoren läßt sich der Ertragsverlauf in Abhängigkeit von der Menge der Einsatzfaktoren als Ertragsgebirge darstellen (s. Bild D-10).

Das Ertragsgesetz ist ein theoretisches Aussagesystem; es ist deshalb der *Geltungsbereich* und somit die Frage zu klären ist, ob es sich um eine Realtheorie, also eine Theorie mit empirischen Gehalt handelt. Die faktische Überprüfbarkeit der Hypothesen ist problematisch, denn hierzu sind die Faktoren zu isolieren und die Gesetzmäßigkeit in Abhängigkeit von unterschiedlichen Einsatzmengen zu überprüfen. Besondere Schwierigkeit stellt insbesondere die Annahme der Konstanz der Faktoren dar. Die faktische Überprüfbarkeit ist demzufolge gering und damit auch der empirische Geltungsbereich. Das Ertragsgesetz muß folglich als axiomatisch angesehen werden und stellt somit eine Idealtheorie dar.

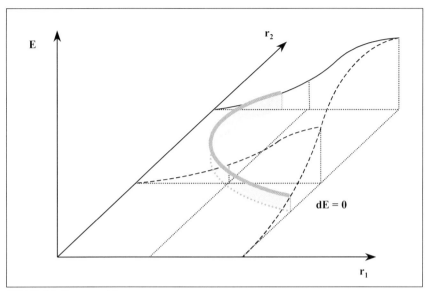

Bild D-10: Ertragsgebirge

b) Produktionsfunktion mit limitationalen Faktoren (Typ B)

Die vorgenannte Kritik am Ertragsgesetz gab Gutenberg Anlaß, die Produktionsfunktion vom Typ B zu konzipieren. Der Ansatzpunkt seiner Theorie sind Partialprozesse mit ihren Input-Output-Beziehungen, die sich in Transformationsfunktionen darstellen lassen. Derartige Prozesse hat Gutenberg insbesondere bei Potentialgütern untersucht (bspw. Hochöfen, Drehmaschinen, Motoren, Bohrwerke). Dabei werden zwei Arten des Verbrauchs von Einsatzgütern unterschieden:

- *Die Einsatzmenge ist unmittelbar von Ausbringungsmenge abhängig*: Der Zusammenhang zwischen Input und Output wird durch die 1. Transformationsfunktion in inputorientierter Notation abgebildet (vgl. Bild D-11): $r_{ij} = g_{ij}(r_j)$. Dieser (limitationale) Sachverhalt gilt bspw. für die Montage eines Rades an eine Pkw-Achse (Ausbringungsmenge), für die stets 4 Schrauben (und ein Rad) erforderlich sind.

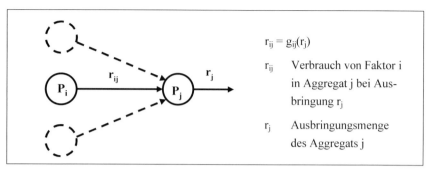

Bild D-11: 1. Transformationsfunktion

- *Die Einsatzmenge ist mittelbar von der Ausbringungsmenge abhängig:*
Dieser 2. Transformationsfunktion liegt die Beobachtung zugrunde, daß der Faktorverbrauch häufig von den technischen Eigenschaften und der Intensität (Arbeitsgeschwindigkeit) eines Aggregats abhängt. Der Zusammenhang zwischen Input und Output, durch die 2. Transformationsfunktion in inputorientierter Notation abgebildet, wird als <u>technische Verbrauchsfunktion</u> des Partialprozesses bezeichnet (vgl. Bild D-12): $r_{ij} = \rho_{ij}(d_j) \cdot b_j$. Dieser Sachverhalt läßt sich bspw. bei einem Verbrennungsmotor beobachten, dessen Verbrauch sich bei wechselnder Drehzahl nicht proportional mit der Ausbringung, nämlich der geleisteten technischen Arbeit, verändert. Die Ausbringungsmenge wird deshalb nicht als ökonomische Ausbringung (Erzeugnisse) dargestellt, sondern als technische Ausbringung (technische Arbeit).

Gutenberg formulierte die technische Verbrauchsfunktion nur für Einproduktfertigung; andere Autoren (z.B. Kilger) haben diese Notation auch für Mehrproduktfertigung weiter entwickelt.

Aus der 2. Transformationsfunktion läßt sich durch Umformung der spezifische Faktorverbrauch ρ_{ij} ermitteln:

$$\rho_{ij} = \frac{r_{ij}}{b_j} = f^*_{ij}(z_{j1}, z_{j2}, \ldots z_{jv}, d_j)$$

ρ_{ij} spezifischer Faktorverbrauch
       Verbrauch Faktor i in Aggregat j pro Ausbringungseinheit b_j
r_{ij} Verbrauch von Faktor i in Aggregat j bei Ausbringung b_j
b_j technische Ausbringungsmenge des Aggregat j
$z_{j1}\ldots z_{jv}$ technische Eigenschaften des Aggregats j (sog. z-Situation)
d_j Intensität des Aggregats j

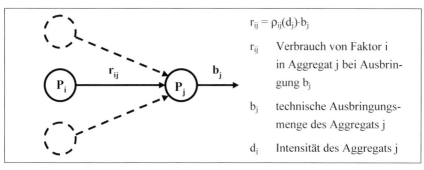

$r_{ij} = \rho_{ij}(d_j) \cdot b_j$

r_{ij} Verbrauch von Faktor i in Aggregat j bei Ausbringung b_j

b_j technische Ausbringungsmenge des Aggregats j

d_j Intensität des Aggregats j

Bild D-12: 2. Transformationsfunktion

Wenn die Eigenschaften des Aggregats konstant bleiben (z-Situation kurzfristig unveränderlich), dann können wir die Funktion des spezifischen Faktorverbrauchs vereinfacht darstellen: $\rho_{ij} = f_{ij}(d_j)$. Als Gutenbergs erste empirische Hypothese bezeichnet, besagt diese Gleichung, daß der spezifische Verbrauch eines Aggregats eine Funktion der Nutzungsintensität ist. Bild D-13 visualisiert diese Funktion des spezifischen Faktorverbrauchs qualitativ.

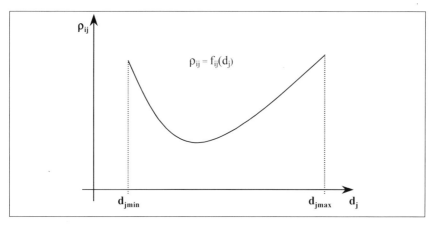

Bild D-13: Spezifische Verbrauchsfunktion

Als weiterer Begriff wird in diesem Zusammenhang die _technische Intensität_ d_j des Potentialguts j eingeführt. Diese gibt die Anzahl der pro Zeiteinheit vollzogenen Arbeitseinheiten wieder (bspw. Umdrehungen/min., Hübe/min.):

$$d_j = \frac{b_j}{t_j} .$$

d_j Intensität des Aggregats j
b_j technische Ausbringungsmenge des Aggregat j
t_j Zeitraum der Ausbringung

Aus der ersten empirischen Hypothese erfolgt unter Substitution der (technischen) Intensität durch die obenstehende Gleichung die mittelbare Beziehung zwischen der (technischen) Ausbringung b_j und dem Faktoreinsatz r_{ij}:

$$r_{ij} = f_{ij}(d_j) \cdot b_j = f_{ij}(\frac{b_j}{t_j}) \cdot b_j.$$

Die zweite Hypothese Gutenbergs besagt, daß die ökonomische Ausbringungsmenge x für ein Endprodukt (Einproduktfertigung!) proportional zu der Zahl der vollzogenen Arbeitseinheiten b_j ist:

$$b_j = d_j \cdot t_j = \alpha_j \cdot x \text{ ; daraus folgt für den Proportionalitätsfaktor } \alpha_j = \frac{b_j}{x}.$$

Der Proportionalitätsfaktor α_j gibt die Anzahl der technische Arbeitseinheiten ein, die erforderlich ist, um ein Endprodukt herzustellen. Aus diesem Zusammenhang läßt sich die ökonomische Intensität $\bar{x}_j$ des Aggregats j ableiten, die das Verhältnis von Ausbringungsmenge des Endproduktes zu der dafür benötigten Zeit beschreibt:

$$\bar{x}_j = \frac{x}{t_j} = \frac{d_j}{\alpha_j}.$$

Stanzt bspw. eine Maschine mit jedem Arbeitshub (technische Arbeit) ein Loch und führt diese Maschine 60 Hübe pro Stunde aus (technische Intensität), dann beträgt die ökonomische Intensität 60 Löcher pro Stunde. Würden mit jedem Maschinenhub mittels Mehrfachwerkzeug zugleich 3 Löcher gestanzt, dann betrüge die ökonomische Intensität bei gleichbleibender technischer Intensität das Dreifache.

Hieraus läßt sich schließlich die *ökonomische Verbrauchsfunktion* $r_{ij}(x)$ ableiten. Während die technische Verbrauchsfunktion den Zusammenhang zwischen technischer Ausbringungsmenge und Faktorverbrauch beschreibt, definiert die ökonomische Verbrauchsfunktion die Beziehung zwischen Endausbringungs- und Faktoreinsatzmenge:

$$r_{ij}(x) = \alpha_j \cdot f_{ij}(d_j) \cdot x = \alpha_j \cdot f_{ij}(\alpha_j \cdot \bar{x}_j) \cdot x.$$

Im nächsten Schritt wollen wir aus den Transformationsfunktionen die Produktionsfunktion vom Typ B herleiten. Da eine Produktionsfunktion die Ausbringungsmenge an Endprodukten (und nicht an Zwischenprodukten) abbildet, ist nunmehr (bei Einproduktfertigung) die Ausbringungsmenge x des Endprodukts die Bezugsgröße.

(1) Die unmittelbare Transformationsfunktion $r_{ij} = g_{ij}(x)$ bildet einen Partialprozeß ab, dessen Ausbringung x unabhängig von den Eigenschaften des Potentialguts ist.

D. Produktionstheoretische Aussagesysteme — 83 —

Die Menge R_A aller unmittelbaren Transformationsfunktionen stellt einen Term der Produktionsfunktion dar:

$$R_A \equiv \{r_{iA}\} \text{ mit } r_{iA} = \sum_j g_{ij}(x).$$

(2) Die mittelbare Transformationsfunktion $r_{ij}(x) = \alpha_j \cdot f_{ij}(d_j) \cdot x$ bildet einen Partialprozeß ab, dessen Ausbringung x proportional zur Arbeitsmenge des Potentialguts ist. Diese Menge R_B aller mittelbaren Transformationsfunktionen stellt den zweiten Term der Produktionsfunktion dar:

$$R_B \equiv \{r_{iB}\} \text{ mit } r_{iB} = \sum_j f_{ij}(d_j) \cdot \alpha_j \cdot x.$$

Die vereinigte Menge aus beiden Termen bildet (bei Einproduktfertigung) das System der Produktionsfunktion Typ B, auch Gutenberg-Produktionsfunktion genannt.

$$P \equiv \{r_{iA}, r_{iB}\} = \begin{Bmatrix} \sum_j g_{ij}(x) \\ \sum_j f_{ij}(d_j) \cdot \alpha_j \cdot x \end{Bmatrix}. \qquad \underline{\textit{Produktionsfunktion Typ B}}$$

(3) Anwendungsbereich:

Aus der Beziehung $b_j = d_j \cdot t_j$ folgt eine eindeutige Zuordnung für b_j, wenn t_j gegeben und d_j = const. ist. Daraus folgt wiederum, daß auch $f_{ij}(d_j)$ = const., so daß sich $r_{ij} \sim b_j$ verhält. Es liegt demzufolge eine limitationale Produktionsfunktion vor.

(4) Geltungsbereich:

Das theoretische Aussagesystem ist mit zwei Hypothesen widerspruchsfrei formuliert. Einsatz- und Ausbringungsmengen lassen sich grundsätzlich messen, weshalb dieser Theorie empirischer Gehalt zukommt. Die faktische Überprüfbarkeit ist jedoch durch einen mangelnden Präzisierungsgrad beeinträchtigt. Für einzelne Fertigungsprozesse konnten die hypothetischen Annahmen bestätigt werden, insbesondere für den Einsatz von Energie, Hilfs- und Betriebsstoffen. Damit sind die Mindestanforderungen an eine Realtheorie erfüllt. Kleinere Einzeluntersuchungen von technischen Gesetzmäßigkeiten bei Dampfturbinen, Papiermaschinen und Drehstrommotoren haben die Hypothese zur Verbrauchsfunktion empirisch grundsätzlich bestätigt.

c) Leontief-Produktionsfunktion

Die Leontief-Produktionsfunktion ist ein Sonderfall der Produktionsfunktion vom Typ B, denn es wird unterstellt, daß die Intensität konstant bleibt: $d_j = d_j^o = \text{const}$. Nachfolgend wollen wir unter dieser Annahme zunächst die Transformationsfunktionen für den Ein- und den Mehr-Prozeß-Fall untersuchen.

(1) Im *Ein-Prozeß-Fall*, mit konstanter Intensität, läßt sich die Transformationsfunktion mittels der Gleichung

$$r_{ij} = f_{ij}(d_j^o) \cdot d_j^o \cdot t_j$$

darstellen (s.o.). Die Prozesse werden somit bei parametrisch konstanter Intensität durch Ursprungsgeraden abgebildet (vgl. Bild D-14).

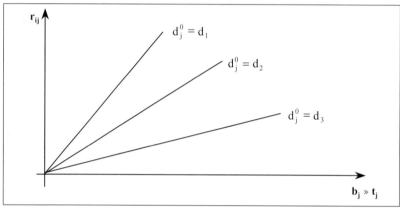

Bild D-14: Transformationsfunktionen bei parametrisch konstanter Intensität

Mit $d_j^o \cdot t_j = \alpha_j \cdot r_j = b_j$ folgt daraus die *Transformationsfunktion*

$r_{ij} = f_{ij}(d_j^o) \cdot \alpha_j \cdot r_j$ r_{ij} Verbrauch Faktor i in Stufe j

d_j^o Intensität der Stufe j

α_j Proportionalitätsfaktor zwischen technischen Arbeitseinheiten und Ausbringungseinheiten

r_j Ausbringung Stufe j

(2) Im *Mehr-Prozeß-Fall* nehmen wir an, ein und dasselbe Endprodukt lasse sich aus den beiden Produktionsfaktoren B_1 und B_2 mit drei unterschiedlichen einstufigen Prozessen V_3, V_4 und V_5 herstellen. Verfahrensabhängig werden bei konstanten Produktionskoeffizienten a_{ij} die Mengen x_3, x_4 und x_5 ausgebracht (s. Bild D-15).

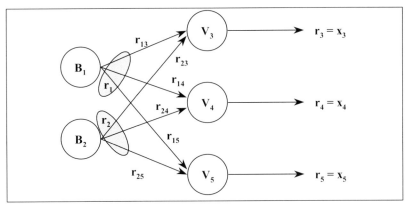

Bild D-15: Prozeßstruktur im exemplarischen Mehr-Prozeß-Fall

Die Transformationsfunktionen der drei Verfahren lassen sich aus der Produktionsstruktur ableiten (vgl. Bild D-15) und sind durch das in der Tabelle dargestellte Gleichungssystem gegeben, wobei allgemein gilt $r_{ij} = a_{ij} \cdot r_j$ mit a_{ij} = const.:

	Verbrauch Faktor r_1	Verbrauch Faktor r_2
im Verfahren V_3	$r_{13} = a_{13} \cdot r_3$	$r_{23} = a_{23} \cdot r_3$
im Verfahren V_4	$r_{14} = a_{14} \cdot r_4$	$r_{24} = a_{24} \cdot r_4$
im Verfahren V_5	$r_{15} = a_{15} \cdot r_5$	$r_{25} = a_{25} \cdot r_5$

Die Prozeßgeraden und die Isoquanten sind in Bild D-16 dargestellt. Die Punkte effizienter Produktion liegen jeweils auf einem Prozeßstrahl.

Sämtliche Transformationsfunktionen zusammengenommen stellen das System der Produktionsfunktion dar. Der einstufige Mehrproduktfall kann aus der allgemeinen Transformationsgleichung in Bild D-6 mit $r_{ij} = a_{ij} \cdot r_j$ entwickelt und durch das Gleichungssystem

$$\begin{bmatrix} r_1 \\ . \\ . \\ . \\ r_m \end{bmatrix} = \begin{bmatrix} a_{11} & . & . & . & a_{1n} \\ . & . & . & . & . \\ . & . & . & . & . \\ . & . & . & . & . \\ a_{m1} & . & . & . & a_{mn} \end{bmatrix} \begin{bmatrix} r_1 \\ . \\ . \\ . \\ r_n \end{bmatrix} + \begin{bmatrix} x_1 \\ . \\ . \\ . \\ x_n \end{bmatrix}$$

dargestellt werden. Zwecks einfacherer Notation des Gleichungssystem wird zur Vektorschreibweise gewechselt, so daß sich mit der *Direktverbrauchsmatrix* **A** (Matrix der Produktionskoeffizienten) schreiben läßt: **r** = **A r** + **x**.

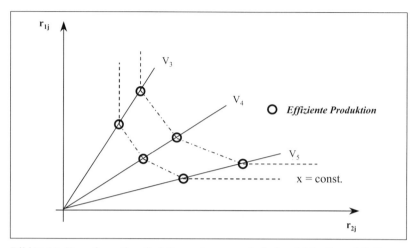

Bild D-16: Transformationsfunktionen des exemplarischen Mehr-Prozeß-Falls

Im letzten Schritt wollen wir nun die Produktionsfunktion in Inputorientierung darstellen. Hierzu wird der Vektor **r** durch Multiplikation mit dem Einheitsvektor **E** zu einer Matrix erweitert und **r** aus dem System eliminiert. Die Matrix $(E - A)^{-1}$ wird als _Gesamtverbrauchsmatrix_ bezeichnet:

$$E\,r = A\,r + x,$$
$$(E - A)\,r = x,$$
$$r = (E - A)^{-1}\,x.$$

Ein _Übungsbeispiel_ soll die praktische Handhabung der Leontief-Produktionsfunktion vertiefen. Gegeben ist die Struktur einer Mehrproduktfertigung in Bild D-17, identisch mit der in Bild D-6. Es gelten die Annahmen $a_{ij} = 1$ und $\Delta\,l_3 = 0$. Gesucht ist das Gleichungssystem der Produktionsfunktion mit den Teilgleichungen $r_1 = f(x_3, x_5)$ und $r_2 = f(x_3, x_5)$. (Hinweis: $r_2 = r_{24}$; Lösung: $r_1 = 2x_3 + 3x_5$; $r_2 = x_3 + 2x_5$)

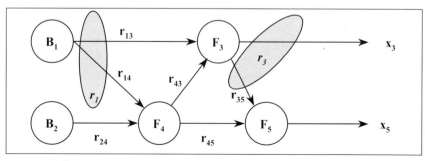

Bild D-17: Übungsbeispiel zur Leontief-Produktionsfunktion (vgl. Bild D-6)

Vorgehen:

(a) Von links nach rechts die Faktorgleichungen ermitteln und solange Faktoren substituieren, bis Abhängigkeit nur noch von x_3 und x_5 gegeben ist.

$r_1 = f(x_3,x_5)$:

$r_1 = r_{13} + r_{14}$; $r_{13} = r_3$; $r_{14} = r_4$

$r_3 = r_{35} + x_3$; $r_4 = r_{43} + r_{45}$

$r_{35} = x_5$; $r_{43} = r_3 = r_{35} + x_3 = x_5 + x_3$; $r_{45} = x_5$

$r_1 = r_{13} + r_{14} = r_3 + r_4 = r_{35} + x_3 + r_{43} + r_{45} = x_5 + x_3 + x_5 + x_3 + x_5$

$r_1 = 2x_3 + 3x_5$

$r_2 = f(x_3,x_5)$:

$r_2 = r_{24}$; $r_{24} = r_4 = r_{43} + r_{45} = x_5 + x_3 + x_5$

$r_2 = x_3 + 2x_5$

(b) Oder, einfacher, mit $a_{ij} = 1$ direkt aus dem Ablaufgraphen der Skizze

$r_1 = f(x_3,x_5)$:

5 Pfade von r_1 nach x_3 (2) und x_5 (3):

$r_1 = x_3 + x_3 + x_5 + x_5 + x_5 = 2x_3 + 3x_5$

$r_2 = f(x_3,x_5)$:

3 Pfade von r_2 nach x_3 (1) und x_5 (2):

$r_2 = x_3 + x_5 + x_5 = x_3 + 2x_5$

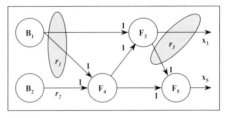

Sind entlang eines Pfades die Produktionskoeffizienten $a_{ij} \neq 1$, dann ist der Gesamtkoeffizient a^*_i zu ermitteln, indem die Produktionskoeffizienten aller Stufen im Pfad miteinander multipliziert werden (vgl. auch Bild D-18).

Mit diesem Übungsbeispiel haben wir - vielleicht unbewußt - bereits der Schritt zu der Leontief-Produktionsfunktion für *mehrstufige Mehrproduktfertigung* vollzogen (vgl. Pfad $B_2 \rightarrow F_4 \rightarrow F_5 \rightarrow x_5$). In allgemeiner Form läßt sich die Leontief-Produktionsfunktion für dieses Modell durch das Gleichungssystem $r = A^* \cdot x$ darstellen:

$$\begin{bmatrix} r_1 \\ \cdot \\ r_i \\ \cdot \\ r_m \end{bmatrix} = \begin{bmatrix} a^*_{11} & \cdot & \cdot & a^*_{1j} & \cdot & \cdot & a^*_{1n} \\ \cdot & \cdot & \cdot & \cdot & \cdot & \cdot & \cdot \\ a^*_{i1} & \cdot & \cdot & a^*_{ij} & \cdot & \cdot & a^*_{in} \\ \cdot & \cdot & \cdot & \cdot & \cdot & \cdot & \cdot \\ a^*_{m1} & \cdot & \cdot & a^*_{mj} & \cdot & \cdot & a^*_{mn} \end{bmatrix} \cdot \begin{bmatrix} x_1 \\ \cdot \\ \cdot \\ \cdot \\ x_n \end{bmatrix}$$

$(x_1,..., x_j,..., x_n)$ Endproduktmengen

$x_j = 0$,   wenn kein Absatz

$(r_1,..., r_i,..., r_m)$ Originäre Einsatzgüter

$m \geq n$

$r_i = \sum_{j=1}^{n} a^*_{ij} \cdot x_j$ $i = 1...m$

Daraus lassen sich als Sonderfälle die mehrstufige Einproduktfertigung und die einstufige Mehrproduktfertigung ableiten (s. Bild D-18):

Bei *mehrstufiger Einproduktfertigung* ist nur x_n ungleich null:

$$r_i = a^*_i \cdot x_n; \quad x_n \neq 0; \quad i = 1...m.$$

Bei *einstufiger Mehrproduktfertigung* sind Transformationsfunktion der Stufe und Produktionsfunktion identisch:

$$r_i = a_i \cdot x_j; \quad j = 1...n; \quad i = 1...m.$$

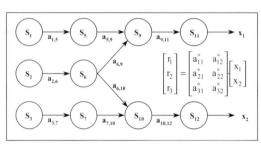
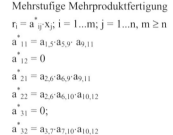

Mehrstufige Mehrproduktfertigung
$r_i = a^*_{ij} \cdot x_j;\ i = 1...m;\ j = 1...n,\ m \geq n$

$a^*_{11} = a_{1,5} \cdot a_{5,9} \cdot a_{9,11}$
$a^*_{12} = 0$
$a^*_{21} = a_{2,6} \cdot a_{6,9} \cdot a_{9,11}$
$a^*_{22} = a_{2,6} \cdot a_{6,10} \cdot a_{10,12}$
$a^*_{31} = 0;$
$a^*_{32} = a_{3,7} \cdot a_{7,10} \cdot a_{10,12}$

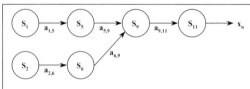
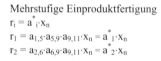

Mehrstufige Einproduktfertigung
$r_i = a^*_i \cdot x_n$
$r_1 = a_{1,5} \cdot a_{5,9} \cdot a_{9,11} \cdot x_n = a^*_1 \cdot x_n$
$r_2 = a_{2,6} \cdot a_{6,9} \cdot a_{9,11} \cdot x_n = a^*_2 \cdot x_n$

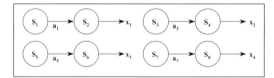

Einstufige Mehrproduktfertigung
$r_i = a_i \cdot x_j;$
$i = 1...m;\ j = 1...n$

Bild D-18: Leontief-Produktionsfunktion in allgemeiner und spezieller Notation

Überlegungen zur *Gültigkeit* des Ansatzes sollen das Kapitel schließen. Die Leontief-Produktionsfunktion ist als theoretisches Aussagesystem allgemein gültig. Ebenso wie im Falle der Produktionsfunktion vom Typ B ist die Meßbarkeit der Mengen grundsätzlich gegeben; insofern kommt diesem Aussagesystem empirischer Gehalt zu. Aufgrund vielfacher empirischer Bestätigung ist der Bewährungsgrad außerordentlich hoch. In der Industrie dominieren die linear-limitationalen Prozesse, weshalb dieser Ansatz die Grundlage der Materialbedarfsplanung ist. Der Leontief-Produktionsfunktion kommt deshalb die Bedeutung einer Realtheorie zu.

Übungsaufgaben zu Kapitel D

1. Welche Sachverhalte qualifizieren die Merkmale "Limitationalität" und "Substitutionalität"?

2. Für den Bau eines würfelförmigen Tanks mit der Kantenlänge 1 Meter wird Stahlblech von 4 Millimeter Dicke benötigt. Die Stahlbleche werden an allen 12 Kanten zusammengeschweißt. Der Tankinhalt soll als Produkt (Output) interpretiert werden. Zum Bau des Tanks werden zwei wesentliche Produktionsfaktoren benötigt:
   r_1 = Stahlblech,
   r_2 = Arbeitszeit des Schweißers.
   Es wird dabei von einer gleichmäßigen Arbeitsgeschwindigkeit des Schweißers von y Meter pro Stunde ausgegangen.
   a) Ermitteln Sie die entsprechende Produktionsfunktion.
   b) Erläutern Sie, um welche Art Produktionsprozeß es sich im vorliegenden Fall handelt.

3. Ein landwirtschaftlicher Produktionsprozeß ist durch folgende Produktionsfunktion gekennzeichnet:
   $$x = 6r + 6r^2 - r^3$$
   a) Ermitteln Sie für diesen Produktionsprozeß:
   - die Durchschnittsertragsfunktion;
   - die Grenzertragsfunktion;
   - die wirtschaftlich optimale Faktoreinsatzmenge;
   - den maximalen Grenzertrag;
   - den maximalen Ertrag des Produktionsprozesses;
   - die optimale durchschnittliche Faktoreinsatzmenge;
   - den maximalen Durchschnittsertrag;
   - die Faktoreinsatzmenge bei der Grenz- und Durchschnittsertrag gleich sind.

   b) Zeichnen Sie die Funktionen und kennzeichnen Sie die wesentlichen Punkte.

4. Ein Produkt kann mit den folgenden angegebenen drei Verfahren aus zwei Produktionsfaktoren hergestellt werden. Die Tabelle enthält die prozeßspezifischen Faktorverbräuche in ME pro ME des Produkts.

	Verfahren		
	I	II	III
Faktor 1	100	50	25
Faktor 2	40	50	120

a) Bestimmen Sie das Produktionsmodell dieses Prozesses.
b) Zeichnen Sie die Prozeßstrahlen der einzelnen Verfahren in ein Faktordiagramm ein.
c) Bestimmen Sie die effizienten Verfahren und Verfahrenskombinationen. Zeichnen Sie die Produktionsisoqanten zur Herstellung von 5, 8 und 10 Ausbringungseinheiten ein.

5. Intensität und Produktivität
   a) Von einem Produkt werden in 15 h 6.000 Einheiten hergestellt, wobei zur Herstellung einer Einheit 9 Stanzvorgänge notwendig sind. Ermitteln Sie die (technische) Intensität und die Produktivität.
   b) Von einem Produkt sollen 100 Stück hergestellt werden. Jedes Stück ist mit zwei Bohrungen versehen. Welche Intensität bzw. Produktivität muß gewählt werden, damit die Bohrmaschine genau 5 Min. lang in Betrieb ist?

6. Rezept für eine Zitronenbaisertorte:
   "Man nehme 180 g Mehl, 1 Prise Salz, 100 g Butter, 1 Eigelb und 2 Eßlöffel kaltes Wasser, die zu einem Mürbeteigboden angerührt werden. Anschließend wir die Zitronencreme zubereitet. Hierzu rührt man 25 g Stärkemehl und 0,125 l kalte Milch an. Danach wird das angerührte Stärkemehl mit 0,125 l heißer Milch, 30 g Zucker und 1 Prise Salz vermischt und zu einer Creme verarbeitet. Unter Zugabe von 3 Eigelb, 15 g Butter, 5 g Zitronenschale und 0,08 l Zitronensaft entsteht unter Rühren der Masse die Zitronencreme. Für das Baiser nehme man 2 Eiweiß und 40 g Zucker. In einem letzten Schritt wird zuerst die Creme auf den Mürbeteigboden verteilt, dann die Baisermasse auf die Creme gestrichen und mit 15 g Puderzucker bestäubt. Nun muß das Ganze nur noch bei 175 °C 30 Minuten überbacken werden und fertig ist die Zitronenbaisertorte. Guten Appetit!"

   Zeichnen Sie den zugehörigen mehrstufigen Ablaufgraphen des Prozesses!

E. Kostentheoretische Aussagesysteme

1. Objekte der Kostentheorie

Gehälter, Löhne, Sozialabgaben, Material- und Maschinenkosten sowie Raum-, Transport- und Lagerkosten, Zinsen und andere mehr sind aus operativer produktionswirtschaftlicher Sicht wesentliche *Kostenarten*. Zwar schwankt die Höhe dieser Kosten in Abhängigkeit von Preisen und der aktuellen Betriebssituation, jedoch können diese Kosten unter operativen Bedingungen während einer Produktionsperiode als konstant angenommen werden.

a) Kostenbegriffe

Zunächst wollen wir Kosten auf ihre Eigenschaften und hinsichtlich ihres Verhaltens bei variierender Beschäftigung untersuchen. *Fixe Kosten* (K_f) sind Kosten die (innerhalb einer Periode) unabhängig von der Höhe der Beschäftigung sind, wie bspw. Mieten, Zinsen, Gehälter oder Abschreibungen. *Variable Kosten* (K_v) hingegen sind Kosten die von der Höhe der Beschäftigung bzw. von der Ausbringung x abhängig sind, wie bspw. Materialkosten, Energiekosten oder Fertigungslöhne. Die Art der Abhängigkeit zwischen variablen Kosten und Ausbringungsmenge kann linear sein, denkbar sind aber auch degressive und progressive Abhängigkeiten (vgl. Bild E-1).

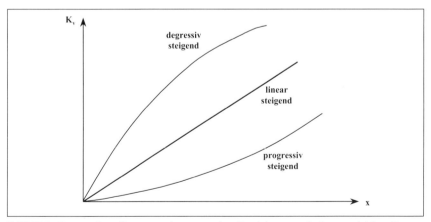

Bild E-1: Degressive, lineare und progressive Beziehung zwischen variablen Kosten und Ausbringung

Die _Gesamtkosten_ K_g (in einer Periode) ergeben sich aus der Summe von fixen und variablen Kosten:

$$K_g = K_f + K_v.$$

Die _Stückkosten_ k_g, auch Durchschnittskosten genannt, lassen sich ermitteln, indem die Gesamtkosten der Periode durch die Ausbringungsmenge der Periode dividiert werden:

$$k_g = \frac{K_g}{x} = \frac{K_f}{x} + \frac{K_v}{x} = k_f + k_v.$$

Der Quotient aus Fixkosten und Ausbringungsmenge stellt die _fixen Stückkosten_ k_f dar, der Quotient aus variablen Kosten und Ausbringungsmenge verkörpert die _ausbringungsabhängigen variablen Stückkosten_ k_v. Kostentheoretisch interessant ist, wie die Kosten auf die Veränderung der Ausbringungsmenge reagieren, als _Reagibilität_ von Kosten bezeichnet. Wie die obige Gleichung der Stückkosten erkennen läßt, verlaufen die fixen Stückkosten mit steigender Ausbringungsmenge degressiv fallend. Über den Verlauf der variablen Stückkosten kann keine generelle Aussage getroffen werden. Nur bei linearem Zusammenhang zwischen Ausbringungsmenge und variablen Kosten sind die Stückkosten unabhängig von der Ausbringungsmenge. Progressiver oder degressiver Kostenverlauf hat progressiv steigende oder degressiv fallende variable Stückkosten zur Folge, wie nachfolgend dargestellt wird.

Der _Reagibilitätsgrad_ R_K drückt aus, welche relative Veränderung Kosten erfahren, wenn eine relative Beschäftigungsänderung erfolgt:

$$R_K = \frac{\Delta K / K}{\Delta x / x}.$$

Fixen Kosten haben die Reagibilität 0. Bei ausbringungsunabhängigen variablen Stückkosten (k_v = const.) ist der Reagibilitätsgrad R_K = 1; es liegt _Kostenproportionalität_ vor.

Kosten	Reagibilität
Fixe Kosten	$R_K = \dfrac{0}{\Delta x / x} = 0$
Ausbringungsunabhängige variable Stückkosten	$R_K = \dfrac{(k_v \cdot \Delta x)/(k_v \cdot x)}{\Delta x / x} = 1$

Unter der Annahme der Kostenproportionalität für variable Stückkosten läßt sich aus der Gesamtkostenfunktion $K(x)$ die Stückkostenkurve $k_g(x)$ in einfacher Weise ermitteln:

$$K(x) = K_f + k_v \cdot x; \quad k_g(x) = K_f/x + k_v = k_f + k_v.$$

In Bild E-2 sind die Zusammenhänge qualitativ dargestellt.

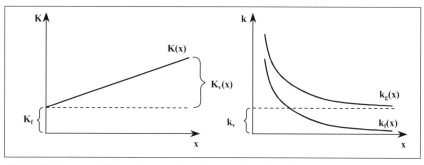

Bild E-2: Kostenverläufe bei proportionalen variablen Stückkosten

Nachfolgend sollen die Überlegungen auf nichtlineare Verläufe von variablen Stückkosten erweitert werden. Es genügt hierbei, nur die variablen Kosten K_V zu betrachten, da die Gesamtkosten die Superposition aus variablen und fixen Kosten sind und der Reagibilitätsgrad von fixen Kosten null ist. In Bild E-3 sind hierzu jeweils die Verläufe der variablen Kosten und der variablen Stückkosten qualitativ dargestellt.

Allgemein gilt für die Reagibilität variabler Kosten $R_K = \dfrac{\Delta K/K}{\Delta x/x} = \dfrac{\Delta K_V/\Delta x}{K_V/x}$, woraus die Aussagen zur Reagibilität abzuleiten sind.

Annahme	Wirkung	Reagibilität
Degressiv steigende variable Kosten	Regressiv fallende variable Stückkosten $\Delta K_V/\Delta x < K_V/x$	$0 < R_K < 1$
Progressiv steigende variable Kosten	Progressiv steigende variable Stückkosten $\Delta K_V/\Delta x > K_V/x$	$R_K > 1$
Regressiv fallende variable Kosten	Regressiv fallende variable Stückkosten $\Delta K_V/\Delta x < 0$	$R_K < 0$

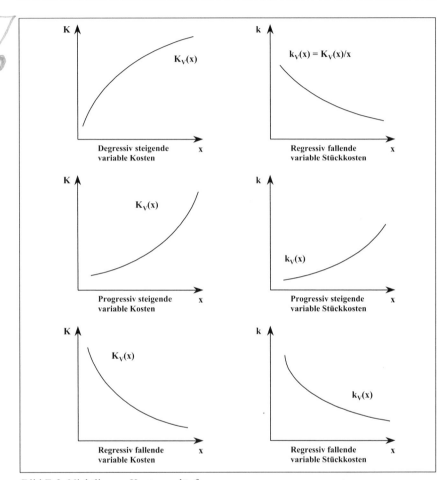

Bild E-3: Nichtlineare Kostenverläufe

Die Kostenreagibilität R_K ermöglicht somit bei Kostenverläufen die analytische Trennung von fixen und variablen Kosten. Variable Kosten zeichnen sich durch eine Reagibilität ungleich 0 aus. In operativer Sicht sind allein diese entscheidungsrelevant, wie bspw. die Kosten für Betriebsstoffe, Energie, Material, Stücklohn, etc.. Fixe Kosten, mit der Reagibilität 0, sind in kurzfristiger Sicht entscheidungsirrelevant, wie bspw. Gehälter, Zinsen oder Mieten, da diese kurzfristig nicht zu verändern sind. Langfristig hingegen müssen alle Kosten als variabel gesehen werden.

Neben dem Entscheidungszeitraum bzw. der Entscheidungssituation hat auch die *mangelnde Teilbarkeit der Produktionsfaktoren* Einfluß auf die fixen Kosten. Fixe Kosten entstehen häufig aufgrund von vertraglichen oder gesetzlichen Regelungen. Ein Leasingvertrag über drei Jahre führt über diese Bindungsfrist zu fixen Kosten; danach besteht eine neue Entscheidungssituation. Ein Speditionsvertrag über ein Jahr ist entscheidungsrelevant, wenn die Laufzeit eines Liefervertrags die Laufzeit des Frachtvertrags mit der Spedition übersteigt. Gehälter sind während der Laufzeit des Arbeitsvertrags fix.

Mangelnde Teilbarkeit der Produktionsfaktoren (im Unterschied zum Ertragsgesetz) führt zu intervallfixen Kosten, auch Sprungkosten genannt. Kann bspw. eine Verkäuferin 10 Kunden in der Stunde betreuen, so sind bei einem Andrang von über 30 Kunden pro Stunde 4 Verkäuferinnen erforderlich. Bei 34 Kunden pro Stunde entstehen somit Nutzkosten im Gegenwert von 3,4 Verkäuferinnen und Leerkosten im Gegenwert von 0,6 Verkäuferinnen. Auch bei Maschinen setzen sich die Fixkosten, wie bspw. Zinsen, Abschreibungen, Versicherungen, Steuern, etc. aus Nutzkosten K_n und Leerkosten K_l zusammen:

$$K_f = K_n + K_l .$$

Die Höhe der *Nutzkosten* ist proportional zu der Relation von Ausbringungsmenge x und Ausbringung x_{max} bei voller Auslastung. Die Leerkosten ergeben sich aus der Differenz von Fix- und Nutzkosten (s. Skizze):

$$K_n = \frac{K_f}{x_{max}} \cdot x \ ; \ K_l = K_f - K_n = K_f (1 - \frac{x}{x_{max}}) .$$

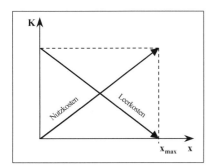

Während im obigen Beispiel bei Verkäuferinnen Flexibilität im begrenzten Umfang gegeben ist, in dem bspw. eine Halbtagskraft statt einer Vollkraft eingestellt wird und damit die Leerkosten auf den Gegenwert von 0,1 Verkäuferin sinken, ist diese Flexibilität bei Produktionseinheiten in der Regel nicht vorhanden.

Die Faktorpreise sind zusammen mit den Faktorverbräuchen die Bestimmungsfaktoren für die Kosten. Die Gesamtkosten (in einer Periode) lassen sich ermitteln, wenn die Periodenverbräuche an Produktionsfaktoren jeweils mit den Faktorpreisen bewertet und nachfolgend alle Teilkosten summiert werden:

$$K = r_1 \cdot p_{r1} + r_2 \cdot p_{r2} + ... + r_n \cdot p_n = \sum_i r_i \cdot p_{ri} .$$

Mengenänderungen wie auch Preisänderungen führen deshalb zu Kostenänderungen. Wird die Substitution von Produktionsfaktoren ausgeschlossen, so bewirkt eine Erhöhung der fixen Kosten die Verschiebung der Kostenkurve in positiver Ordinatenrichtung, während die Änderung der variablen Kosten die Steigung der Kostenkurve verändert. Wird die völlige Substituierbarkeit der Produktionsfaktoren angenommen, so führt eine proportionale Änderung der Faktorpreise zwar zu keiner Verschiebung der Prozeßgeraden, jedoch wird die Steigung der Kostenfunktion verändert:

$$K = \sum_i r_i \cdot p_{ri}; \quad p_{ri}^* = a \cdot p_{ri}$$

$$K^* = \sum_i r_i \cdot p_{ri}^* = a \cdot \sum_i r_i \cdot p_i = a \cdot K.$$

Eine nicht proportionale *Änderung der Faktorpreise* führt hingegen zu einer Verschiebung der Prozeßgeraden. Dies kann auch eine Änderung der Kostenfunktion zur Folge haben.

Bei schwankender *Beschäftigung* und demzufolge Mengenänderungen der Produktionsfaktoren ändert sich die Produktionsfunktion nicht. Infolge der Abhängigkeit der variablen Kosten von der Ausbringungsmenge verändern sich jedoch die variablen Kosten. Schwankende Beschäftigung führt demzufolge auch zu einer Verschiebung zwischen Nutz- und Leerkosten.

Produkt- wie auch *Prozeßinnovationen* bedingen den Einsatz anderer Werkstoffe, Veränderungen in der Fertigungsorganisation, Investition in neue Betriebsmittel, etc.. Dies hat eine neue Produktionsfunktion zur Folge, aus der dann der Verlauf der Kostenfunktion zu ermitteln ist.

(Mittelfristige) Änderungen in der Betriebsgröße haben unterschiedliche Wirkungen. Während bei *multipler Variation*, der Erweiterung eines Betriebes um gleichartige Teileinheiten, die Produktionsfunktion unverändert bleibt, multiplizieren sich die Faktorverbräuche wie auch die Faktorkosten (bei jeweils gleicher Auslastung) mit dem Vielfachen (Skalierung). Bei *mutativer Variation*, der Erweiterung eines Betriebs mit neuen Verfahren, entsteht eine neue Produktionsfunktion, die den Verlauf der Kostenfunktion determiniert.

b) Kostenarten

Kostenarten lassen sich auf unterschiedliche Weise typisieren, bspw. nach Art der Verbrauchsgüter, nach dem Ort der Entstehung oder nach Bezugsgrößen. Nach der *Art der Verbrauchsgüter* lassen sich als relevante Kostenarten nennen:

Materialkosten	Verbrauch von Werk-, Hilfs-, Betriebsstoffen
Arbeitskosten	Löhne, Gehälter, Sozialkosten
Werkkosten	Einsatz von Maschinen, Aggregaten, Hilfsmitteln
Fremddienste	Transportleistungen, Miete, Strom, Versorgung, Entsorgung
Rechtsgüter	Lizenz-, Patentgebühren
Wagniskosten	Versicherungen, Katastrophenverschleiß, Vernichtung
Abgaben	Steuern, Gebühren
Kapitalkosten	Zinsen

Sämtliche vorgenannten Kostenarten stellen interne Kosten dar. Externe Kosten der Produktion (z. B. Umweltverbrauch) sind aus ökologischer Sicht bedeutsam, sollen hier jedoch kein Gegenstand der Betrachtung sein.

Produktionsstellen sind Orte, an denen Kosten entstehen. Nach der Bedeutung der auf diesen Kostenstellen von Teilbereichen anfallenden Kosten lassen sich unterscheiden:

Hauptkostenstellen	Erstellung von Zwischen- und Endprodukten (Fertigung, Montage)
Nebenkostenstellen	Indirekte Bereiche (Verwaltung, Vertrieb, Reparatur)
Hilfskostenstellen	Unterstützende Bereiche (Wasser-, Kraftversorgung, Lohnbüro)

Auch eine Differenzierung nach den betrieblichen *Funktionsbereichen* bietet sich an:

Beschaffungskosten	Verwaltungskosten
Fertigungskosten	Finanzkosten
Absatzkosten	Lagerkosten

Perioden, Produkte und Produktgruppen können als Bezugsgrößen für Kosten herangezogen werden. *Periodenkosten* stellen die Summe des bewerteten, zielbezogenen Güterverbrauchs während einer Periode dar (z.B. ein Jahr, ein Monat, eine Woche u.a.m.). *Produktkosten* (oder Herstellungskosten) stellen die Summe des bewerteten zielbezogenen Güterverbrauchs zur Herstellung einer Produktart in der Planungsperiode dar. In gleicher Weise beziehen sich *Produktgruppenkosten* auf die Summe des bewerteten sachzielbezogenen Güterverbrauchs zur Herstellung einer Produktgruppe in der Planungsperiode.

Die Messung der Höhe der anfallenden Kosten bereitet insbesondere bei Potentialgütern, bei Kuppelproduktion sowie bei Gemeinkosten teilweise erhebliche Probleme. Hierzu werden Kostenermittlungsmodelle herangezogen, die Gegenstand der Kosten- und Leistungsrechnung sind (vgl. Mildenberger Kap. 2.).

c) Minimalkostenkombination

Unterstellen wir, daß der Produktionsertrag E (oder die Ausbringung x) nur von den beiden Produktionsfaktoren r_1 und r_2 abhängt:

$$x = E = f(r_1, r_2).$$

Daraus ergibt sich die Frage, welche Kombination der beiden Produktionsfaktoren die wirtschaftlich sinnvollste ist. Unter ökonomischen Kriterien ist die Kombination zweckmäßig, die den gewünschten Ertrag E mit minimalen Kosten K realisiert:

$$K = r_1 \cdot p_{r1} + r_2 \cdot p_{r2} \to \text{Min.}$$

Aus dem Differential dK der Kostenfunktion

$$dK = p_{r1} \cdot dr_1 + p_{r2} \cdot dr_2 = 0$$

folgt bei konstanten Faktorpreisen unter Berücksichtigung der produktionstheoretischen Erkenntnisse (vgl. Kap. D) die Bedingung

$$-\frac{p_{r1}}{p_{r2}} = \frac{dr_2}{dr_1} = -\frac{\partial E / \partial r_1}{\partial E / \partial r_2}$$

mit dem Term

$$\frac{dr_2}{dr_1} = -\frac{\partial E / \partial r_1}{\partial E / \partial r_2}$$

als *Grenzrate der Substitution* (vgl. Bild D-9). Im Optimum gilt demzufolge: Die partiellen Grenzproduktivitäten verhalten sich wie die Preise der Einsatzgüter. Auch graphisch läßt sich dieses Ergebnis herleiten. Hierzu ermitteln wir die *Kostenisoquante*:

$$K = r_1 \cdot p_{r1} + r_2 \cdot p_{r2} = \overline{K} = \text{const.}$$

$$r_2 = \frac{\overline{K} - r_1 \cdot p_{r1}}{p_{r2}} \quad \text{(Kostenisoquante oder Isotime).}$$

Eine Gerade im r_2-r_1-Diagramm mit der Steigung der Kostenisoquante wird solange parallel verschoben, bis diese die Ausbringungsisoquante tangiert. Der Berührungspunkt markiert die optimale Faktorallokation. Aus den Achsenabschnitten der Kosten-

E. Kostentheoretische Aussagesysteme

isoquante und der Steigung der Ausbringungsisoquante im Berührungspunkt kann die obige Beziehung abgeleitet werden (s. Bild E-4). Die Verbindungslinie durch die Berührungspunkte von Ausbringungsisoquanten und Kostenisoquanten stellt als Linie minimaler Kosten (Minimalkostenlinie) die Prozeßgerade dar.

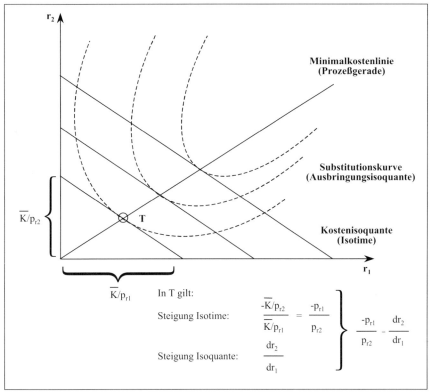

Bild E-4: Minimalkostenkombination

Dazu ein Beispiel: Gegeben seien der Sollertrag $\overline{E}$, die Ertragsfunktion $E(r_1, r_2)$ und das Preisverhältnis der Produktionsfaktoren. Gesucht sind die optimalen Einsatzmengen der Produktionsfaktoren:

$\overline{E} = 200$ ME $\qquad E = 5\, r_1 \cdot r_2 \qquad p_{r1}/p_{r2} = 2{,}5$

$\partial E / \partial r_1 = 5 r_2 \qquad \partial E / \partial r_2 = 5 r_1$

$\dfrac{p_{r1}}{p_{r2}} = 2{,}5 = \dfrac{5 r_2}{5 r_1} \qquad r_2 = 2{,}5\, r_1$

$\overline{E} = 12{,}5\, r_1^2 = 200 \qquad r_1 = 4$ ME $\qquad r_2 = 10$ ME

Zuletzt wollen wir untersuchen, wie sich Preisänderungen auf die Minimalkostenkombination auswirken. Bei proportionaler Änderung der Faktorpreise ändert sich das Preisverhältnis der Produktionsfaktoren nicht; so daß sich der Punkt der Minimalkostenkombination nicht verschiebt. Bei nicht proportionaler Änderung der Faktorpreise hingegen erfolgt eine Verschiebung, weil sich das Preisverhältnis verändert:

Proportionale Änderung: $\dfrac{p^*_{r1}}{p^*_{r2}} = \dfrac{a \cdot p_{r1}}{a \cdot p_{r2}} = \dfrac{p_{r1}}{p_{r2}}$

Nicht proportionale Änderung: $\dfrac{p^*_{r1}}{p^*_{r2}} = \dfrac{a \cdot p_{r1}}{b \cdot p_{r2}} \neq \dfrac{p_{r1}}{p_{r2}}$

2. Produktions- und Kostentheorie

a) Produktionstheorie: Basis der Kostentheorie

Die Produktionstheorie formuliert Aussagen über strukturelle, quantitative und zeitliche Zusammenhänge zwischen dem Einsatz von Gütern und der Ausprägung von Realgütern in Form von Input-Output-Beziehungen: Input = f_P (Output).

Die Kostentheorie will Aussagen über Beziehungen zwischen dem sachzielbezogenen, bewerteten Verbrauch an Real- sowie Nominalgütern zur Erstellung von Realgütern und deren Bestimmungsgrößen liefern: Kosten = f_K (Output).

Die Produktionstheorie liefert somit das _Mengengerüst_ der Produktion und ist sogleich die wesentliche Grundlage der Kostentheorie, die ergänzend das _Wertgerüst_ bestimmt.

Während die Produktionstheorie den Zusammenhang $r = r(x)$ zwischen Ausbringung x und Faktorverbrauch r darstellt (1. Quadrant in Bild E-5), ist es das Ziel der Kostentheorie, die Ausbringungskosten K in Abhängigkeit von der Ausbringung x abzubilden (4. Quadrant in Bild E-5). Diese Beziehung läßt sich jedoch nicht direkt herstellen, da zuvor erst die Kostenfunktion $K = K(r)$ für den Faktorverbrauch r ermittelt werden muß (2. Quadrant in Bild E-5). Analytisch oder graphisch läßt sich dann der Verlauf der Kostenfunktion ermitteln: $r = r(x)$ einsetzen in $K = K(r)$, womit sich $K = K(x)$ ergibt. Die Konstruktion der Kostenfunktion mit Hilfe einer Spiegelgeraden ist in Bild E-5 dargestellt.

Theoretische Aussagen für den Verlauf der Kostenfunktion $K = K(x)$ lassen sich mittels differentieller Betrachtung der Kostenkomponenten gewinnen. Im Vordergrund

E. Kostentheoretische Aussagesysteme

dieser Analyse stehen die Grenzkosten K', also die Kostenänderung bei Änderung der Ausbringung x, unter Umständen auch die Änderungsrate K" der Grenzkosten.

Beispiel: $K = K_f + k_v(r) \cdot r$ mit $r = r(x) = q(x) \cdot x$.

$$K' = \frac{dK}{dx} = k_v(r) \cdot \frac{dr}{dx} + r \cdot \frac{d(k_v(r))}{dr} \cdot \frac{dr}{dx}; \quad K'' = \frac{d^2K}{dx^2}.$$

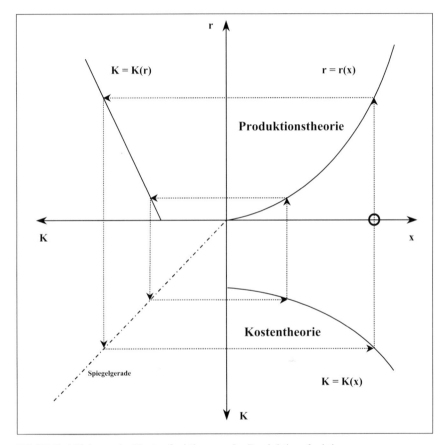

Bild E-5: Ableitung der Kostenfunktion aus der Produktionsfunktion

b) Generierung von Kostenfunktionen aus Produktionsfunktionen

Im weiteren wollen wir unter verschiedenen Annahmen zum Verlauf der Produktionsfunktion und der Faktorkosten die Kostenfunktionen aus der Produktionsfunktion herleiten.

(1) Linear homogene Produktionsfunktion mit konstanten Faktorkosten (s. Skizze):

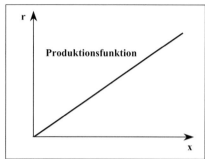
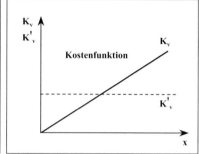

$r = q \cdot x$ $dr/dx = q$
$K_v = r \cdot p_r = q \cdot x \cdot p_r$ $K' = K'_v = q \cdot p_r = \text{const.}$

(2) Linear homogene Produktionsfunktion mit variablen Faktorkosten:

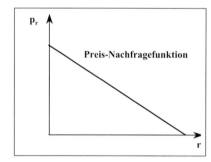
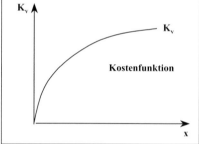

Unter der Annahme einer linearen Preis-Nachfragefunktion ergibt sich der oben skizzierte Verlauf der Kostenkurve, der sich wie folgt berechnet:

Produktionsfunktion: $r = q \cdot x$
Preis-Nachfragefunktion: $p_r = f(r) \equiv a - b \cdot r$ $(b > 0)$
Kostenfunktion: $K_v = q \cdot x \cdot p_r = q \cdot x \cdot (a - b \cdot q \cdot x) = q \cdot (x \cdot a - b \cdot q \cdot x^2)$
Steigung der Kostenfunktion: $K' = q \cdot (a - 2b \cdot q \cdot x)$

Die Konstruktion der Kostenfunktion mit Hilfe einer Spiegelgeraden ist in Bild E-6 dargestellt.

E. Kostentheoretische Aussagesysteme - 103 -

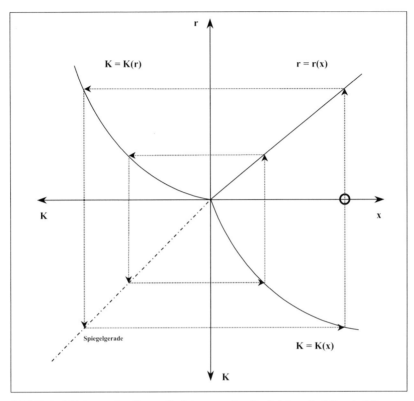

Bild E-6: Ableitung der Kostenfunktion aus der Produktionsfunktion bei linearer Produktionsfunktion und variablen Faktorkosten

(3) Produktionsfunktion mit steigenden Grenzerträgen und konstanten Faktorkosten:

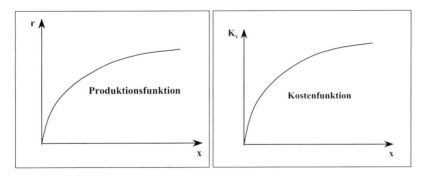

Der Verlauf der Kostenfunktion läßt sich mittels analytischer Untersuchung der Produktionsfunktion qualifizieren. Aus dem Verlauf der Produktionsfunktion folgt:

Steigung der Produktionsfunktion: $dr/dx > 0$;
Krümmung der Produktionsfunktion: $d^2r/dx^2 < 0$;
Kostenfunktion: $K = k_v \cdot r(x)$ mit $k_v = p_r = $ const.;
Steigung der Kostenfunktion: $K' = k_v \cdot dr/dx > 0$, da $dr/dx > 0$ und $dk_v/d_r = 0$;
Krümmung der Kostenfunktion: $K'' = k_v \cdot d^2r/dx^2 < 0$, da $d^2r/dx^2 < 0$.

Die Konstruktion der Kostenfunktion mit Hilfe einer Spiegelgeraden ist in Bild E-7 dargestellt.

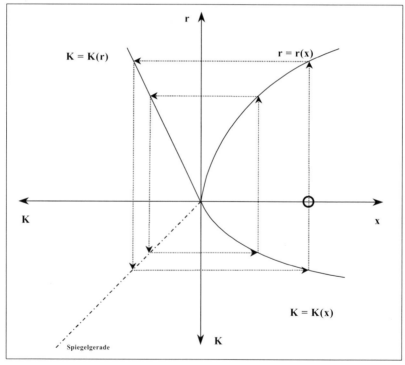

Bild E-7: Ableitung der Kostenfunktion aus der Produktionsfunktion bei steigenden Grenzerträgen und konstanten Faktorkosten

(4) Produktionsfunktion mit fallenden Grenzerträgen und konstanten Faktorkosten:

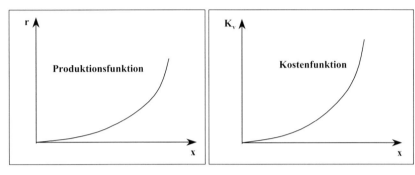

Wie zuvor wollen wir den Verlauf der Kostenfunktion mittels analytischer Untersuchung der Produktionsfunktion qualifizieren. Aus dem Verlauf der Produktionsfunktion folgt (s. Skizze):

Steigung der Produktionsfunktion: $dr/dx > 0$;
Krümmung der Produktionsfunktion: $d^2r/dx^2 > 0$;
Kostenfunktion: $K = k_v \cdot r(x)$ mit $k_v = p_r = $ const.;
Steigung der Kostenfunktion: $K' = k_v \cdot dr/dx > 0$, da $dr/dx > 0$
und $dk_v/d_r = 0$;
Krümmung der Kostenfunktion: $K'' = k_v \cdot d^2r/dx^2 > 0$, da $d^2r/dx^2 > 0$.

Die Konstruktion der Kostenfunktion mit Hilfe einer Spiegelgeraden ist in Bild E-8 dargestellt.

3. Kostendeterminanten

a) Kosteneinflußgrößen

Kosteneinflußgrößen stellen Größen dar, die für die Höhe der Kosten bestimmend sind. Unterscheiden lassen sich beeinflußbare Kosteneinflußgrößen, wie bspw. Produktionsprogramm, Maschinenbelegung, Intensität, etc., und (kurzfristig) nicht beeinflußbare Kosteneinflußgrößen, wie bspw. technisch-physikalische Eigenschaften, psychologische, soziologische Größen, Preise und Löhne sowie Tatbestände, die außerhalb des Unternehmens entschieden werden. Eine klare Trennung zwischen diesen beiden Arten ist nicht möglich, da diese in Zeit und Raum variieren. Somit lassen sich auch nicht sämtliche Kosteneinflußgrößen erfassen, wodurch der Präzisionsgrad der

Aussagen leidet. Es geht deshalb darum, die wesentlichen Kosteneinflußgrößen zu erfassen und die Beziehungen zwischen Kosteneinflußgrößen und Kostenhöhe zu quantifizieren.

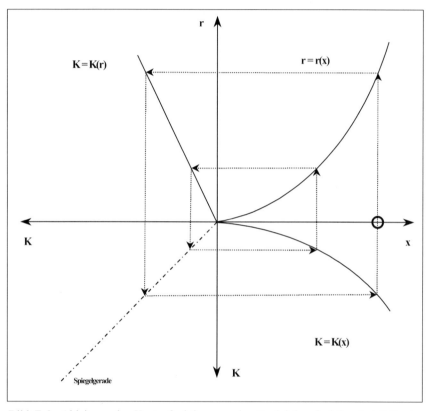

Bild E-8: Ableitung der Kostenfunktion aus der Produktionsfunktion bei fallenden Grenzerträgen und konstanten Faktorkosten

Hierzu werden *Kostenhypothesen* generiert, die eine kostentheoretische Aussage über den Zusammenhang von Kosteneinflußgröße und Kostenhöhe darstellen. Eine solche Kostenhypothese ist bspw.: Wenn die Kosteneinflußgröße Produktionsprogramm die Ausprägung $x_1...x_n$ und die Kostengüterpreise die Ausprägung $p_{r1}...p_{rn}$ haben, dann betragen c. p. die Periodenkosten K Geldeinheiten. Die Kostenfunktion K mit $K = f(x_i, p_{ri}, \overline{d})$ stellt eine nomologische Kostenhypothese dar, die produktionstheoretisch fundiert ist.

E. Kostentheoretische Aussagesysteme − 107 −

Welche Kosten entscheidungsrelevant sind, ist eine Frage der Entscheidungssituation und somit der Problemstellung. Bei operativen Entscheidungen lassen sich viele Kosteneinflußgrößen als Datum betrachten. Aus strategischer Sicht hingegen sind wiederum die meisten Kosteneinflußgrößen beeinflußbar. So können bei Kostenminimierung (operative Sicht) die in dem Referenzzeitraum unveränderlichen Kosten unberücksichtigt bleiben. Ebenso können bei Kostenvergleichen identische Kosten der Alternativen außer Ansatz bleiben. Langfristige Kostendeckung erfordert hingegen, möglichst alle Kosteneinflußgrößen aufzunehmen.

b) Potentialdeterminanten

Beschäftigung und Kapazität, Qualität, räumliche Verteilung und Flexibilität sind die wesentlichen Potentialdeterminanten für Kosten. Die *Beschäftigung* oder *Ausbringung* ist die in einer Produktionsperiode tatsächlich realisierte Produktionsleistung, bspw. die Ausbringung von 50 Tonnen Stahl im Jahr. Die unter Normalbedingungen innerhalb einer Bezugsperiode erreichbare Nennleistung einer Anlage wird als *Kapazität* bezeichnet, bspw. 100 Tonnen Stahl im Jahr. Der Beschäftigungs- oder *Auslastungsgrad* gibt an, in welchem Maß die Nennkapazität während der Bezugsperiode ausgenutzt wurde, im vorliegenden Fall zu 50%.

Bei Einproduktunternehmen ist die Kapazitätsmessung relativ problemlos, da lediglich die Menge der hergestellten Endprodukte nach Zahl oder Maß (bspw. Masse, Volumen) zu erfassen ist. Bei Mehrproduktunternehmen hingegen besteht die Schwierigkeit, die Endprodukte nicht direkt vergleichen zu können. Hilfsweise lassen sich mittels Äquivalenzziffern Äquivalenzrechnungen anstellen oder die Fertigungskapazität als Zeitfond ausweisen (bspw. Fertigungsstunden, Arbeitsstunden). Der Beschäftigungsgrad und somit die Beschäftigung und die Kapazität bestimmen die *Nutz- und Leerkosten* einer Produktiveinheit. Ein weiterer wesentlicher Einflußfaktor ist die *Qualität* der Produktionspotentiale (z-Situation nach Gutenberg). So haben die technisch-organisatorischen Bedingungen, das qualitative Niveau der Betriebsmittel sowie der Beschäftigten einen erheblichen Einfluß auf Höhe und Umfang von Ausschuß, Nacharbeit und Entsorgung.

Die *räumliche Verteilung* der Betriebsmittel und somit die innerbetrieblichen und außerbetrieblichen Transportwege in Verbindung mit den zu transportierenden Mengen haben einen Einfluß auf die Transport- und Logistikkosten. Die Art von Lager- und Fertigungsorganisation (Fließ-, Werkstatt-, Gruppenorganisation) ist deshalb auch im Hinblick auf die Höhe dieser Kosten auszuwählen.

Flexibilität in der Fertigung induziert ebenfalls Kosten. Dabei ist zwischen Flexibilitätskosten und Produktivität abzuwägen, da ein Trade Off besteht. Spezialmaschinen sind gewöhnlich teuer in der Anschaffung, hochproduktiv, jedoch inflexibel hinsichtlich der Fertigung unterschiedlicher Güter. Universalmaschinen hingegen sind als Standardprodukte günstig in der Anschaffung, haben eine geringere Produktivität, sind jedoch sehr flexibel einsetzbar zur Fertigung von Gütern unterschiedlicher Art.

c) Programm-, Produkt- und Prozeßdeterminanten

Das Fertigungsprogramm, die Produktkomplexität, die Preise der Einsatzgüter sowie die Qualität der Einsatz- und Ausbringungsgüter sind in unserer Sicht die wesentlichen Kostendeterminanten. Das *Fertigungsprogramm* bestimmt die in einer Planperiode herzustellenden Erzeugnisse nach Art, Ausbringungsmenge und Termin und ist somit ursächlich für die Höhe der Fertigungskosten. Komplexe Produkte oder Produkte mit einer Vielzahl von Produktvarianten erfordern einen höheren Aufwand bei der Herstellung als einfache Produkte. Hierdurch entstehen *Komplexitätskosten*.

Die *Faktorpreise* der Einsatzgüter entfalten bei der Bewertung des Güterverbrauchs eine direkte Wirkung. Indirekt führt eine Veränderung der Faktorpreise zu Änderungen im Programm (Minimalkostenkombination), sowie zu Änderungen in der qualitativen Zusammensetzung der Einsatzfaktoren.

Qualitätskosten entstehen durch Maßnahmen, die der Qualitätssicherung, der Qualitätsprüfung sowie der Gewährleistung und Kulanz zuzuordnen sind. Intensität und Anpassung, Maschinenbelegung, Auflagen- und Losgröße, Fertigungstiefe sowie Lagerhaltung sind die wesentlichen *Prozeßdeterminanten* für Kosten. Ein höhere Intensität jenseits der kostenminimalen führt aufgrund höheren Verschleißes zu progressiv steigenden Kosten. Oftmals ist die Möglichkeiten der Anpassung an die Beschäftigung beschränkt, so daß die theoretisch günstigste Anpassung nicht gewählt werden kann.

Die *Durchlaufzeit* bestimmt sich aus der Bearbeitungszeit, der Wartezeit und der Übergangszeit eines Fertigungsauftrags und ist demzufolge ein Maß für die Maschinenbelegung. Da erfahrungsgemäß nur etwa 20% bis 80% der Durchlaufzeit produktiv genutzt werden, hat die Reihenfolge der Belegung von Maschinen mit Fertigungsaufträgen Einfluß auf die Durchlaufzeit und somit auch auf die Kosten.

Bei Wechselfertigung ist der Maschinenzustand durch Umrüsten zu verändern. Hierdurch entstehen *Rüstkosten* sowie Anlaufkosten. In Abhängigkeit von der Losgröße entstehen ferner Lagerkosten. Zusammengefaßt lassen sich diese Kosten als *Losgrö-*

ßenkosten bezeichnen. Häufig wird der Umfang der Eigenfertigung eingeschränkt und Zwischenprodukte als fremdgefertigte Vorleistungen bezogen. Über die Veränderung der *Fertigungstiefe* hat dies Einfluß auf die Fertigungskosten.

Lager werden in der Fertigung häufig zum Puffern unstetiger Materialflüsse sowie zur Veredelung benötigt. Vielfach sind jedoch auch Läger erforderlich, die auf indirekte Wirkungen aus anderen Entscheidungen zurückzuführen sind (Läger verdecken Probleme). Da in Lägern Umlaufmaterial gebunden ist, entstehen *Lagerhaltungskosten*.

4. Produktionswirtschaftliche Kostenfunktionen

Die Aufgaben der Kostentheorie bestehen zum einen in der Kennzeichnung und Systematisierung von Kosteneinflußgrößen. Zum anderen sind nomologische Kostenhypothesen zu formulieren und zu überprüfen.

a) Struktureigenschaften

Im Vordergrund steht die Analyse von Kostenverläufen und Kostenstrukturen. Die Art der Kostenfunktion ist abhängig von der Entscheidungssituation. Nachfolgend soll unter idealisierenden Annahmen Einproduktfertigung unterstellt werden, bei der die Kosten nur von der Ausbringungsmenge abhängig sind und die Gesamtkostenfunktion einen linearen Verlauf aufweist (s. Skizze).

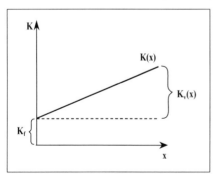
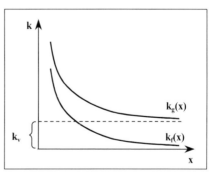

Somit lautet die Kostenfunktion: $K(x) = K_f + k_v \cdot x$. Die Durchschnitts- oder Stückkosten $k(x)$ ergeben sich aus der Division der Gesamtkosten durch die Ausbringungsmenge x:

$$k(x) = \frac{K(x)}{x} = \frac{K_f + k_v \cdot x}{x} = \frac{K_f}{x} + k_v = k_f(x) + k_v.\qquad \frac{\textit{Stückkosten o.}}{\textit{Durchschnittskosten}}$$

Die Grenzkosten beschreiben die Kostenwirkung aus der Variation einer Kosteneinflußgröße (in diesem Fall der Ausbringung) und stellen somit die Steigung der Kostenkurve dar. Im vorliegenden Fall sind die Grenzkosten gleich den variablen Stückkosten und somit konstant:

$$K' = \frac{dK(x)}{dx} = k_v = \text{const.}\qquad \textit{Grenzkosten}$$

Die Zahl der unabhängigen Variablen bestimmt die Dimension der Kostenfunktion. Bei einer unabhängigen Variablen stellt die Kostenfunktion K = f(x) eine Kostenlinie im Raum R^2 dar. Bei zwei unabhängigen Variablen bildet somit die Kostenfunktion K = K(x_1, x_2) eine Fläche im Raum R^3 (s. Skizze). Bei n unabhängigen Variablen bildet die Kostenfunktion eine Hyperfläche im Raum R^{n+1}. Vielfach ist es sinnvoll, unter c. p. Annahmen eine Dimensionsreduktion vorzunehmen.

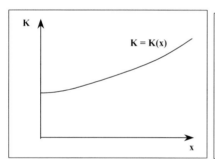
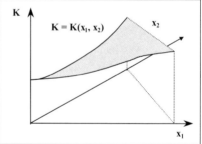

Bei gleichzeitiger Variation mehrerer Kosteneinflußgrößen sind die Grenzkosten deshalb mittels des partiellen Differentials zu ermitteln. In Analogie zu oben beschreiben die Grenzkosten in diesem Fall die Steigung der Tangentialebene an die Hyperfläche der Kostenfunktion:

$$dK = \sum_{i=1}^{n} \frac{\partial K}{\partial x_i} \cdot dx_i.$$

Variabilität, Proportionalitätsabweichung, Elastizität und Krümmung sind qualifizierende Größen zum Charakterisieren des Verlaufs von Kostenfunktionen (wie auch von anderen Funktionen) und dienen demzufolge auch zur Analyse des Kostenverlaufs. Wir unterstellen unter idealisierenden Annahmen, daß die Ausbringung x die einzige unabhängige Variable in der Kostenfunktion sei.

E. Kostentheoretische Aussagesysteme

Die *Variabilität* δ beschreibt das Verhältnis der Durchschnittskosten von zwei Punkten auf einer Kostenfunktion. Die *Proportionalitätsabweichung* μ beschreibt die relative Änderung der Durchschnittskosten: Die *Kostenelastizität* ε beschreibt die Relation von Grenzkosten zu Durchschnittskosten. Die *Krümmung* K" der Kostenfunktion charakterisiert den Funktionsverlauf (s. Skizze).

Variabilität	$\delta = \dfrac{K_2/x_2}{K_1/x_1} = \dfrac{K_2/K_1}{x_2/x_1}$	$\delta > 0$
Proportionalitäts- abweichung	$\mu = \delta - 1 = \dfrac{K_2/x_2 - K_1/x_1}{K_1/x_1}$	$\mu < 0$: unterproportional $\mu = 0$: proportional $\mu > 0$: überproportional
Kostenelastizität	$\varepsilon = \dfrac{dK/dx}{K/x}$	$\varepsilon = 0$; unelastisch $\varepsilon \neq 0$: elastisch
Krümmung	$K'' = \dfrac{d^2 K}{dx^2}$	K" < 0: unterlinear K" = 0: linear K" > 0: überlinear

Der Punkt K" = 0 trennt den unterlinearen Bereich (K" < 0) vom überlinearen Bereich (K" > 0). Überdeckt die Proportionalitätsabweichung der Kostenfunktion den Bereich von $\mu > -1$ bis $\mu > 0$, so teilt die Stelle $\mu = 0$ (zugleich auch $\varepsilon = 1$) den Kurvenverlauf in den unterproportionalen und den überproportionalen Bereich (s. Skizze). Die Stelle $\varepsilon = 0$ (horizontale Tangente an die Kostenfunktion) markiert den Punkt unelastischer Kosten.

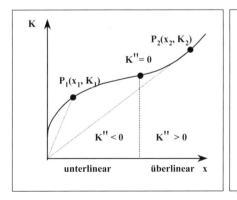
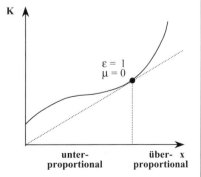

Die nachfolgende Tabelle beschreibt zusammengefaßt Fixkosten, unterproportionale, proportionale und überproportionale Kosten als unterschiedliche Eigenschaften von Kostenfunktionen mittels Variabilität, Proportionalitätsabweichung und Elastizität und zeigt die Zusammenhänge auf. Mit Hilfe dieser Maße können somit Kostenverläufe auch analytisch untersucht werden.

Eigenschaft \ Maß	Variabilität	Proportionalitätsabweichung	Elastizität
Fixkosten	$\delta < 1$	$\mu < 0$	$\varepsilon = 0$
Unterproportionaler Kostenverlauf	$\delta < 1$	$\mu < 0$	$\varepsilon < 1$
Proportionaler Kostenverlauf	$\delta = 1$	$\mu = 0$	$\varepsilon = 1$
Überproportionaler Kostenverlauf	$\delta > 1$	$\mu > 0$	$\varepsilon > 1$

b) Substitutionale Anpassung

Die Kostenfunktion zum Ertragsgesetz bei konstanten Faktorkosten läßt sich gemäß Bild E-9 ermitteln. Ausgangspunkt ist die Ertragsfunktion $x = f(r_1)$. Diese Funktion wird an einer Geraden gespiegelt zu der Funktion $r_1 = g(x)$. Die Funktion $K_v(x)$ der variablen Kosten ergibt sich durch Multiplikation des Faktorverbrauchs $r_1(x)$ mit dem Faktorpreis p_{r1}. Die Fixkosten K_f sind c.p. die Summe aller im Betrachtungszeitraum unveränderlichen Kosten. Die Gesamtkosten $K(x)$ ergeben sich schließlich aus der Addition von fixen und variablen Kosten. Graphisch entspricht dies der Verschiebung der Funktion $K_v(x)$ der variablen Kosten um die Höhe der Fixkosten K_f in die positive Ordinatenrichtung.

Die Stückkostenkurve $k(x) = K/x$ läßt sich graphisch ermitteln, in dem vom Origo aus ein Fahrstrahl zur Gesamtkostenkurve $K = K(x)$ gezogen wird. Die Steigung des Fahrstrahls entspricht dem Quotienten aus Kosten und Ausbringung und somit den Stückkosten (s. Bild E-10).

Die Grenzkostenkurve $K'(x) = dK/dx$ läßt sich graphisch ermitteln, indem Tangenten an die Gesamtkostenkurve $K = K(x)$ gelegt und die Tangentensteigung in Abhängigkeit von x aufgetragen wird (s. Bild E-11).

E. Kostentheoretische Aussagesysteme

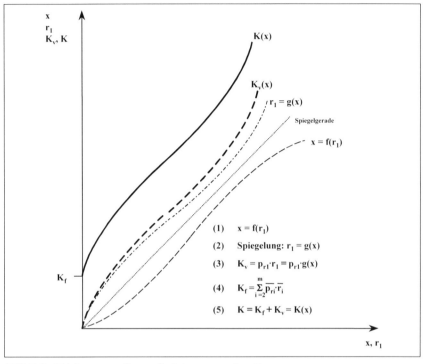

Bild E-9: Ableitung von Kostenfunktionen aus dem Ertragsgesetz

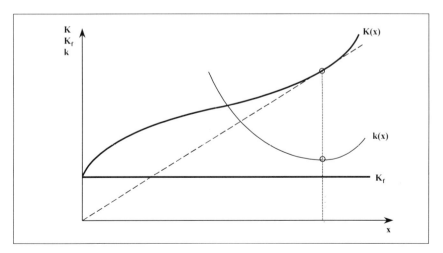

Bild E-10: Ableitung der Stückkostenkurve k(x) aus der Gesamtkostenkurve K(x)

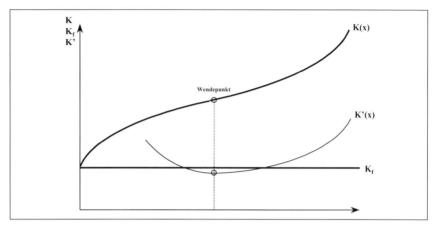

Bild E-11: Ableitung der Grenzkostenkurve K'(x) aus der Gesamtkostenkurve K(x)

Die fixen Stückkosten $k_f(x)$ können ermittelt werden, indem vom Origo aus ein Fahrstrahl an die Fixkostenkurve K_f gezogen und dessen Steigung in Abhängigkeit von x aufgetragen wird (s. Bild E-12). In analoger Weise lassen sich die variablen Kosten $k_v(x)$ graphisch darstellen, indem ein Fahrstrahl vom Schnittpunkt der Kurve mit der Ordinate zur Kostenkurve gezogen und die Steigung des Strahls über x aufgetragen wird (s. Bild E-13).

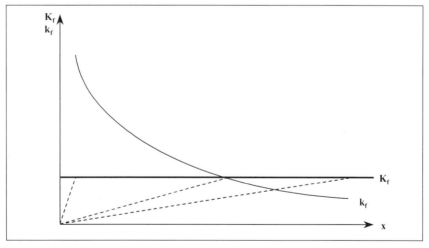

Bild E-12: Ableitung der fixen Stückkostenkurve $k_f(x)$

E. Kostentheoretische Aussagesysteme   - 115 -

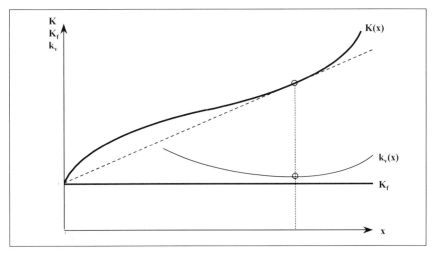

Bild E-13: Ableitung der variablen Stückkostenkurve $k_v(x)$

Zwischen den vorstehend dargestellten Kostenkurven bestehen grundsätzlich die folgenden Zusammenhänge (vgl. Bild E-14):

(1) Im Minimum der variablen Stückkosten sind die variablen Stückkosten gleich den Grenzkosten. Dies läßt sich allgemein beweisen:

$$k_v = \frac{K_v(x)}{x}$$ variable Stückkosten,

$$\frac{dk_v}{dx} = \frac{x \cdot dK_v/dx - K_v}{x^2} = 0$$ Minimum der variablen Stückkosten,

woraus nach Umrechnung folgt

$$\frac{K_v}{x} = \frac{dK_v}{dx} = k_{v\,min}$$ an der Stelle $k_v = k_{v\,min}$.

(2) Im Minimum der Stückkosten sind die Stückkosten gleich den Grenzkosten. Dies läßt sich ebenfalls allgemein beweisen:

$$k = \frac{K}{x} = \frac{K_f}{x} + \frac{K_v(x)}{x}$$ Stückkosten,

$$\frac{dk}{dx} = -\frac{K_f}{x^2} + \frac{x \cdot dK_v/dx - K_v}{x^2} = 0$$ Minimum der variablen Stückkosten,

woraus nach Umrechnung folgt

$$\frac{K}{x} = \frac{dK_v}{dx} = k_{min}$$ an der Stelle $k = k_{min}$.

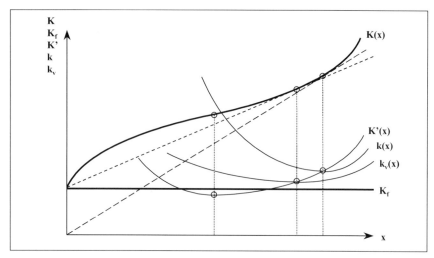

Bild E-14: Zusammenhänge zwischen Kostenkurven

c) *Betriebstechnische Anpassung*

Die Anpassung der Ausbringung an eine schwankende Beschäftigung ist ein grundlegendes Problem hinsichtlich Flexibilisierung der betrieblichen Leistungserstellung. Grundsätzlich lassen sich an Arten die zeitliche, die intensitätsmäßig und die quantitativ Anpassung sowie die Kombination der vorgenannten unterscheiden.

Zwischen der Ausbringung x, der Betriebszeit T_B und der ökonomischen Intensität $\bar{x}$ besteht der Zusammenhang $x = \bar{x} \cdot T_B$. Trägt man in einem Nomogramm die Linien konstanter Ausbringung auf, so stellen diese Hyperbeln dar (s. Bild E-15).

Ausgehend von einem Betriebspunkt, läßt sich die Ausbringung variieren, indem bei konstanter Intensität die Betriebszeit erhöht oder gesenkt wird. Diese zeitliche Anpassung läßt sich bspw. durch Überstunden, eine zusätzliche Schicht, oder Kurzarbeit erreichen. Intensitätsmäßige Anpassung kann erfolgen, wenn die Möglichkeit besteht, die ökonomische Intensität bei gleichbleibender Betriebszeit zu verändern. Sofern möglich, läßt sich die Anpassung gewöhnlich nur in Grenzen zwischen einer minimalen und maximalen Intensität realisieren.

Ohne Veränderung der Betriebsgröße durch Investition oder Desinvestition ist eine quantitative Anpassung nur möglich, wenn Produktiveinheiten vorübergehend stillgelegt oder wieder in Betrieb genommen werden. Eine kombinierte Anpassung erfolgt, wenn zwei oder mehr der vorgenannten Anpassungsarten kombiniert werden.

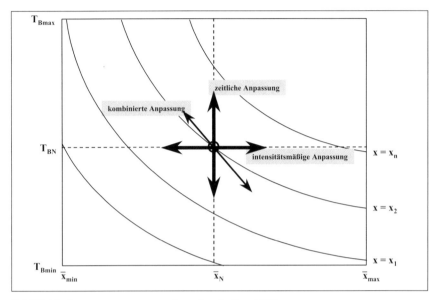

Bild E-15: Anpassungsarten an schwankende Beschäftigung

Bei zeitlicher Anpassung ist die Betriebszeit die Variable. Wird die Anlage mit optimaler Intensität gefahren und sind die Faktorpreise konstant, dann verändern sich die Grenzkosten nicht. Variable Faktorpreise hingegen (z.b. Überstundentarife) induzieren eine Grenzkostenänderung und unter Umständen auch eine Änderung der fixen Kosten. Ausgangspunkt für die Analyse von Kostenänderungen bei intensitätmäßiger Anpassung ist die technische Intensität d einer Produktiveinheit. Diese läßt sich zahlenmäßig ermitteln, wenn die Zahl der aufgewandten technischen Leitungseinheiten (z.B. Umdrehungen einer Arbeitsspindel, Hübe einer Maschine u.a.m.) pro Zeiteinheit quantifiziert werden:

$$d = \frac{\text{Technische Leistungseinheiten (TLE)}}{\text{Zeitintervall (ZE)}}.$$

Empirische Befunde zeigen, daß die variablen Stückkosten in Abhängigkeit von der technischen Intensität häufig einen konkaven Verlauf aufweisen (siehe Skizze). Der konkave Verlauf impliziert, daß zwischen einer minimalen und maximalen Intensität im Punkte des Kostenminimums der Betriebspunkt optimaler Intensität liegt. Entscheidungsrelevant sind i.d.R. jedoch nicht die variablen Stückkosten in Abhängigkeit der technischen Intensität d sondern in Abhängigkeit von der Ausbringung x.

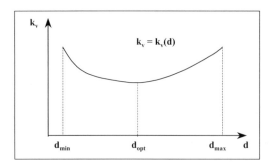

Über die Beziehung
$$d \cdot T_B = \alpha \cdot x = \alpha \cdot \bar{x} \cdot T_B$$
läßt sich die ökonomische Intensität $\bar{x}$ mittels des Proportionalitätsfaktors α aus der technischen Intensität d ermitteln und vice versa: $d = \alpha \cdot \bar{x}$.

Der Proportionalitätsfaktor α drückt die Zahl der benötigten technischen Leistungseinheiten pro produzierte Mengeneinheit aus. Somit haben die variablen Stückkosten in Abhängigkeit von der Ausbringung (bei konstanter Betriebszeit) qualitativ den gleichen Verlauf wie in Abhängigkeit von technischen Intensität.

Bei quantitativer Anpassung und unverändertem Potential ist es sinnvoll, die Anpassung selektiv nach der Wirtschaftlichkeit einer Anlage vorzunehmen. Kriterium hierfür sind die minimalen variablen Stückkosten, die die Rangfolge der Inbetriebnahme vorübergehend stillgelegter Anlagen bestimmen.

Bei kombinierter Anpassung stellt sich die grundsätzliche Frage, welche Anpassungsart vergleichsweise kostengünstiger ist. Am Beispiel von zeitlicher und intensitätsmäßiger Anpassung wollen wir dies untersuchen. Bei gegebener Betriebszeit T_1 und optimaler (ökonomischer) Intensität $\bar{x}_1 = \bar{x}_{opt}$ wird der Betriebspunkt festgelegt. Die Ausbringung betrage x_1. Soll die Ausbringung von x_1 auf x_2 gesteigert werden, so ist bei weiterhin konstanter Intensität die Verlängerung der Betriebszeit von T_1 auf T_1^* erforderlich (vgl. Bild E-16).

Kostenseitig betrachtet verursacht die Ausbringung x_1 bei optimaler Intensität und somit minimalen variablen Stückkosten $k_{v1} = k_{v\min}$ die variablen Kosten K_{v1}. Bleiben bei zeitlicher Anpassung die variablen Stückkosten konstant, dann steigen die variablen Kosten bei der Betriebszeit T_1^* und der Ausbringung x_2 auf K_{v1}^*. Fallen jedoch bspw. Überstundentarife an, dann steigen die variablen Stückkosten; somit können die variablen Kosten K_{v1}^{**} bei der Ausbringung x_2 über den Kosten K_{v1}^* liegen.

Die höhere Ausbringung x_2 könnte jedoch auch dadurch erreicht werden, daß die Anlage bei gleichbleibender Betriebsdauer T_1 mit höherer Intensität $\bar{x}_2 > \bar{x}_1$ gefahren wird. Eine höhere Intensität bedeutet zugleich auch höhere variable Stückkosten, so daß die Gerade der variablen Stückkosten $k_{v2} > k_{v1}$ einen steileren Verlauf hat. Bei der Ausbringung x_2 entstehen deshalb bei intensitätsmäßiger Anpassung die Kosten K_{v2} die stets über den Kosten K_{v1} liegen. In der Regel ist deshalb zeitliche Anpassung kostengünstiger als die intensitätsmäßige Anpassung, sofern bei letzterer die variablen Stückkosten konstant bleiben. Überstundentarife können jedoch das Bild umkehren.

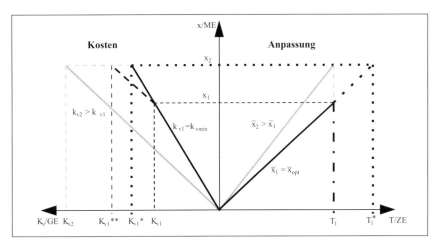

Bild E-16: Zeitliche und intensitätsmäßige Anpassung

Meist sind die Anpassungsmöglichkeiten beschränkt. Häufig, insbesondere bei Kuppelproduktion, ist eine intensitätsmäßige Anpassung nicht möglich. Auch können hohe Anlaufkosten den Entscheidungsspielraum erheblich einengen. Aus den vorgenannten Überlegungen folgt, daß bei konstanten variablen Kosten die Vorgehensweise (1) zeitliche Anpassung, (2) intensitätsmäßige Anpassung und (3) quantitative Anpassung die sinnvolle ist. Dies soll anhand eines Beispiels gezeigt werden. In Bild E-17 sind die Funktionen der variablen Stückkosten der drei Produktionsanlagen A, B, und C mit Intensitätsgrenzen und Spanne der Betriebsdauer angegeben. Die optimalen Beschäftigungen der Anlagen lassen sich aus den Minima der variablen Stückkosten ermitteln.

Daraus folgt, daß die Reihenfolge der Inbetriebnahme entsprechend der Rangfolge der minimalen Stückkosten B → C → A ist. Bild E-18 gibt die einzelnen Anpassungsschritte abschnittsweise wieder. Nach Ausnutzung der zeitlichen Anpassungsmöglichkeiten für Anlage B (1a) wird diese Anlage intensitätsmäßig hoch gefahren, bis deren Grenzkosten gleich den minimalen Stückkosten der Anlage C sind (1b) (ergo: Grenzkostengleichheit, da im Minimum der variablen Stückkosten die variablen Stückkosten gleich den Grenzkosten sind). Anschließend wird Anlage C in Betrieb genommen und zeitlich angepaßt (2). Im nächsten Schritt werden die Anlagen B und C intensitätsmäßig grenzkostengleich angepaßt, bis die Grenzkosten gleich den minimalen Stückkosten der Anlage A sind, bzw. die maximale Intensität der Anlage C erreicht wird. Im Beispiel fallen die beiden Punkte zusammen (3).

Anlagenbeschreibung

Variable	A	$k_{v,A} = (\bar{x}^2 - 6\bar{x} + 101)$ GE/ME	$0 \leq \bar{x} \leq 5$ ME/ZE
Stückkosten	B	$k_{v,B} = (2\bar{x}^2 - 16\bar{x} + 50)$ GE/ME	$0 \leq \bar{x} \leq 7,5$ ME/ZE
	C	$k_{v,C} = (\bar{x}^2 - 10\bar{x} + 85)$ GE/ME	$0 \leq \bar{x} \leq 7$ ME/ZE
			$0 \leq T_B \leq 8$ ZE

Optimale und maximale Intensitäten und Beschäftigungen

Anlage	A	B	C	Dimension
k_{vopt}	92	18	60	GE/ME
$\bar{x}_{opt}$	3	4	5	ME/ZE
$\bar{x}_{max}$	5	7,5	7	ME/ZE
$x_{opt} = \bar{x}_{opt} \cdot T_{Bmax}$	24	32	40	ME
$x_{max} = \bar{x}_{max} \cdot T_{Bmax}$	40	60	56	ME

Bild E-17: Beispiel zur Anpassung an schwankende Beschäftigung

Im nächsten Schritt wird die Anlage A in Betrieb genommen und zeitlich angepaßt (4a). Anschließend werden die Anlagen A und B grenzkostengleich intensitätsmäßig hoch gefahren bis die maximale Intensität der Anlage A erreicht wird (4b). Schließlich kann nur noch die Anlage B bis zur maximalen Intensität anpaßt werden (5).

In Bild E-19 ist die aggregierte Grenzkostenkurve für den Anpassungspfad der kombinierten Anpassung dargestellt. In der Praxis zeigt sich häufig, daß nicht jede Intensität gefahren werden kann, und eine intensitätsmäßige Anpassung häufig nur in Stufen möglich ist.

E. Kostentheoretische Aussagesysteme

Anpassungsart	(1a) B zeitlich	(1b) B intensitätsmäßig	(2) C quantitativ und zeitlich	(3) B und C intensitätsmäßig
Anlage	B	B	B und C	B und C
k_v, K'_v in GE/ME	18_{opt}	60	60 60_{opt}	92 92
$\bar{x}$ in ME/ZE	4_{opt}	5,63	5,63 5_{opt}	6,4 7_{max}
x_{opt}, x_{max} in ME	32	45	45 40	51 56
Ausbringung in ME	$0 \leq x \leq 32$	$32 < x \leq 45$	$45 < x \leq 85$	$85 < x \leq 107$

Anpassungsart	(4a) A quantitativ und zeitlich	(4b) A und B intensitätsmäßig	(5) B intensitätsmäßig	
Anlage	B und C und A	B und C und A	B und C und A	
k_v, K'_v in GE/ME	92 92 92_{opt}	116 92 116	147,5 92 116	
$\bar{x}$ in ME/ZE	6,4 7_{max} 3_{opt}	6,9 7_{max} 5_{max}	$7,5_{max}$ 7_{max} 5_{max}	
x_{opt}, x_{max} in ME	51 56 24	55 56 40	60 56 40	
Ausbringung in ME	$107 < x \leq 131$	$131 < x \leq 151$	$151 < x \leq 156$	

Bild E-18: Schritte zur Anpassung an schwankende Beschäftigung

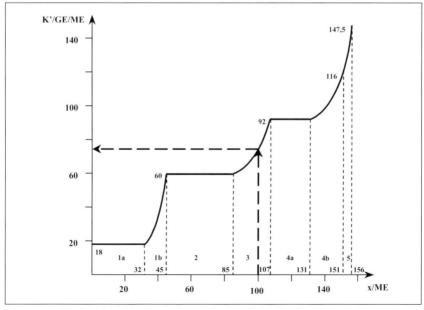

Bild E-19: Aggregierte Grenzkostenkurve der kombinierten Anpassung

Hinweis zur Beispielrechnung:
Die optimale Intensität $\bar{x}_{opt}$ bestimmt das Minimum der variablen Stückkosten. Hierzu sind die variablen Stückkosten nach $\bar{x}$ zu differenzieren: $dk_v(\bar{x})/d\bar{x} = 0$.

Die Grenzkosten sind aus dem Differential der variablen Kosten zu ermitteln, die zuvor durch Multiplikation der variablen Stückkosten mit der Ausbringung x zu bilden wären. Die Kostenfunktion der variablen Stückkosten liegt jedoch nicht als f(x) sondern als f($\bar{x}$) vor. Zur Ermittlung der Grenzkosten ist jedoch zulässig, die Funktion der variablen Stückkosten mit $\bar{x}$ zu multiplizieren und diesen Term nach $\bar{x}$ zu differenzieren, wie nachfolgend bewiesen:

$K_v = k_v(\bar{x}) \cdot x$; $x = \bar{x} \cdot T_B$; $d\bar{x}/dx = 1/T_B$;

$$\frac{dK_v}{dx} = \frac{dk_v(\bar{x})}{d\bar{x}} \cdot \frac{d\bar{x}}{dx} \cdot x + k_v(\bar{x}) = \frac{dk_v(\bar{x})}{d\bar{x}} \cdot \bar{x} + k_v(\bar{x}) = \frac{d(k_v(\bar{x}) \cdot \bar{x})}{d\bar{x}}.$$

d) Homomorphie von Kostenfunktionen

Objekte der traditionellen Kostentheorie sind Kostenhöhe, Maschinengröße, Maschinenspezialisierung, Intensität, Losgröße, Artikelzahl u.a.m., also Größen, die empirisch beobachtbar und meßbar sind. Die faktische Überprüfbarkeit der Hypothesen ist aber begrenzt durch die skalare Meßbarkeit der Beschäftigung bei Mehrproduktfertigung. So deuten sich zwar gewisse Zusammenhänge zwischen Kosteneinflußgrößen an, die Zusammenhänge selbst sind aber weitgehend nicht untersucht. Das fehlende Wissen über die realen Gegebenheiten wird deshalb durch Plausibilitätsannahmen geschlossen.

In empirischen Industrieuntersuchungen konnte im Fall der Einproduktfertigung gezeigt werden, daß Kostenfunktionen in Abhängigkeit von der Beschäftigung linear verlaufen, bzw. eine starke Tendenz zu linearem Verlauf aufweisen. Auch bei quantitativer Anpassung bleibt der lineare Verlauf (mit Sprungstellen) erhalten.

Bei Mehrproduktfertigung fehlen Aussagen über Regelmäßigkeiten, denn unter anderem besteht ein Problem darin, einen geeigneten Maßstab für die Beschäftigung zu finden. Häufig ist die Schwankungsbreite der Beschäftigung in der Praxis zu klein (zwischen 50% und 90%), um gesicherte Aussagen über Zusammenhänge zu gewinnen. Ferner ist der Einfluß anderer Einflußgrößen kaum quantifizierbar, weil die Einflußgrößen sich nicht isolieren lassen. In Verbindung hiermit bereitet auch das Phänomen der Kostenremanenz Probleme, denn Kosten folgen den auslösenden Änderungen gewöhnlich erst verzögert.

Die Aussagen der Kostentheorie, auf der Basis der Produktionstheorie gewonnen, haben deshalb keine Allgemeingültigkeit. Da nahezu keine faktische Überprüfbarkeit gegeben ist, kommt der Kostentheorie primär eine heuristische Funktion zu. Die produktionstheoretisch fundierte Kostentheorie erhebt dennoch den Anspruch auf ein realtheoretisches Aussagesystem. Um den Homomorphiegrad gegenüber Funktionen mit einer einzigen Variablen steigern, werden in Kostenfunktionen meist mehrere Variablen eingeführt, die Kostenhyperflächen bilden. Hier bestehen jedoch in der Produktionstheorie erhebliche Forschungsdefizite worunter auch die Kostentheorie leidet. Insbesondere ist die Einbeziehung weiterer Prozesse (bspw. Lager-, Beschaffungs- und Informationsprozesse) sowie die Weiterentwicklung der Hypothesen zu den Einsatzgüterpreisen wünschenswert.

Übungsaufgaben zu Kapitel E

1. Die Fertigung eines Unternehmens produziert x = 100 Einheiten eines Produkts zu gesamten Durchschnittskosten von k = 30 GE/ME. Die Grenzkosten der Fertigung betragen 20 GE/ME und sind konstant. Wie lautet die Gesamtkostenfunktion der Fertigung?

2. Der Produktionsprozeß eines Unternehmens kann durch folgende Produktionsfunktion beschrieben werden:

$$x = 0{,}75 * r_1^{0,5} * r_2^{0,5}$$

Für die Einsatzfaktoren gelten folgende Faktorpreise: p_1=2,5 GE/ME und p_2=10 GE/ME. Ermitteln Sie die Minimalkostenkombination für einen Ertrag von x = 54 ME des Endprodukts.

3. Zum Betrieb einer Maschine werden zwei Einsatzfaktoren benötigt, für die folgende Verbrauchsfunktionen vorliegen:

$$v_1 = 2\bar{x}^2 - 16\bar{x} + 40$$

$$v_2 = \frac{5}{2}\bar{x}^2 - 28\bar{x} + 80$$

Die Faktorpreise betragen 3 GE/ME für Faktor v_1 und 4 GE/ME für Faktor v_2.
a) Wieviel Mengeneinheiten des Faktors 1 werden täglich verbraucht, wenn die Maschine mit kostenoptimaler Intensität läuft und täglich 8 Stunden in Betrieb ist?
b) Wieviel Mengeneinheiten des Faktors 1 werden bei gleicher täglicher Produktionsmenge am Tag verbraucht, wenn der Betrieb wegen Beschaffungsschwierigkeiten den Verbrauch des Faktors 1 minimieren will?

4. Der Produktionsprozeß eines Unternehmens kann durch folgende Produktionsfunktion beschrieben werden:

$$x = r_1^{0,5} * r_2^{0,5}$$

Das letztjährige Kostenbudget von 48 Geldeinheiten wurde bei den Faktorpreisen p_1=4 GE/ME und p_2=1 GE/ME vollständig ausgeschöpft. Da inzwischen der Preis des Faktors 2 gestiegen ist (p_1 bleibt konstant), setzt die Unternehmensleitung in diesem Jahr ein höheres Kostenbudget von 96 GE fest.

Bis zu welchem maximalen Preis des Faktors 2 kann das Unternehmen einkaufen, um einerseits das Kostenbudget und andererseits die letztjährige Ausbringungsmenge halten zu können? (Optimalverhalten vorausgesetzt!)

5. Ein Unternehmen verfügt über zwei funktionsgleiche, aber kostenverschiedene Maschinen A und B. Die Betriebszeit dieser Maschinen kann zwischen 0 und 10 Stunden pro Tag variiert werden, die Intensität jeweils zwischen $0 \leq \bar{x} \leq 10$ ME/h. Für die Maschinen gelten folgende Verbrauchsfunktionen:

	Maschine A	**Maschine B**
Faktor 1	$v_1 = \frac{1}{4}\bar{x}^2 - \frac{5}{2}\bar{x} + 21$	$v_1 = \frac{1}{2}\bar{x}^2 - 5\bar{x} + 17$
Faktor 2	$v_2 = \frac{1}{7}\bar{x}^2 - 2\bar{x} + 12$	$v_2 = \frac{2}{7}\bar{x}^2 - 4\bar{x} + 16$

Die Faktorpreise betragen 4 GE/ME für Faktor 1 und 7 GE/ME für Faktor 2. Ermitteln Sie den optimalen Maschineneinsatz für jede beliebige Ausbringungsmenge zwischen 0 und 100 ME pro Tag.

6. Das Produktionsniveau eines Unternehmens liegt zur Zeit bei 4.000 Einheiten pro Monat. Für die nächste Zeit erwartet das Unternehmen eine Nachfrage von 3.000 Einheiten pro Monat. Zur Zeit wird noch auf vier Anlagen produziert, deren Produktionspotential jeweils 1.000 Einheiten pro Monat beträgt. Die Kostenstruktur der Anlagen unterschieden sich jedoch:
Anlage A: K = (4x+5000) GE
Anlage B: K = (5x+3500) GE
Anlage C: K = (6x+3000) GE
Anlage D: K = (7x+1000) GE
Auf welcher Anlage soll das Unternehmen sinnvollerweise die Produktion einstellen, bei
a) quantitativer Anpassung mit unverändertem Potentialfaktorbestand?
b) quantitativer Anpassung mit verändertem Potentialfaktorbestand?

F. Produktionswirtschaftliche Entscheidungssysteme

Die Aufgabe des dispositiven Faktors besteht darin, die betrieblichen Teilbereiche Leistungserstellung, Leistungsverwertung, Investition und Finanzierung auf ein gemeinsames Ziel abzustimmen. Nennen wir dieses Ziel vereinfachend und eindimensional Gewinnmaximierung, so obliegt dem Produktionsmanagement die Aufgabe, die betrieblichen Produktionsprozesse zielgerichtet zu planen und zu gestalten. Im einzelnen betreffen diese Aufgaben das Produktionsprogramm, die Bereitstellung der Produktionsfaktoren sowie die Produktionsdurchführung (auch Produktionsvollzug genannt).

1. Programmentscheidungen

a) Entscheidungssituation

Die *Aufgabe der Programmplanung* besteht darin, Art, Menge und Ort der in einer Planperiode zu produzierenden Güter aufgrund von Informationen aus dem Absatzbereich und aus dem Produktionsbereich in Abstimmung mit den anderen betrieblichen Bereichen zu planen. Gewöhnlich läßt sich diese Aufgabe nicht in einem Zug durchführen. Auf unterschiedlichen Ebenen werden in hierarchischer Struktur Teilpläne entwickelt, die der nachgeordneten Ebene als Rahmen dienen (vgl. Bild F-1). Dabei lassen sich unterscheiden:

Strategische Programmplanung, deren Ziel es ist, Marktpotentiale zu sichern und zu erschließen. Die Grundstruktur des Produktionsprogramms ist qualitativ festzulegen, wobei es einerseits um die bereits produzierten Produkte geht, andererseits aber auch um die Entwicklung neuer Produkte.

Die *Taktische Programmplanung* ist das Bindeglied zwischen strategischer und operativer Programmplanung. Aufgabe der taktischen Programmplanung ist es, durch die richtigen Entscheidungen Märkte zu besetzen. Hierzu sind Strukturen zu quantifizieren. Es geht hierbei also um die Festlegung von Investitionen, Kapazität von Betriebsmitteln und Personal, Produktvarianten und Produkteliminierung. Im Kontext mit den quantitativen Strukturentscheidungen sind Prozesse zu qualifizieren, so bspw. ob die Fertigung später in Fließ- oder in Werkstattfertigung durchgeführt werden soll.

Die *Operative Programmplanung* hat die Aufgabe, die Märkte zu versorgen. Mittels Optimierungskalkülen sind Ressourcen optimal zu allozieren, wobei formale Optimierungsziele gewöhnlich Gewinnmaximierung oder Kostenminimierung sind.

Im weiteren werden wir uns überwiegend mit der Operativen Programmplanung beschäftigen. Diese umfaßt einen Tag bis etwa drei Monate, wobei der Produktionsapparat als gegeben anzunehmen ist. Das Ziel ist die Optimierung der Wirtschaftlichkeit, wobei die Interdependenzen zum Absatzmarkt (Preis, Mengen), Finanzplanung (Liquidität), Rechnungswesen (Kostenerfassung, Steuerung), Ablaufplanung (Steuerung, Kapazität) und Beschaffung (Lieferanten) u.a.m. zu berücksichtigen sind.

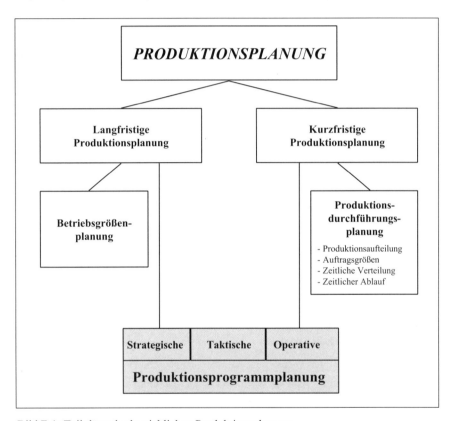

Bild F-1: Teilpläne der betrieblichen Produktionsplanung

Der Output des Produktionssystems sind (gewünschte) Güter, d.h. Realgüter und immaterielle Güter (Dienstleistungen). In der Regel fallen diese Leistungen in Form eines Leistungsbündels an, wie bspw. der Bau einer Sondermaschine, deren Finanzierung sowie Serviceleistungen. Bei der Leistungserstellung kann es sich einerseits um standardisierte Erzeugnisse, zum anderen aber auch um kundenindividuelle Erzeugnisse handeln.

F. Produktionswirtschaftliche Entscheidungssysteme

Bei *standardisierten Erzeugnissen* sind die technischen Abläufe auf Grund vorangegangener Erfahrungen fixiert. Das Mengen- und Zeitgerüst der Produktion ist eindeutig festgelegt. Die Mengen an Produktionsfaktoren lassen sich aus Stücklisten entnehmen, Zeiten sind in auftragsneutralen Arbeitsplänen enthalten. Aufgrund vergangener Erfahrungen liegen ausreichende Kenntnisse über Kosten und Erlöse (Listenpreise) vor.

Die Auslösung der Fertigung kann entweder durch Kundenauftrag (kundenbezogen, z.b. Bestellung eines Pkw) oder durch Absatzprognose (kundenanonym, z. B. Fertigung von Margarine) erfolgen. Die wesentlichen Ziele sind die Glättung der Produktion bei hoher Kapazitätsauslastung unter minimaler Lagerhaltung. Eine wichtige Aufgabe der Produktion besteht darin, sich an saisonale oder konjunkturelle Schwankungen anzupassen. Drei grundlegende Möglichkeiten lassen sich unterscheiden:
- *Synchronisation*, d.h. die Beschäftigung fährt die Nachfrageschwankungen nach;
- *Emanzipation*, d.h. nachfragestarke und nachfrageschwache Zeiten werden mittels Lagerung ausgeglichen;
- *Akquisition*, d.h. Ausgleich der Auslastung durch die Aufnahme antizyklischer Leistungen in das Produktionsprogramm.

Die Fertigung *kundenindividueller Erzeugnisse* stellt grundsätzlich andere Anforderungen. Da es sich in diesem Fall um veränderliche technologische Erzeugnisse handelt, hängen Mengen- und Zeitgerüst von dem individuellen Kundenwunsch ab. Somit sind die Kosten in der Regel nicht eindeutig kalkulierbar und Erlöse lassen sich oft erst in Verhandlungen festlegen. Die Auslösung der Fertigung erfolgt letztlich durch den Kundenauftrag. Bevor dieser erteilt wird, ist jedoch zunächst eine Angebotskalkulation zu erstellen, in der ein grober Ausführungsvorschlag dargestellt und kalkuliert wird. Stimmt der Kunde - unter Umständen nach Änderungen - dieser Angebotskalkulation zu, so ist nachfolgend die Ausführungskalkulation zu erstellen. Die Ziele sind hier die gleichen: Die Produktion unter hoher Kapazitätsausnutzung glätten und Lagerbestände gering halten. Die Anpassung an saisonale oder konjunkturelle Schwankungen kann mittels Synchronisation oder Akquisition erfolgen.

Um produktions- und kostentheoretisch fundierte Aussagen zu gewinnen, müssen wir die Realität mittels eines Produktionsmodells abbilden. Die Abbildung besteht darin, daß wir die Produktionssituation durch ein System analytischer Gleichungen beschreiben. Mittels dieses Systems sollen letztlich Entscheidungen begründet werden, so daß wir das Modell als *Entscheidungsmodell* bezeichnen können.

Zunächst muß das Modell das *Entscheidungsfeld* mit seinen relevanten Elementen abbilden. Hierzu ist eine Beschreibung der Menge aller möglichen Entscheidungen erforderlich. Aus diesem *Mengengerüst* müssen sich die Konsequenzen einer möglichen Entscheidung ableiten lassen. Wenn bspw. n Produkte $x_1...x_n$ auf einer Maschine hergestellt werden können, dann interessiert hinsichtlich der Entscheidung die zeitliche Beanspruchung des Produktionsmittels durch die Fertigung dieser Produkte.

Das *Bewertungssystem* muß die Kostenfunktionen zur Bewertung von Entscheidungen bereit stellen und verkörpert somit das *Kostengerüst*. Letztes Element dieses formalen Entscheidungsmodells ist die *Zielfunktion*, an Hand derer eine Rangfolge von Entscheidungsalternativen unter einer vorgegebenen *Entscheidungsregel* (z. B. Optimierung) abgeleitet werden kann.

b) Ziele der Programmplanung

Das Ziel der Programmplanung ist die Entwicklung eines Erfolg versprechenden Produktionsprogramms. Unter Erfolg wollen wir die Differenz zwischen Erlösen und Aufwand (in einer Periode) verstehen. Die (Brutto-)Umsatzerlöse U (identisch mir den Periodenerlösen E) sollen das Maß für die Betriebserlöse sein. Diese ermitteln wir aus Absatzmenge x_z und Stückpreis p_z der Erzeugnisse, wobei unterstellt wird, daß in der betrachteten Periode keine Lagerveränderung erfolgt, weshalb die abgesetzte Menge zugleich der produzierten Menge entspricht:

$$U(x_z) = \sum_{z=1}^{n} x_z \cdot p_z .$$

Ein Maß für den Aufwand sind die Selbstkosten K, vereinfachend ermittelt aus Produktionsmenge x_z und variable Stückkosten k_{vz} (Materialkosten inkl. Beschaffungskosten, Fertigungskosten, Absatz- und Lagerkosten) sowie den Fixkosten K_f:

$$K(x_z) = \sum_{z=1}^{n} x_z \cdot k_{vz} + K_f .$$

Der Periodengewinn $G(x_z)$ bestimmt sich damit aus der Definitionsgleichung

$$G(x_z) = U(x_z) - K(x_z).$$

Im weiteren wollen wir unter der Annahme der *Einproduktfertigung* (z = 1, x_1 = x) den absoluten Gewinn und den relativen Gewinn als *erwerbswirtschaftliche Ziele* betrachten.

F. Produktionswirtschaftliche Entscheidungssysteme

Der *absolute Gewinn* stellt in der Bestimmungsgleichung

$$G(x) = U(x) - K(x)$$

den einfachsten definitorischen Zusammenhang dar.

Im Falle des *relativen Gewinns* ist der absolute Gewinn auf andere monetäre Größen zu beziehen, wie bspw.

die *Eigenkapitalrentabilität* R_{EK} als Relation von Gewinn G und Eigenkapital EK

$$R_{EK} = \frac{G(x)}{EK(x)},$$

die *Gesamtkapitalrentabilität* R_{GK} als Relation aus Gewinn G und Fremdkapitalzinsen Z_{FK}, bezogen auf das Gesamtkapital GK

$$R_{GK} = \frac{G(x) + Z_{FK}(x)}{GK(x)},$$

oder die *Umsatzrentabilität* als Quotient aus Gewinn G und Umsatz U

$$R_U = \frac{G(x)}{U(x)}.$$

Die *Extremierung der Zielgrößen* erfolgt durch Differenzieren der Gewinnfunktion und Nullsetzen der differenzierten Gleichung. Unterstellen wir weiterhin Einproduktfertigung, so führt die Extremierung des absoluten Gewinns zu der Differentialgleichung für den Grenzgewinn:

$$\frac{dG(x)}{dx} = \frac{dU(x)}{dx} - \frac{dK(x)}{dx} = 0. \qquad \textit{Absoluter Gewinn}$$

Nach Umformen dieser Gleichung können wir die Optimalitätsbedingung formulieren:

$$\frac{dU}{dx} = \frac{dE}{dx} = \frac{dK}{dx}.$$

Im Optimum müssen die Grenzerlöse (bzw. der Grenzumsatz) gleich den Grenzkosten sein.

Die Vorgehensweise ist bei relativen Gewinngrößen analog, wenn auch die Ergebnisse sich anders darstellen. Die Maximierung der Eigenkapitalrendite führt zu der Bestimmungsgleichung

$$\frac{dR_{EK}}{dx} = EK \cdot \frac{dG}{dx} - G \cdot \frac{dEK}{dx} = 0. \qquad \textit{Eigenkapitalrentabilität}$$

Die Optimalitätsbedingung besagt, daß im Optimum der relative Grenzgewinn gleich dem relativen Grenzeigenkapital sein muß:

$$\frac{dG/dx}{G} = \frac{dEK/dx}{EK}.$$

In analoger Weise gilt für das Optimum der Gesamtkapitalrentabilität die Bedingung

$$\frac{dG/dx + dZ_{FK}/dx}{G + Z_{FK}} = \frac{dGK/dx}{GK}. \qquad \textit{Gesamtkapitalrentabilität}$$

Im Optimum der Umsatzrentabilität gilt dementsprechend die Bedingung 'relativer Grenzgewinn gleich relativer Grenzumsatz':

$$\frac{dG/dx}{G} = \frac{dU/dx}{U}. \qquad \textit{Umsatzrentabilität}$$

Im Falle der <u>Mehrproduktfertigung</u> sind sämtliche Teilgewinne dG_z zu betrachten, so daß wir mittels partieller Differentiation die Bedingungsgleichung für das Optimum des absoluten Gewinns formulieren können:

$$dG = \sum_{z=1}^{n} dG_z = \sum_{z=1}^{n} \frac{\partial U(x_z)}{\partial x_z} \cdot dx_z - \sum_{z=1}^{n} \frac{\partial K(x_z)}{\partial x_z} \cdot dx_z = 0. \qquad \textit{Absoluter Gewinn}$$

Das Umstellen der Gleichung führt zum Optimalitätskriterium; die Summe der partiellen Grenzumsätze muß gleich der Summe der partiellen Grenzkosten sein:

$$\sum_{z=1}^{n} \frac{\partial U(x_z)}{\partial x_z} \cdot dx_z = \sum_{z=1}^{n} \frac{\partial K(x_z)}{\partial x_z} \cdot dx_z.$$

Im Fall relativer Gewinngrößen läßt sich kein geschlossener Ausdruck in vorstehender Art formulieren, so daß die Optimalitätsbedingungen nur allgemein formuliert werden können:

$$\sum_{z=1}^{n} \frac{\partial R_{EK}(x_z)}{\partial x_z} \cdot dx_z = 0, \qquad \textit{Eigenkapitalrentabilität}$$

$$\sum_{z=1}^{n} \frac{\partial R_{GK}(x_z)}{\partial x_z} \cdot dx_z = 0, \qquad \textit{Gesamtkapitalrentabilität}$$

$$\sum_{z=1}^{n} \frac{\partial R_{U}(x_z)}{\partial x_z} \cdot dx_z = 0. \qquad \textit{Umsatzrentabilität}$$

Anhand des Beispiels eines Zweiproduktunternehmens soll die Vorgehensweise verdeutlicht werden. Wir nehmen an, daß die beiden Erzeugnisse in alternativer Fertigung auf einer Maschine hergestellt werden können und wir Gewinnmaximierung anstreben.

- Ausgangslage

Produkt	Preis-Absatz-Funktion	Variable Stückkosten
P1	$p_1 = (105 - 0{,}3\, x_1)$ GE/ME	$k_{v1} = 30$ GE/ME
P2	$p_2 = (150 - 0{,}5\, x_2)$ GE/ME	$k_{v2} = 39$ GE/ME

- Gewinnfunktion

$G = (p_1 - k_{v1})\, x_1 + (p_2 - k_{v2})\, x_2 - K_f.$

- Keine Restriktion

Unterstellen wir, es existiere keine Restriktion, so ergibt sich die Bestimmungsgleichung für den optimalen Gewinn zu

$dG = (105 - 0{,}6\, x_1 - 30)\, dx_1 + (150 - x_2 - 39)\, dx_2 = 0.$ *Grenzgewinn*

Da der Grenzgewinn dann zu null wird, wenn jeder Term in der Gleichung zu null wird, lassen sich die optimalen Produktionsmengen durch Nullsetzen der einzelnen Terme ermitteln:

$105 - 0{,}6\, x_1 - 30 = 0 \quad \rightarrow x_1 = 125$ ME,

$150 - x_2 - 39 = 0 \quad \rightarrow x_2 = 111$ ME.

Unter den gegebenen Preis-Absatz-Funktionen errechnet sich daraus ein Deckungsbeitrag von 10.848 GE.

- Eine Kapazitätsrestriktion

Unterstellen wir, daß eine Kapazitätsrestriktion mit der Bedingung $x_1 + x_2 \leq 300$ ME gegeben sei ($q_z = 1$ ZE/ME). Das Differenzieren der Kapazitätsrestriktion führt zu der Bedingung $dx_1 = -dx_2$, d.h.: Es kann sinnvollerweise nur soviel von der einen Menge mehr produziert werden, wie von der anderen Menge weniger produziert wird. Zur Lösung dieses Problems substituieren wir in der obigen Gleichung für den Grenzgewinn dG die differentielle Änderung dx_1 durch $-dx_2$ und x_1 durch den Term $300 - x_2$. Die Lösung des Gleichungssystems führt zu dem Ergebnis: $x_1 = 165$ ME und $x_2 = 135$ ME mit dem Deckungsbeitrag von 10.080 GE.

Wir haben also ein formales Entscheidungsmodell benutzt, um unter der gegebenen Restriktion eine für uns optimale Entscheidung abzuleiten. Stets müssen wir uns aber fragen, ob das formale Ergebnis auch ein sinnvolles ist. Denn es kann durchaus sein, daß übersehen wurde, weitere entscheidungsrelevante Sachverhalte in das Modell aufzunehmen.

Betrachten wir die Rechnung ohne Kapazitätsrestriktion, so stellen wir fest, daß die erforderliche Kapazität nur 236 ME < 300 ME beträgt ($x_1 + x_2 = 236$ ME) und somit weniger als die unter der Kapazitätsrestriktion geforderten 300 ME. Andererseits ist aber der Gewinn im Falle ohne Restriktion um 768 GE höher als im Restriktionsfall, d.h. daß die gesetzte Restriktion keine echte Restriktion ist.

Versuchen wir anhand der nebenstehenden Skizze zu verstehen, was wir "falsch" gemacht haben. Mit dem Ansatz wird die Lösung auf die Restriktionsgerade $x_1 + x_2 = 300$ ME gezwungen (P_1), obwohl hinsichtlich der optimalen Lösung der gesamte graue Raum unterhalb der Restriktionsgeraden zulässig ist.

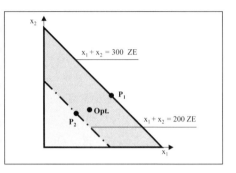

Erst unter der Annahme einer Restriktion $x_1 + x_2 \leq 235$ ME (bspw. $x_1 + x_2 = 200$ ME) liegt die Lösung auf der Restriktionsgeraden (P_2). Lösungen oberhalb dieses kleineren Lösungsraums (hellgrau) sind dann nicht zulässig.

- Umsatzmaximierung

In gleicher Weise soll nun die Optimierung unter dem Ziel Umsatzrentabilität vollzogen werden. Hierbei gelten folgende Gleichungen:

$U = p_1 \cdot x_1 + p_2 \cdot x_2 = (105 - 0{,}3\, x_1)\, x_1 + (150 - 0{,}5\, x_2)\, x_2,$ *Umsatz*

$dU = \dfrac{\partial U}{\partial x_1} dx_1 + \dfrac{\partial U}{\partial x_2} dx_2,$ *Grenzumsatz*

$dU = (105 - 0{,}6\, x_1)\, dx_1 + (150 - x_2)\, dx_2 = 0.$

Der Grenzumsatz wird dann zu null, wenn jeder einzelne Term in der Gleichung zu null wird, was zu den Lösungen $x_1 = 175$ ME, $x_2 = 150$ ME führt. Gehen wir wiederum von der Restriktion $x_1 + x_2 \leq 300$ ME aus, so greift diesmal die Kapazitätsrestriktion, da gemäß vorstehender Rechnung $x_1 + x_2 = 325$ ME > 300 ME ist. Unter der Restriktion führt die formale Lösung dieses Modells zu dem Ergebnis $x_1 = 159$ ME (aufgerundet) und $x_2 = 141$ ME (abgerundet).

2. Grundmodelle der Programmplanung

a) Mengenentscheidungen bei Einproduktfertigung

Im weiteren wollen wir zwei Fälle unterscheiden: Zum einen unterstellen wir, daß die variablen Stückkosten ausbringungs*un*abhängig sind (k_v = const.); im anderen Fall unterstellen wir, daß die variablen Stückkosten von der Ausbringungsmenge abhängig sind ($k_v = k_v(x)$). In beiden Fällen sollen jeweils konstante Marktpreise (p = const.) und variable (mengenabhängige) Marktpreise (p = p(x)) unterstellt werden. Im Falle variabler Marktpreise wird eine lineare Preis-Absatz-Funktion angenommen.

(1) Ausbringungsunabhängige variable Stückkosten, konstante Marktpreise

Annahmen: k_v = const.; p = const.; $x \leq x_{max}$

$G = (p - k_v) \cdot x - K_f$ <u>Gewinnfunktion</u>

$\frac{dG}{dx} = p - k_v \geq 0 \quad \rightarrow p \geq k_v.$ <u>Grenzgewinn</u>

Die Entscheidung in diesem Falle lautet also, soviel zu produzieren wie abgesetzt werden kann, solange der Preis höher liegt als die variablen Kosten. Die fixen Kosten sind in diesem betrachteten Intervall irrelevant, weil wir davon ausgehen, daß in dieser Zeit Kapazität weder auf- noch abgebaut wird.

(2) Ausbringungsunabhängige variable Stückkosten, variable Marktpreise

Annahmen: p = p(x) = a – bx (b > 0); k_v = const.; $x_{min} \leq x \leq x_{max}$.

$G = p(x) \cdot x - k_v x - K_f$ <u>Gewinnfunktion</u>

$\frac{dG}{dx} = a - 2bx - k_v = 0.$ <u>Grenzgewinn</u>

Aus der Optimalitätsbedingung ergibt sich der sogenannte Cournot-Punkt mit der Cournot-Menge x_c und dem Cournot-Preis p_c:

$$x_c = \frac{a - k_v}{2b}; \; p_c = \frac{a + k_v}{2}.$$

Bild F-2 veranschaulicht die graphischen Lösungsmöglichkeiten:
(1) Kostenfunktion K(x) und Erlösfunktion E(x) werden in ein Diagramm eingetragen; eine Parallele zur Kostengeraden wird verschoben, bis diese die Erlösfunktion tangiert. Die Abszisse des Berührpunkts markiert die optimale Menge x_{opt} (Cournot-Menge x_c).
(2) Die Geraden des Grenzerlöses E'(x) und der Grenzkosten K'(x) werden in ein Diagramm eingetragen. Die Abszisse des Schnittpunkts der beiden Geraden markiert die Cournot-Menge x_c.

Das formale Modell kann zu dem Problem führen, daß die optimale Produktionsmenge nicht realisierbar ist, wenn $x_c > x_{max}$. In diesem Fall kann im Bereich positiven Gewinns nur die Menge $x = x_{max}$ (unter Gewinneinbußen) realisiert werden. In dem vorliegenden Fall handelt es sich also um eine Preis-Mengen-Anpassung.

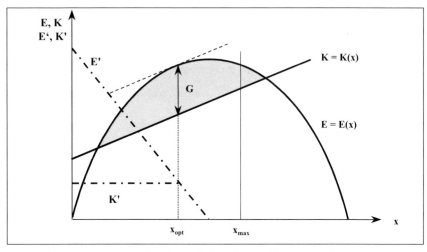

Bild F-2: Produktionsmenge bei Einproduktfertigung: Cournot-Punkt

---

Übungsaufgabe:
Bestimmen Sie graphisch und rechnerisch die optimale Produktionsmenge, den Preis bei optimaler Produktionsmenge sowie den Gewinn bei folgenden Annahmen:
$p = (105-0{,}3x)$ GE/ME; $50 < x < 300$ ME; $k_v = 15$ GE/ME; $K_f = 3630$ GE.
Lösung: $x_c = 150$ ME; $p_c = 60$ GE/ME.

---

(3) Ausbringungsabhängige variable Stückkosten, konstante Marktpreise

Annahmen: $k_v = k_v(x)$; $p =$ const.; $x \leq x_{max}$.

$K = k_v(x) \cdot x + K_f$ <u>*Kostenfunktion*</u>

$E = p \cdot x$ <u>*Erlösfunktion*</u>

$\dfrac{dG}{dx} = E' - K' = p - K' \geq 0 \;\rightarrow p > K'$. <u>*Grenzgewinn*</u>

Die Entscheidungsregel lautet in diesem Fall also: Produzieren, solange der Preis p (= Grenzerlös) größer ist als die Grenzkosten K'.

Bild F-3 veranschaulicht die graphische Lösung: Kostenfunktion K(x) und Erlösfunktion E(x) werden in ein Diagramm eingetragen; eine Parallele zur Erlösgeraden wird verschoben, bis diese die Kostenfunktion tangiert. Die Abszisse des Berührpunkts markiert die optimale Menge x_{opt}.

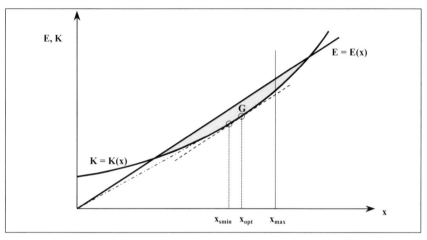

Bild F-3: Produktionsmenge bei Einproduktfertigung

Da auch hier die formale Lösung nicht berücksichtigt, das $x \leq x_{max}$ sein muß, ist die Lösung nachträglich auf Restriktionsverletzung zu überprüfen. Formal läßt sich das Ergebnis der Mengenanpassung (im Bereich positiven Gewinns !) darstellen anhand der Gleichung $x = \min\{x_{opt}, x_{max}\}$. Zu beachten ist, daß die gewinnmaximale Menge x_{opt} nicht identisch mit der kostenminimalen Menge x_{smin} ist (Ursprungsgerade als Tangente an Kostenkurve, s. Bild F-3).

Übungsaufgabe:
Bestimmen Sie (1) den maximalen Deckungsbeitrag und (2) den maximalen Stückgewinn unter den Annahmen:
$K(x) = (0{,}04x^2 + 8x + 3600)$ GE; $x_{max} = 300$ ME; $p = 40$ GE/ME.
Lösung: (1) Maximaler Deckungsbeitrag: $x_{opt} = x_{max} = 300$ ME; $DB_{max} = 6000$ GE.
(2) Maximaler Stückgewinn (zugleich minimale Stückkosten)
$x_{opt} = x_{max} = 300$ ME; $g_{max} = 8$ GE/ME.

(4) *Ausbringungsabhängige variable Stückkosten, variable Marktpreise*

Annahmen: $k_v = k_v(x)$; $p = p(x)$; $x \leq x_{max}$

Wie bereits zuvor gilt hier ebenfalls die Optimalitätsbedingung Grenzerlöse gleich Grenzgewinn. Wiederum ist zu prüfen, ob die Mengenrestriktion verletzt wird (s. Skizze). Im vorliegenden Fall handelt es sich ebenfalls um eine Preis-Mengen-Anpassung.

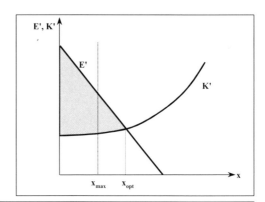

Übungsaufgabe:

Bestimmen Sie den maximalen Deckungsbeitrag unter folgenden Annahmen:

Kostenfunktion $\quad K = (0{,}04x^2 + 8x + 3600)$ GE

Preis-Absatz-Funktion $\quad p = (105{-}0{,}3x)$ GE/ME; $\quad x_{max} = 300$ ME.

Lösung: $x_{opt} = 143$ ME; $DB_{max} = 6918$ GE

b) Programmentscheidungen bei Mehrproduktfertigung (Alternative Fertigung)

Wie bereits zuvor wollen wir wiederum fallweise ausbringungsunabhängige und ausbringungsabhängige variable Stückkosten sowie konstante und variable Marktpreise unterscheiden. Ferner soll vereinfachend unterstellt werden, daß die sämtliche Produktionskoeffizienten gleich eins sind ($q_z = 1$ ZE/ME).

(1) Ausbringungsunabhängige variable Stückkosten, konstante Marktpreise

Annahmen: $k_{vz} = $ const.; $p_z = $ const.; $\Sigma x_z \leq x_{max}$

$$G = \sum_z (p_z - k_{vz}) \cdot x_z - K_f, \quad \underline{\textit{Gewinnfunktion}}$$

$$dG = \sum_z \frac{\partial G}{\partial x_z} \cdot dx_z = 0. \quad \underline{\textit{Grenzgewinn}}$$

Da der Grenzgewinn gleich null wird, wenn jeder Summand zu null wird, lautet die Entscheidungsregel, daß nur zu produzieren ist, wenn $p_z > k_{vz}$. Die Produkte sind nach fallenden Stückdeckungsbeiträgen $(d_z = p_z - k_{vz})$ in das Programm aufzunehmen, solange die Restriktion nicht verletzt wird.

Übungsaufgabe:
Auf einer Universalmaschine können die Erzeugnisse A bis E hergestellt werden. Markt- und Kosteninformationen sind der nachfolgenden Tabelle zu entnehmen. Welches ist das optimale Produktionsprogramm, wenn $x_{max} = 600$ ME.

Erzeugnis	Absatzgrenze	Preis	Variable Stückkosten
A	150	75,--	33,50
B	200	80,--	35,--
C	400	70,--	38,--
D	100	72,--	40,--
E	100	120,--	70,--
Einheit	ME	GE/ME	GE/ME

Lösung:

Erzeugnis	*Absatzgrenze*	*Deckungsbeitrag*	*Menge*
E	*100*	*50,--*	*100*
B	*200*	*45,--*	*200*
A	*150*	*41,50*	*150*
und entweder			
C	*400*	*32,--*	*150*
oder			
D	*100*	*32,--*	*100*
C	*400*	*32,--*	*50*
Einheit	*ME*	*GE/ME*	*GE*

(2) Ausbringungsunsabhängige variable Stückkosten, variable Marktpreise

Annahmen: $k_{vz} = $ const.; $p_z = p_z(x_z) = a_z - b_z \cdot x_z$ ($b_z > 0$); $\Sigma x_z \le x_{max}$

$$G = \sum_z (p_z(x_z) - k_{vz}) \cdot x_z - K_f \qquad \textit{Gewinnfunktion}$$

$$\sum_z \frac{\partial G}{\partial x_z} \cdot dx_z = \sum_z dG_z = 0 \qquad \textit{Grenzgewinn}$$

Zunächst betrachten wir die Lösung $dG_z = 0$, woraus wiederum die Optimalitätsbedingung folgt: Grenzkosten gleich Grenzerlöse: $E'(x_z) = K'(x_z) = k_{vz}$! In Bild F-4 ist für den Zweiproduktfall die graphische Lösung dargestellt. (vgl. auch Bild F-2).

Auch hier stellt sich wieder die Frage, ob die Lösung innerhalb des zulässigen Lösungsraums liegt. Ist dies gegeben, so ist das optimale Programm gefunden. Liegt die Lösung außerhalb des Lösungsraums, so ist durch Einbinden der Restriktionsgleichung in das Modell die Lösung auf die Grenzgerade des Lösungsraums zu zwingen (P_2 in Bild F-4). Unter dieser Bedingung gilt: $dG_1 + dG_2 = 0$.

Mit $dx_1 = -dx_2$ folgt daraus $\dfrac{\partial G}{\partial x_1} = \dfrac{\partial G}{\partial x_2} > 0$. Im Gewinnmaximum müssen demzufolge die Grenzgewinne gleich groß und positiv sein.

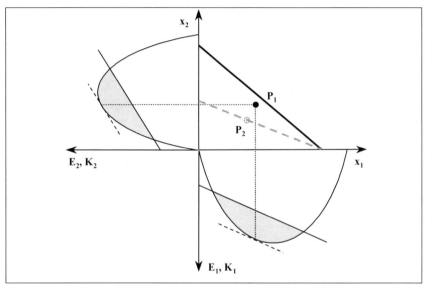

Bild F-4: Produktionsmengen bei Zweiproduktfertigung

Übungsaufgabe:
Auf einer Universalmaschine könne zwei Erzeugnisse hergestellt werden (Produktionskoeffizienten identisch). Bestimmen Sie das optimale Produktionsprogramm unter der Annahme $x_1+x_2 \leq 200$ ME.

Produkt	Preis-Absatz-Funktion	Variable Stückkosten
P1	$p_1 = (105 - 0{,}3\, x_1)$ GE/ME	$k_{v1} = 30$ GE/ME
P2	$p_2 = (150 - 0{,}5\, x_2)$ GE/ME	$k_{v2} = 39$ GE/ME

Lösung: $x_1 = 102$ ME (abgerundet); $x_2 = 98$ ME (aufgerundet).

(3) Ausbringungsabhängige variable Stückkosten, konstante Marktpreise

Annahmen: $k_{vz} = k_{vz}(x_z)$; $p_z = $ const.; $\Sigma x_z \leq x_{max}$

$G = \sum_z (p_z(x_z) - k_{vz}(x_z)) \cdot x_z - K_f$ <u>Gewinnfunktion</u>

$dG = \sum_z \dfrac{\partial G}{\partial x_z} dx_z = \sum_z dG_z = 0$. <u>Grenzgewinn</u>

F. Produktionswirtschaftliche Entscheidungssysteme

Unter der Annahme, daß der Grenzgewinn zu null wird, wenn jeder partielle Grenzgewinn zu null wird, ergibt sich (mit $K_v(x_z) = k_v(x_z) \cdot x_z$) wiederum die bereits bekannte Optimalitätsbedingung $E'(x_z) = p_z = K'_v(x_z)$.

Für den Zweiproduktfall ist die graphische Lösung in Bild F-5 dargestellt. Wiederum ist zu fragen und zu prüfen, ob die Lösung innerhalb des Lösungsraums liegt. Ist dies der Fall, dann ist das optimale Programm gefunden. Andernfalls muß die Lösung auf die Grenzgerade des Lösungsraums gezwungen werden. Hierzu gelten die gleichen Überlegungen wie zuvor, so daß die optimale Lösungsbedingung dann wiederum lautet: Die Grenzgewinne müssen gleich groß und positiv sein.

Übungsaufgabe:
Auf einer Universalmaschine können zwei Erzeugnisse hergestellt werden (Produktionskoeffizienten identisch). Bestimmen Sie das optimale Produktionsprogramm sowie die Grenzgewinne unter der Annahme $x_1 + x_2 \leq 800$ ME.

Produkt	Preis	Kostenfunktion
P1	$p_1 = 40$ GE/ME	$K_1 = (0{,}04\, x^2 + 8x + 3600)$ GE
P2	$p_2 = 36$ GE/ME	$K_2 = (0{,}02 x^2 + 10x + 3000)$ GE

Lösung: $x_1 = 317$ ME; $x_2 = 483$ ME; $\partial G/\partial x_1 = \partial G/\partial x_2 = 6{,}67$ GE/ME.

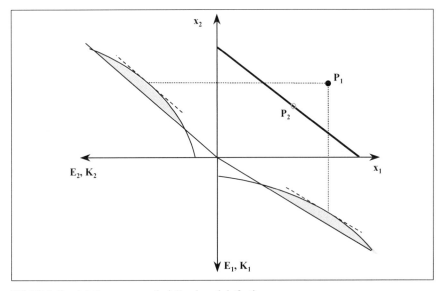

Bild F-5: Produktionsmengen bei Zweiproduktfertigung

(4) Ausbringungsabhängige variable Stückkosten, variable Marktpreise

Annahmen: $k_{vz} = k_{vz}(x_z)$; $p_z = p_z(x_z) = a_z - b_z \cdot x_z$ ($b_z > 0$); $\Sigma x_z \leq x_{max}$

Differenzieren der Gewinnfunktion führt wiederum zu der Bedingung $dG_z = 0$. Nach Lösen der Gleichung ist zu überprüfen, ob die Lösung innerhalb des Lösungsraums liegt. Wenn ja, gilt wie zuvor, daß das optimale Programm gefunden ist; wenn nein, dann ist die Lösung auf der Restriktionsgeraden zu suchen, was wiederum zu der Bedingung führt, daß die Grenzgewinne gleich groß und positiv sein müssen.

Übungsaufgabe:

Auf einer Universalmaschine können zwei Erzeugnisse hergestellt werden (Produktionskoeffizienten identisch). Bestimmen Sie das optimale Produktionsprogramm sowie die Grenzgewinne unter der Annahme $x_1 + x_2 \leq 300$ ME.

Produkt	Preis-Absatz-Funktion	Kostenfunktion
P1	$p_1 = (105 - 0,3\ x_1)$ GE/ME	$K_1 = (0,04\ x^2 + 8x + 3600)$ GE
P2	$p_2 = (150 - 0,5\ x_2)$ GE/ME	$K_2 = (0,02 x^2 + 10x + 3000)$ GE

Lösung: $x_1 = 156$ ME (abgerundet); $x_2 = 144$ ME (aufgerundet); $\partial G / \partial x_z = -9,53 < 0!!$
Der negative Grenzgewinn zeigt an, daß die Lösung nicht optimal sein kann, d.h. die Lösung wurde auf die Restriktionsgerade gezwungen, die optimale Lösung liegt jedoch innerhalb des Lösungsraums:
Optimale Lösung: $x_1 = 143$ ME (aufgerundet); $x_2 = 134$ ME (abgerundet).

---

3. Modelle für spezielle Programmentscheidungen

a) Entscheidungsmodell bei unterschiedlichen Produktionskoeffizienten

Bisher haben wir beim Fertigen der Erzeugnisse identische Produktionskoeffizienten unterstellt. Diese Annahme soll nun suspendiert werden, so daß das produktionswirtschaftliche Ausgangsszenario sich wie folgt darstellt:

- Ein Betrieb kann auf einer Universalmaschine n Erzeugnisse in den Mengen $x_1, x_2, ..., x_z, ..., x_n$ fertigen.

- Die Erzeugnisse benötigen unterschiedliche Fertigungszeiten T_z. Dieser Sachverhalt wird durch die Produktionskoeffizienten $q_z = \dfrac{T_z}{x_z}$ beschrieben

  ($[q_z]$ = ZE/ME).

- Die Fertigungskapazität der Maschine ist beschränkt (Zeitfond):

  $\sum_z q_z \cdot x_z \leq C_{max}$ ($[C_{max}]$ = ZE).

F. Produktionswirtschaftliche Entscheidungssysteme

- Unter Umständen ist mehr als 1 Restriktion zu beachten, z. B. Absatzrestriktionen: $x_z \leq x_{z\max}$.

Die Aufgabe der Programmplanung besteht wiederum darin, die Erzeugnisse nach Art und Mengen zu bestimmen, die in der nächsten Periode zu produzieren sind. Auch diese Situation wollen wir wieder unter den Annahmen konstanter und variabler Preise sowie ausbringungsunabhängiger und ausbringungsabhängiger variabler Stückkosten untersuchen.

(1) Ausbringungsunabhängige variable Stückkosten, konstante Marktpreise
Annahmen: k_{vz} = const.; p_z = const.;

$\sum_z x_z \cdot q_z \leq C_{\max}$ *Kapazitätsrestriktion*

$x_z \leq x_{z\max}$ *Absatzrestriktionen*

Für den Fall, daß sämtliche Produktionskoeffizienten gleich sind (z.B. q_z = 1 ZE/ME), haben wir bereits die Lösung abgeleitet: Die Produkte sind in der Rangfolge fallender Stückdeckungsbeiträge $(d_z = p_z - k_{vz})$ in das Programm aufzunehmen, solange $p_z > k_{vz}$ und keine Restriktion verletzt wird (vgl. Kap. F2b1). Im Fall ungleicher Produktionskoeffizienten ist die Maschinenzeit der Knappheitsfaktor. Die Rangfolge, die zu bilden ist, muß deshalb unter dem Kriterium erfolgen, welches Erzeugnis pro Einheit Maschinenzeit den höchsten Stückdeckungsbeitrag erbringt. Somit ist der Stückdeckungsbeitrag d_z durch den Produktionskoeffizienten q_z zu dividieren:

$$d_{rz} = \frac{p_z - k_{vz}}{q_z}; \quad [d_{rz}] = \text{GE/ZE}.$$

Der auf die Maschinenzeit bezogene Stückdeckungsbeitrag wird *Relativer Stückdeckungsbeitrag* genannt. Die Erzeugnisse sind demzufolge schrittweise nach fallenden relativen Stückdeckungsbeiträgen in das Programm aufzunehmen bis die Kapazitätsgrenze erreicht ist, ohne jedoch eine der Absatzrestriktionen zu verletzen.

Übungsaufgabe:

Auf einer Universalmaschine können die Erzeugnisse A, B, C, D und H hergestellt werden. Absatzgrenzen, Preise, variable Stückkosten sowie Produktionsintensitäten sind der Tabelle zu entnehmen. Bestimmen Sie das optimale Produktionsprogramm sowie den maximalen Deckungsbeitrag unter der Annahme, daß die Fixkosten 117.300 GE betragen und die Kapazitätsrestriktion C_{max} = 1.400 ZE zu beachten ist.

Produkt	Absatzgrenze	Preis	Variable Stückkosten	Produktions-intensität
A	1.000	50,-	30,-	2
B	2.100	70,-	40,-	3
C	1.600	45,-	20,-	4
D	300	140,-	90,-	1
H	800	90,-	50,-	2
	ME	GE/ME	GE/ME	ME/ZE

Lösung:

Produkt	Absatz	Maschinenzeit	Deckungsbeitrag
C	1.600	400	40.000
B	2.100	700	63.000
H	600	300	24.000
		Σ 1.400	Σ 127.000
	ME	ZE	GE

Gewinn: 9.700 GE

Übungsaufgabe:

Bestimmen Sie unter den im oben stehenden Beispiel gegebenen Annahmen und Daten den Gewinn unter den Entscheidungskriterien

a) maximaler Stückdeckungsbeitrag und
b) maximaler Stückgewinn.

a) B, D, H; G = -7.300 GE
b) Nichts produzieren; G = -K_f

F. Produktionswirtschaftliche Entscheidungssysteme

(2) Ausbringungsunabhängige variable Stückkosten, variable Marktpreise

Annahmen: k_{vz} = const.; $p_z = p_z(x_z) = a_z - b_z \cdot x_z$ ($b_z > 0$);

$G = \sum_z (p_z(x_z) - k_{vz}) \cdot x_z - K_f$ *Gewinnfunktion*

$\sum_z x_z \cdot q_z = C_{max} < C_{opt}$ *Kapazitätsrestriktion*

$F = \sum_z (a_z - b_z \cdot x_z - k_{vz}) \cdot x_z - \lambda (\sum_z q_z \cdot x_z - C_{max})$ *Ansatz nach Lagrange*

$\dfrac{\partial F}{\partial x_z} = a_z - 2b_z \cdot x_z - k_{vz} - \lambda \cdot q_z = 0$ n Gleichungen,

$\dfrac{\partial F}{\partial \lambda} = \sum_z q_z \cdot x_z - C_{max} = 0$ 1 Gleichung.

Der Ansatz nach Lagrange geht von einer modifizierten Gewinnfunktion F aus: Von den Fixkosten wird abgesehen, da diese nicht entscheidungsrelevant sind; die Kapazitätsrestriktion wird als Gleichung mit der Lagrange-Variablen λ in die Zielfunktion aufgenommen. Durch Differenzieren nach den Variablen kann ein System mit n+1 Gleichungen aufgestellt werden. Da ebenso viele Unbekannte existieren, ist das Gleichungssystem lösbar. Eliminieren wir aus der oben stehenden partiellen Differentialgleichung die Lagrange-Variable λ, dann läßt sich das *Entscheidungskriterium* erkennen: Der relative Grenzgewinn muß für alle Erzeugnisse gleich hoch und größer als null sein:

$\lambda = \dfrac{a_z - 2b_z \cdot x_z - k_{vz}}{q_z} = \dfrac{\partial G / \partial x_z}{q_z} > 0$ $[\lambda]$ = GE/ZE.

(3) Ausbringungsabhängige variable Stückkosten, konstante Marktpreise

Annahmen: $K_{vz} = K_{vz}(x_z) = k_{vz}(x_z) \cdot x_z$; p_z = const.

$G = \sum_z (p_z \cdot x_z - K_{vz}(x_z)) - K_f$ *Gewinnfunktion*

$\sum_z x_z \cdot q_z = C_{max} < C_{opt}$ *Kapazitätsrestriktion*

$F = \sum_z (p_z \cdot x_z - K_{vz}(x_z)) - \lambda (\sum_z q_z \cdot x_z - C_{max})$ *Ansatz nach Lagrange*

$\lambda = \dfrac{p_z - K'_{vz}(x_z)}{q_z} = \dfrac{\partial G / \partial x_z}{q_z} > 0.$ *Entscheidungskriterium*

F. Produktionswirtschaftliche Entscheidungssysteme

(4) Ausbringungsabhängige variable Stückkosten, variable Marktpreise

Annahmen: $K_{vz} = K_{vz}(x_z) = k_{vz}(x_z) \cdot x_z$; $p_z = p_z(x_z) = a_z - b_z \cdot x_z$ $(b_z > 0)$;

$G = \sum_z (p_z(x_z) \cdot x_z - K_{vz}(x_z)) - K_f$ *Gewinnfunktion*

$\sum_z x_z \cdot q_z = C_{max} < C_{opt}$ *Kapazitätsrestriktion*

$F = \sum_z (p_z(x_z) \cdot x_z - K_{vz}(x_z)) - \lambda(\sum_z q_z \cdot x_z - C_{max})$ *Ansatz nach Lagrange*

$\lambda = \dfrac{\partial G / \partial x_z}{q_z} > 0.$ *Entscheidungskriterium*

Übungsaufgabe:
Auf einer Universalmaschine können die 5 Erzeugnisse P1 bis P5 hergestellt werden. Absatzgrenzen, variable Preise, leistungsunabhängige variable Stückkosten sowie Produktionskoeffizienten sind der Tabelle zu entnehmen. Bestimmen Sie das optimale Produktionsprogramm unter der Annahme, daß die Kapazitätsrestriktion $C_{max} = 2.000$ ZE zu beachten ist.

Produkt	Absatzgrenze	Variabler Preis	Variable Stückkosten	Produktionskoeffizient
P1	150	$p_1 = 150 - 0{,}3x_1$	60	2
P2	150	$p_2 = 200 - 0{,}4x_2$	80	4
P3	300	$p_3 = 80 - 0{,}1x_3$	20	1
P4	300	$p_4 = 120 - 0{,}25x_4$	30	0,4
P5	200	$p_5 = 250 - 0{,}5x_5$	60	5
	ME	GE/ME	GE/ME	ZE/ME

Lösung (aufgerundete Zahlenwerte für Mengen):
$x_1 = 137$ ME; $x_2 = 131$ ME; $x_3 = 281$ ME; $x_4 = 177$ ME; $x_5 = 171$ ME; $\lambda = 3{,}9$ GE/ZE.

(5) Besondere Entscheidungssituationen

- Die optimale Produktionsmenge ist größer als Absatzmenge ($x_{zopt} > x_{zmax}$):
  Dann wird x_{zmax} produziert, x_z aus Gleichungssystem eliminiert, die Kapazitätsrestriktion entsprechend reduziert und der Lagrange-Ansatz neu gelöst.

- Die Produktionsmenge ist negativ ($x_z < 0$):
  x_z wird nicht produziert, x_z aus Gleichungssystem eliminiert und der Lagrange-Ansatz neu gelöst.

- Der relative Grenzgewinn ist negativ ($\lambda < 0$):
  Es liegt keine echte Restriktion vor, so daß Einzeloptimierung vorgenommen werden kann.

b) Entscheidungsmodell bei mehreren Fertigungsstufen und Engpässen

Bisher haben wir lediglich einstufige Produktionssysteme unter unterschiedlichen Güterpreis-, Fertigungskosten- und Engpaßsituationen untersucht. Nachfolgend wollen wir die Überlegungen auf mehrstufige Produktionssysteme erweitern, denn in der betrieblichen Praxis dominieren mehrstufige Produktionssysteme. Bei diesen Systemen ist häufig zu beobachten, daß ein alternierender Engpaß vorliegt, aber ex ante unbekannt ist, in welcher Stufe dieser existiert, weil das jeweils aktuelle Produktionsprogramm diesen Engpaß determiniert. Andererseits besteht aber auch die Möglichkeit, daß Kapazitätsengpässe in mehreren Stufen gleichzeitig auftreten.

(1) Produktionssituation und grafischer Lösungsansatz

Im Falle einer linearen Zielfunktion (Preise const., variable Stückkosten leistungsunabhängig) kann die Lösung analytisch mittels Linearer Programmierung (z. B. Simplexalgorithmus) hergeleitet werden. Für den Zweiproduktfall soll das Problem zunächst grafisch gelöst werden.

Folgende Produktionssituation (alternative Produktion) ist gegeben:

2 Produkte P_i		
$p_1 = 130$ GE/ME	$p_2 = 80$ GE/ME	Preise
$k_{v1} = 30$ GE/ME	$k_{v2} = 20$ GE/ME	Variable Stückkosten
$A_1 = 600$ ME	$A_2 = 850$ ME	Absatzrestriktionen
$K_f = 16.000$ GE		Fixkosten

3 Prozeßstufen C_i			
$q_{11} = 6$ ZE/ME	$q_{12} = 8$ ZE/ME	$C_1 = 7.800$ ZE	Stufe 1
$q_{21} = 4$ ZE/ME	$q_{22} = 2$ ZE/ME	$C_2 = 3.200$ ZE	Stufe 2
$q_{31} = 7$ ZE/ME	$q_{32} = 5$ ZE/ME	$C_3 = 7.000$ ZE	Stufe 3
Produktionskoeffizienten Produkt 1	Produktionskoeffizienten Produkt 2	Kapazitätsrestriktionen	

Gesucht sind die Erzeugnismengen x_1 und x_2 im Gewinnmaximum.

Zunächst tragen wir die drei Kapazitätsrestriktionen in ein x_1-x_2-Diagramm ein (vgl. Bild F-6):

$C_1 \equiv 6x_1 + 8x_2 = 7.800; \quad C_2 \equiv 4x_1 + 2x_2 = 3.200; \quad C_3 \equiv 7x_1 + 5x_2 = 7.000.$

Im nächsten Schritt werden die beiden Absatzrestriktionen eingezeichnet:

$A_1 \equiv x_1 = 600; \quad A_2 \equiv x_2 = 850.$

Zusammen mit den beiden Nicht-Negativitäts-Bedingungen $x_1 \geq 0$ und $x_2 \geq 0$ ist damit der zulässige Lösungsbereich im 1. Quadranten gegeben (grau hinterlegt).

Sodann wird die Zielfunktion Z, von der nur die Steigung bekannt ist, in das Diagramm eingetragen:

$$G = \sum_z d_z \cdot x_z - K_f \to \max.$$

$$Z \equiv \sum_z d_z \cdot x_z = G + K_f \to \max.$$

$$Z \equiv \sum_z d_z \cdot x_z = 100x_1 + 60x_2 \to \max.$$

Zur Darstellung kann auf der rechten Seite eine Konstante frei gewählt werden, z.B. mit 60.000:

$Z \equiv 100x_1 + 60x_2 = 60.000$ bzw. in Achsenabschittsnotation $\dfrac{x_1}{600} + \dfrac{x_2}{1000} = 1$.

Im letzten Schritt wird die Zielfunktion parallel so weit verschoben, bis der Abstand zum Origo maximal ist, aber den zulässigen Lösungsbereich noch tangiert. Die Produktionsmengen im Gewinnoptimum betragen demnach $x_1 = 500$ ME und $x_2 = 600$ ME.

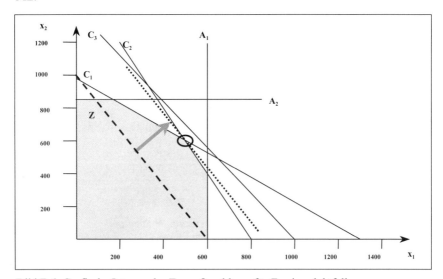

Bild F-6: Grafische Lösung des Engpaßproblems für Zweiproduktfall

(2) Analytischer Lösungsansatz

Hierzu bilden wir die Produktionssituation in einem allgemeinen linearen Modell ab, bestehend aus Variablen, Gewinnfunktion und den Nebenbedingungen:

- *Variablen*

  n Erzeugnisse x_z $\qquad$ ($z = 1 \ldots n$)

  m Maschinen mit den Kapazitäten C_i $\qquad$ ($i = 1 \ldots m$)

  q_{iz} - Produktionskoeffizient für Produkt z auf Maschine i

  A_z - Absatzschranke

  k_z - (leistungsunabhängige) variable Stückkosten

  K_f - Fixkostenblock

- *Gewinnfunktion*

  $G = \sum_z d_z \cdot x_z - K_f \quad \text{mit } d_z = p_z - k_z$

- *Nebenbedingungen*

  Kapazität $\qquad \sum_z x_z \cdot q_{iz} \leq C_i \qquad$ ($i = 1 \ldots m; z = 1 \ldots n$)

  Absatz $\qquad x_z \leq A_z \qquad$ ($z = 1 \ldots n$)

  Nicht-Negativität $\qquad x_z \geq 0 \qquad$ ($z = 1 \ldots n$)

- *Lineares Gleichungssystem*

  Mittels der Schlupfvariablen y_i werden die Ungleichungen in Gleichungen transformiert:

- $\sum_z x_z \cdot q_{iz} + y_i = C_i$ $\quad$ ($i = 1 \ldots m$) $\qquad$ Kapazitätsgleichungen

  $x_z + y_{m+z} = A_z$ $\quad$ ($z = 1 \ldots n$) $\qquad$ Absatzgleichungen

- *Nicht-Negativität*

  $x_z \geq 0$ $\qquad$ ($z = 1 \ldots n$) $\qquad$ Erzeugnisse

  $y_j \geq 0$ $\qquad$ ($j = 1 \ldots m+n$) $\qquad$ Schlupfvariablen

- *Zielfunktion*

  In die Zielfunktion Z, durch Umstellen aus der Gewinnfunktion abgeleitet, werden auch die Fixkosten aufgenommen, um den absoluten Gewinn (und nicht nur den Deckungsbeitrag) ausweisen zu können:

  $Z \equiv \sum_{z=1}^{n} d_z \cdot x_z + \sum_{j=1}^{m+n} d_j \cdot y_j - G = K_f.$

- *Ausgangstableau Lineare Programmierung*

Das Tableau wird so aufgebaut, daß das Vorgehen bei der Optimierung aus produktionswirtschaftlicher Perspektive erkennbar und die Modifikationen interpretierbar werden. Andere Ansätze im Aufbau des Tableaus und im Algorithmus führen selbstverständlich zu demselben Ergebnis. Anhand der zuvor grafisch gelösten Aufgabenstellung soll das Vorgehen beispielhaft illustriert werden (n = 2, m = 3).

Hierzu werden die Zahlenwerte des obigen Gleichungssystems in ein Tableau mit den Elementen $M_{\kappa\lambda}$ übertragen (m+n = 5 Gleichungen, 2n+m = 7 Variable; vgl. Bild F-7)[1]. Die rechte Seite bildet der Vektor R mit den Restriktionselementen R_κ (Spalte 9). Die 6. Zeile des Tableaus stellt die Zielfunktion in obiger Notation dar.[2] Die Deckungsbeiträge d_j der Schlupfvariablen sind in der Ausgangssituation null, im Feld M_{69} sind die Fixkosten eingetragen. Nur aus formal-methodischen Gründen wird die Gewinnvariable in Spalte 8 des Tableaus mit geführt; im Grunde ist diese entbehrlich, weil die nachfolgenden Manipulationen des Tableaus keine Veränderung dieser Spalte bewirken.

x_1	x_2	y_1	y_2	y_3	y_4	y_5	G	Restriktion	Anmerkung
(1)	(2)	(3)	(3)	(5)	(6)	(7)	(8)	(9)	
6,00	8,00	1,00	0,00	0,00	0,00	0,00	0,00	7.800	C_1
4,00	2,00	0,00	1,00	0,00	0,00	0,00	0,00	3.200	C_2
7,00	5,00	0,00	0,00	1,00	0,00	0,00	0,00	7.000	C_3
1,00	0,00	0,00	0,00	0,00	1,00	0,00	0,00	600	A_1
0,00	1,00	0,00	0,00	0,00	0,00	1,00	0,00	850	A_2
100,00	60,00	0,00	0,00	0,00	0,00	0,00	-1,00	16.000	Zielfunktion
0	0	1	1	1	1	1			Basis

Bild F-7: Ausgangstableau Lineare Programmierung

Mit m Gleichungen für die Kapazitäten und n Gleichungen für die Absätze sind insgesamt (n+m) Gleichungen gegeben. Mit n Variablen für die Erzeugnismengen und (m+n) Schlupfvariablen existieren hingegen (2n+m) Variable. Das heißt, das Gleichungssystem ist unterbestimmt und somit nicht lösbar.

---

[1] Die 5 Gleichungen des Systems lauten:
$$6x_1 + 8x_2 + y_1 = 7.800$$
$$4x_1 + 2x_2 + y_2 = 3.200$$
$$7x_1 + 5x_2 + y_3 = 7.000$$
$$x_1 + y_4 = 600$$
$$x_2 + y_5 = 850$$

[2] Zielfunktion: $Z \equiv 100x_1 + 60x_2 - G = 16.000$

F. Produktionswirtschaftliche Entscheidungssysteme - 149 -

Wenn n Variablen auf null gesetzt werden (sog. Nicht-Basisvariablen), dann ergeben sich (n+m) Variable unmittelbar und das System wird bestimmbar. Es liegt nahe, die n Erzeugnismengen auf null zu setzen ($x_z = 0$), um zunächst Ausgangswerte für die Schlupfvariablen y_j als Basisvariablen zu ermitteln. Zeile 7 vermittelt den Überblick über die aktuelle Basis und wird ebenfalls nur aus methodischen Gründen aufgenommen: Ist der Wert "1" eingetragen, so zählt die Variable zur Lösungsbasis, andernfalls ist der Wert "0".

Die Schlupfvariablen y_j haben somit den Wert der rechten Seite des Tableaus.[3] Da die Erzeugnismengen Nicht-Basisvariable sind ($x_z = 0$) und die Deckungsbeiträge der Schlupfvariablen null sind ($d_j = 0$), entsteht ein negativer Gewinn in Höhe der Fixkosten (vgl. Zeile 6 in Verbindung mit Zeile 7: $-G = K_f = 16.000$ GE).

- *Verbesserung des Ergebnisses*
Zunächst wird das *Pivot-Element* gesucht. Der größte positive Stückdeckungsbeitrag in Zeile 6, d. h. die beste Gewinnsteigerung, determiniert die Pivot-Spalte. Somit ist Spalte 1 die Pivot-Spalte (max $\{M_{6\lambda}\} = 100,00$; $\lambda_P = 1$).

Der schärfste Engpaß definiert die Pivot-Zeile. Hierzu sind die Restriktionen der rechten Seite zeilenweise durch den entsprechenden Wert der Pivot-Spalte zu dividieren (Min $\{R_\kappa/M_{\kappa 1}\}$). Tritt eine Division durch null auf, wird diese übergangen. Die schärfste Restriktion ist somit die Absatzrestriktion $A_1 = 600$ und die Zeile $\kappa_P = 4$ somit die Pivot-Zeile. Das Pivot-Element M_{41} ist im Tableau markiert.

Im nächsten Schritt wird das Tableau transformiert. Hierzu wird eine Hilfszeile mit den Elementen HZ_λ ($\lambda = 1...9$) gebildet, indem jedes Element der Pivot-Zeile κ_P durch das Pivot-Element dividiert wird:

1,00	0,00	0,00	0,00	0,00	1,00	0,00	0,00	600

Die Multiplikation der Pivot-Spalte mit (-1) erzeugt die Hilfsspalte HS_κ ($\kappa = 1...6$):

-6,00	-4,00	-7,00	-1,00	0,00	-100,00

Das neue Tableau wird gebildet, indem zunächst die Pivot-Zeile durch die Hilfszeile HZ ersetzt wird. Die Werte der anderen Matrixelemente ergeben sich, nach der Transformationsregel "Neuer Wert := alter Wert + Hilfszeile·Hilfsspalte":

$$M_{\kappa\lambda} := M_{\kappa\lambda} + HZ_\lambda \cdot HS_\kappa \quad (\kappa = 1...6, \kappa \neq \kappa_P; \lambda = 1...9).$$

---

[3] Bestimmungsgleichungen für die Schlupfvariablen: y_1 = 7.800
y_2 = 3.200
y_3 = 7.000
y_4 = 600
y_5 = 850

x_1	x_2	y_1	y_2	y_3	y_4	y_5	G	Restriktion
0,00	8,00	1,00	0,00	0,00	-6,00	0,00	0,00	4.200
0,00	*2,00*	0,00	1,00	0,00	-4,00	0,00	0,00	800
0,00	5,00	0,00	0,00	1,00	-7,00	0,00	0,00	2.800
1,00	0,00	0,00	0,00	0,00	0,00	0,00	0,00	600
0,00	1,00	0,00	0,00	0,00	0,00	1,00	0,00	850
0,00	60,00	0,00	0,00	0,00	-100,00	0,00	-1,00	-44.000
1	0	1	1	1	0	1		

Bild F-8: Verbesserung des Ausgangsergebnisses (1. Iteration)

Die Gewinnspalte bleibt bei dieser Operation unverändert. Die erste Iteration führt somit zu einer Gewinnverbesserung auf 44.000 GE (im Tableau: -G = -44.000). Letztlich wird die neue Basis bestimmt: Die Pivot-Spalte wird zur Basis, die Schlupfvariable mit dem kleinsten Deckungsbeitrag in Zeile 6 wird zur Nicht-Basis (λ = 6). Das Element im Kreuzungspunkt von Pivot-Zeile und neuer Nicht-Basis wird auf null gesetzt (vgl. Bild F-8).

Dieser Schritt der Verbesserung wird so lange wiederholt, bis keine Änderung des Gewinns mehr eintritt. Im vorliegenden Beispiel konvergiert der Algorithmus nach drei Iterationen. Die Zwischenrechnungen sind in Bild F-9 dargestellt.

- *Ergebnisse aus dem Tableau ermitteln*
  Nach Abschluß der Iterationen sind als Ergebnisse der Optimierung zunächst die Werte der Schlupfvariablen und daraus die Erzeugnismengen zu ermitteln:

Schlupfvariablen
Wenn die Basis einer Schlupfvariablen y_j null ist, dann ist y_j = 0. Im vorliegenden Fall sind demzufolge y_1 = y_2 = 0. Dies bedeutet, daß diese beiden Aggregate voll ausgelastet werden.

Falls die Basis einer Schlupfvariablen y_j ungleich null ist, dann sind die Schlupfvariablen nach der Formel $y_j = \sum_{k=1}^{n+m} M_{k,j+n} \cdot R_k$ zu ermitteln; m.a.W., die (n+m) Elemente der betreffenden Spalte sind zeilenweise mit denen der Restriktionsspalte zu multiplizieren und die Produkte zu addieren. Dies führt zu dem Ergebnis: y_3 = 500; y_4 = 100; y_5 = 250. Bei Maschine 3 bleiben demzufolge 500 ZE der Kapazität ungenutzt. Die beiden anderen Schlupfvariablen zeigen an, welche Mengen der Absatzpotentiale nicht ausgeschöpft werden können.

Erzeugnismengen

Die Erzeugnismengen sind zu ermitteln, wenn von jeder Absatzrestriktion im Ausgangstableau der Wert der entsprechenden Schlupfvariablen subtrahiert wird. Da per definitionem $x_z + y_{m+z} = A_z$, gilt $x_z = A_z - y_{m+z}$ (für $z = 1 \dots n$). Die Lösungen lauten somit: $x_1 = 500$ ME und $x_2 = 600$ ME.

x_1	x_2	y_1	y_2	y_3	y_4	y_5	G	Restriktion
0,00	0,00	1,00	-4,00	0,00	*10,00*	0,00	0,00	1.000
0,00	1,00	0,00	0,00	0,00	-2,00	0,00	0,00	400
0,00	0,00	0,00	-2,50	1,00	3,00	0,00	0,00	800
1,00	0,00	0,00	0,00	0,00	0,00	0,00	0,00	600
0,00	0,00	0,00	-0,50	0,00	2,00	1,00	0,00	450
0,00	0,00	0,00	-30,00	0,00	20,00	0,00	-1,00	-68.000
1	1	1	0	1	0	1		

x_1	x_2	y_1	y_2	y_3	y_4	y_5	G	Restriktion
0,00	0,00	0,00	-0,40	0,00	1,00	0,00	0,00	100
0,00	1,00	0,20	-0,80	0,00	0,00	0,00	0,00	600
0,00	0,00	-0,30	-1,30	1,00	0,00	0,00	0,00	500
1,00	0,00	0,00	0,00	0,00	0,00	0,00	0,00	600
0,00	0,00	-0,20	-0,30	0,00	0,00	1,00	0,00	250
0,00	0,00	-2,00	-22,00	0,00	0,00	0,00	-1,00	-70.000
1	1	0	0	1	1	1		

Bild F-9: Verbesserung des Ergebnisses (2. und 3. Iteration)

Wir haben die Fragestellungen der Programmoptimierung in mehrstufigen Produktionssystemen vorstehend nur unter den Annahmen konstanter Preise und ausbringungsunabhängiger variabler Stückkosten untersucht. Nicht konstante Größen führen zu dem Problem, daß die Erlös- und/oder die Kostenfunktion nichtlinear werden und somit das Problem nicht mit dem Standardansatz der Linearen Programmierung gelöst werden kann. Zwar gibt es auch hierfür Lösungsverfahren, jedoch erhöht sich der Aufwand ganz beträchtlich. Wir übergehen deshalb diese Problematik.

4. Bereitstellungs- und Logistikentscheidungen

a) Objekte der Bereitstellung

Bereitstellungsentscheidungen sind sowohl technisch-organisatorischer als auch ökonomischer Art. Hierbei darf jedoch nicht übersehen werden, daß zwischen diesen Entscheidungen vielfältige Interdependenzen bestehen.

Die *technisch-organisatorische Aufgabe* umfaßt die Zuordnung der Produktionsfaktoren (Arbeitskräfte, Betriebsmittel, Material) nach Art und Menge auf die betrieblichen Produktionsprozesse nach Ort und Zeit, um die gewünschten Leistungen des zuvor ermittelten Programms zu erstellen. Hierbei sind vielfach Randbedingungen strikt zu beachten, wie bspw. Fertigstellungstermine, Produktqualität u.a.m.. Im weiteren beschränken wir uns auf die Materialbereitstellung, wenn auch die anderen Entscheidungen von ebenso großer Tragweite sind.

Die *ökonomische Aufgabe* betrifft die Optimierung der Prozeßabläufe hinsichtlich eines ökonomischen Ziels, bspw. Maximierung des Deckungsbeitrag. Im operativen Rahmen wird gewöhnlich angestrebt, das Optimierungsziel mittels Minimierung von Kosten zu erreichen, wie bspw. Minimierung von Beschaffungskosten, von Reservierungskosten (Lagerkosten, Leerkosten) oder Fehlmengenkosten (Konventionalstrafen, Eilaufträge, Nachbestellungen).

b) Materialbereitstellung

(1) Teilprobleme der Materialwirtschaft
Die Materialbereitstellung umfaßt Grundstoffe (bspw. Profilstahl), Hilfsstoffe (bspw. Klebstoffe) und Betriebsstoffe (bspw. Energieträger). Die Entscheidungstatbestände der Materialwirtschaft betreffen das Mengen- und Sortimentsproblem, die Raumüberbrückung, die Zeitüberbrückung sowie das Kapital- und das Kostenproblem bezüglich dieser Einsatzstoffe.

Um das *Mengenproblem* zu bewältigen, bedarf es der engen Abstimmung der Fertigungsbereiche untereinander sowie mit den Zulieferern. Idealziel ist die fertigungssynchrone Beschaffung, um Lagerbestände niedrig zu halten.

Die Materialqualität ist in Grenzen variabel. Aus Sicht der Rationalisierung besteht das *Sortimentsproblem* darin, die Sortimentsbreite und die Sortimentstiefe gering zu halten, ohne jedoch Qualitätseinbußen zu erleiden.

F. Produktionswirtschaftliche Entscheidungssysteme - 153 -

Entscheidungen über die *Raumüberbrückung* müssen unter Berücksichtigung von Risikoaspekten des Transports gefällt werden, wie bspw. Verspätungen oder Qualitätseinbußen von Waren. Die Aufgaben der *Zeitüberbrückung* betreffen die Entwicklung von effizienten Bestellstrategien unter Beachtung von Vorlaufzeiten und dem Timing von Käufen bei schwankenden Preisen.

Das Umlaufvermögen ist gewöhnlich fremd finanziert und kann bei geringer Umschlaghäufigkeit zu einem *Kapitalproblem* führen. Aus ökonomischen Gründen ist deshalb unter intensiver Bestandsüberwachung auf eine hohe Umschlagshäufigkeit zu achten. Das *Kostenproblem* resultiert schließlich aus den Kostenwirkungen der vorgenannten Teilprobleme.

(2) Bereitstellungsprinzipien
Die Mengen-Wert-Struktur und die Verbrauchsstruktur der Bereitstellungsgüter sind die wesentlichen Determinanten bei der Festlegung von Bereitstellungsstrategien.

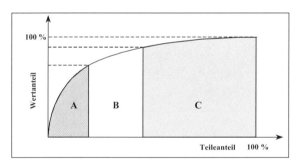

Die Mengen-Wert-Struktur, ermittelt mittels *ABC-Analyse*, stellt den Mengenanteil von Teilen an der Gesamtanzahl aller Teile dem Wertanteil der Teile am Gesamtwert aller Teile geordnet gegenüber.

Bild F-10: ABC-Analyse (Mengen-Wert-Struktur)

Gewöhnlich lassen werden drei Klassen in der Mengen-Wert-Struktur bilden (s. Bild F-10). Klasse A umfaßt Güter mit geringem Mengenanteil, aber hohem Wertanteil. Der Klasse C werden Güter mit einem hohen Mengenanteil, jedoch geringem Wertanteil zugeordnet. Die B-Klasse beinhaltet die übrigen Güter.

Mittels *XYZ-Analyse* wird die Verbrauchsstruktur von Teilen nach drei grundlegenden Eigenschaften im Verbrauch klassifiziert: Konstanter, saisonal oder konjunkturell schwankender sowie stark schwankender Materialverbrauch.

In Verbindung der XYZ-Analyse mit der ABC-Analyse lassen sich drei grundlegende Bereitstellungsstrategien heuristisch ableiten (s. Bild F-11): Bei A-Materialien mit konstanter Verbrauchsrate kann der Bestandswert durch *plangesteuerte Disposition* mit Just-in-Time-Anlieferung auf Abruf reduziert werden. Aufgrund der Verbrauchskonstanz ist eine deterministische Bedarfsplanung aus dem Produktionsprogramm möglich. Bei häufigen Abrufen können die Sicherheitsbestände gering gehalten werden. Bei A-Materialien mit stark schwankendem Verbrauch ist eine Einzelbeschaffung im Bedarfsfall sinnvoll.

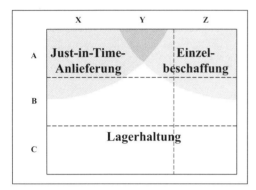

Bei C-Materialien erscheint die _verbrauchsgesteuerte Disposition_ (stochastische Bedarfsplanung) zweckmäßig, denn aufgrund des geringen Materialwerts genügen eine vereinfachte Lagerhaltung und Kontrolle bei großzügig bemessenen Sicherheitsbeständen.

Bild F-11: XYZ-Analyse (Verbrauchsstruktur)

Bei B-Materialien sowie bei saisonal oder konjunkturell schwankendem Verbrauch gibt es keine Faustregel. Von Fall zu Fall ist zu entscheiden, ob eine plan- oder verbrauchsgesteuerte Disposition zweckmäßig ist.

c) Disposition Materialbedarf

(1) Plangesteuerte Disposition
A-Materialien werden gewöhnlich deterministisch oder programmgebunden disponiert; d.h., Bedarfsmengen und -zeitpunkte werden rechnerisch aus dem Produktionsplan ermittelt. Demzufolge ist Voraussetzung, daß ein verbindlicher, in Perioden unterteilter Produktionsplan mit Mengen- und Zeitübersicht für den Primärbedarf (Enderzeugnisse, Ersatzteile, Waren) auch existiert. Ferner sind Stücklisten (oder Bauvorschriften, Rezepturen u.a.m.) erforderlich, um daraus den Sekundärbedarf (Rohstoffe, Fertigteile, Baugruppen, etc.) und den Tertiärbedarf (Hilfsstoffe, Betriebsstoffe) zu berechnen. Die Methode der Bedarfsermittlung mittels Stücklisten wird als _Stücklistenauflösung_ bezeichnet. U.U. sind bei fehlenden Stücklisten die Arbeits- oder Fertigungspläne heranzuziehen. Analytische und synthetische Bedarfsermittlung sind die beiden grundlegenden Methoden.

F. Produktionswirtschaftliche Entscheidungssysteme

- *Analytische Bedarfsermittlung*

Durch Stücklistenauflösung oder direkt aus der Mengenübersichtsstückliste läßt sich die Erzeugnisstruktur eines Fertigteils in dem *Stammbaum* darstellen (vgl. Bild F-12). Fertigteile (F) werden auf der obersten Dispositionsstufe (0) angeordnet, Bauteile auf der nächst unteren und Einzelteile auf der untersten Dispositionsstufe. Aus dem Materialstammbaum läßt sich die *Mengenstückliste* für ein Fertigteil ermitteln. So werden zur Herstellung eines Fertigteils F nach Bild F-12 bspw. 6 Bauteile B1 und 41 Einzelteile E1 (6·5 + 4·2 + 3·1 = 41) benötigt. In Bild F-13 ist die gesamte Mengenstückliste dargestellt.

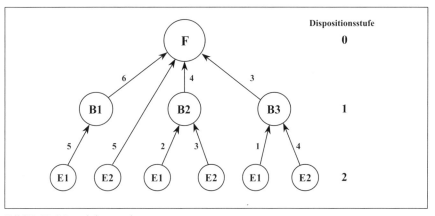

Bild F-12: Materialstammbaum

Bauteil/Einzelteil	Menge	Dispositionsstufe
E1	41	.. 2
E2	29	.. 2
B1	6	.. 1
B2	4	.. 1
B3	3	.. 1

Bild F-13: Mengen- und Strukturstückliste für 1 Fertigteil F

Die *Strukturstückliste* stellt den strukturellen Aufbau eines Erzeugnisses nach Dispositionsstufen (Fertigungsstufen) dar. Als Problem erweisen sich hier die Wiederholteile, d.h. wenn ein Bauteil in unterschiedlichen Dispositionsstufen vorkommt (wie bspw. Bauteil E_2). In diesem Fall wird es auf der niedrigsten Dispositionsstufe positioniert (vgl. Bild F-12 und Bild F-13).

Die zeitbezogene <u>Bruttobedarfsrechnung</u> erfolgt analytisch durch stufenweises Auflösen der Stückliste. Ausgehend vom Enddatum der Fertigstellung des Primärbedarfs werden die Bereitstellungstermine der untergeordneten Baugruppen, Komponenten und Einzelteile retrograd unter Berücksichtigung der jeweiligen Vorlaufzeiten (Verweildauer in der Fertigung oder der Montage) ermittelt (s. Skizze).

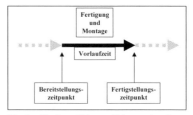

Dispo-stufe	Teil	Vorlauf in Wochen	Bedarf der Jahreswoche				
			7	8	9	10	11	12

1. Vorgang: Auflösung Dispositionsstufe 0

Dispo-stufe	Teil	Vorlauf in Wochen	7	8	9	10	11	12
0	F	1				5	10	15
1	B_1	2			30	60	90	
1	B_2	2			20	40	60	
1	B_3	2			15	30	45	
2	E_2	Baust.1			25	50	75	

2. Vorgang: Auflösung Dispositionsstufe 1

Dispo-stufe	Teil	Vorlauf in Wochen	7	8	9	10	11	12
0	F	1				5	10	15
1	B_1	2			30	60	90	
1	B_2	2			20	40	60	
1	B_3	2			15	30	45	
2	E_2	Baust.1			25	50	75	
2	E_2	Baust.2	60	120	180			
			60	120	180			
	ΣE_2		120	240	385	50	75	
2	E_1		150	300	450			
			40	80	120			
			15	30	45			
	ΣE_1		205	410	615			

Bild F-14: Zeitbezogene Bruttobedarfsrechnung

Eine Beispielsberechnung ist in Bild F-14 dargestellt: Es wird angenommen, daß von dem Fertigteil F in der 10., 11. und 12. Woche 5, 10, und 15 ME benötigt werden. Die Vorlaufzeit beträgt 1 Woche für das Fertigteil und 2 Wochen für die Bauteile B_i.

Im Rahmen der Bedarfsrechnung geht es darum, aus Bruttobedarfen unter Berücksichtigung von verfügbaren Beständen Nettobedarfe zu ermitteln, die entweder selbst zu fertigen oder von Lieferanten zu liefern sind.

- *Synthetische Bedarfsermittlung*

Ausgangspunkt für die synthetische Bedarfsermittlung ist der Teileverwendungsnachweis, quasi die Umkehrung der Stückliste. Graphisch lassen sich die Strukturbeziehungen mittels eines *Gozintographen* darstellen (siehe Bild F-15). Beispielhaft soll das Vorgehen der Bedarfsrechnung veranschaulicht werden.

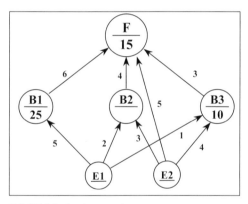

Bild F-15: Gozintograph

Die Beziehungen, die der Gozintograph beschreibt, stellen ein System linearer Gleichungen dar. Die rechte Seite des Gleichungssystems kann unter Ergänzung um das Fertigteil F in Form der *Direktbedarfsmatrix* **D** notiert werden. Der Bedarfsvektor **B** nennt den Endbedarf an Fertigteilen und Bauteilen, der dem Gozintographen zu entnehmen ist.

$$x_{E1} = 5x_{B1} + 2x_{B2} + x_{B3}$$
$$x_{E2} = \phantom{5x_{B1} + {}}3x_{B2} + 4x_{B3} + 5x_F$$
$$x_{B1} = \phantom{5x_{B1} + 2x_{B2} + x_{B3} + {}}6x_F$$
$$x_{B2} = \phantom{5x_{B1} + 2x_{B2} + x_{B3} + {}}4x_F$$
$$x_{B3} = \phantom{5x_{B1} + 2x_{B2} + x_{B3} + {}}3x_F$$

$$\mathbf{B} = \begin{bmatrix} x_{E1} = 0 \\ x_{E2} = 0 \\ x_{B1} = 25 \\ x_{B2} = 0 \\ x_{B3} = 10 \\ x_F = 15 \end{bmatrix}$$

von Teil \ sind in	E1	E2	B1	B2	B3	F
E1	0	0	5	2	1	0
E2	0	0	0	3	4	5
B1	0	0	0	0	0	6
B2	0	0	0	0	0	4
B3	0	0	0	0	0	3
F	0	0	0	0	0	0

Direktbedarfsmatrix **D**

Aus der Direktbedarfsmatrix **D** läßt sich die *Bedarfsmatrix* **X** (bspw. mittels Matrizenrechnung) herleiten: Mit dem Bedarfsvektor **b** für ein Fertigteil F ist das Ergebnis der Berechnung für das obige Beispiel dargestellt:

$$x = D\,x + b$$
$$x - D\,x = b$$
$$(E - D)\,x = b$$
$$x = (E - D)^{-1}\,b = X\,b$$
$$X = (E - D)^{-1}$$

$$b = \begin{bmatrix} 0 \\ 0 \\ 0 \\ 0 \\ 0 \\ 1 \end{bmatrix}$$

von Teil \ sind in	E1	E2	B1	B2	B3	F
E1	1	0	5	2	1	41
E2	0	1	0	3	4	29
B1	0	0	1	0	0	6
B2	0	0	0	1	0	4
B3	0	0	0	0	1	3
F	0	0	0	0	0	1

Bedarfsmatrix **X**

Die Werte "1" der Diagonalelemente sind nur fiktive Werte. Durch Subtraktion der Einheitsmatrix **E** kann deshalb aus der Bedarfsmatrix **X** die *Mengenübersichtsmatrix* **M** ermittelt werden: **M = X - E**. Die Zeilen der Mengenübersichtsmatrix liefern den Teileverwendungsnachweis, die Spalten repräsentieren die Stückliste.

F. Produktionswirtschaftliche Entscheidungssysteme - 159 -

von Teil \ sind in	E1	E2	B1	B2	B3	F
E1	0	0	5	2	1	41
E2	0	0	0	3	4	29
B1	0	0	0	0	0	6
B2	0	0	0	0	0	4
B3	0	0	0	0	0	3
F	0	0	0	0	0	0

Mengenübersichtsmatrix **M**

Die zeilenweise Multiplikation der Elemente x_{ij} der Bedarfsmatrix **X** mit den Elementen b_j eines beliebigen Bedarfsvektors **B** führt zu der Input-Outputmatrix **A** für die Erzeugnisse des Endbedarfs (Output): $a_{ij} = x_{ij} \cdot b_j$ für alle i. Aus dem Bedarfsvektor **B** = (0,0,25,0,10,15) (vgl. S. 157) resultiert die nachstehende Input-Outputmatrix. Die Zeilensummen nennen die Menge der insgesamt benötigten Teile. Die Zeilen stellen den Teileverwendungsnachweis für Enderzeugnisse dar (Input): Z. B. werden von den insgesamt erforderlichen 750 Teilen E1 125 Teile für die 25 Baugruppen B1, 10 Teile für die 10 Baugruppen B3 und 615 Teile für die 15 Enderzeugnisse F benötigt. Die Spalten repräsentieren die Stücklisten für die Erzeugnisse des Endbedarfs: So werden für den Endbedarf von 10 Baugruppen B3 10 Teile E1 und 40 Teile E2 benötigt.

Input \ Output	E1	E2	B1	B2	B3	F	Zeilensumme
E1	0	0	125	0	10	615	750
E2	0	0	0	0	40	435	475
B1	0	0	25	0	0	90	115
B2	0	0	0	0	0	60	60
B3	0	0	0	0	10	45	55
F	0	0	0	0	0	15	15

Input-Outputmatrix **A**

(2) Verbrauchsgesteuerte Disposition
C-Güter und tertiäre Güter werden gewöhnlich stochastisch oder verbrauchsgebunden disponiert. Häufig finden kurzfristige Prognoseverfahren Verwendung, wie bspw. Gleitender Durchschnitt, Exponentielle Glättung, Saisonverfahren, Trendextrapolation oder multiple Regression. Sehr weit verbreitet sind insbesondere die Verfahren Glei-

tender Durchschnitt und Exponentielle Glättung. Hierzu wird der Vergangenheitsraum in n Perioden eingeteilt und die Zeitreihe der Vergangenheitswerte für die Prognose verwendet.

Mit x(t) für tatsächliche Werte und $\hat{x}$(t) für den Prognosewert ergeben sich die folgenden Berechnungsformeln:

Gleitender Durchschnitt:
$$\hat{x}_{t+1} = \frac{1}{n}\sum_{i=1}^{n} x_{t+1-i}$$

oder in rekursiver Darstellung

$$\hat{x}_{t+1} = \hat{x}_t + \frac{x_t - x_{t-n}}{n}.$$

Wenn $x_{t-n} \approx \hat{x}_t$, dann geht das Verfahren des gleitenden Durchschnitts in das Verfahren der exponentiellen Glättung über.

Exponentielle Glättung:
$$\hat{x}_{t+1} = (1 - \frac{1}{n})\hat{x}_t + \frac{1}{n}x_t$$

(3) Fertigungssynchrone Disposition
Das Idealziel der fertigungssynchronen Disposition ist es, ohne Lagerbestände auszukommen. Insbesondere wird hochwertiges Material mit konstantem oder zumindest voraussehbarem Verbrauch auf diese Weise disponiert. Hierzu werden mit Lieferanten Rahmenlieferverträge über Mengen und Fristen von Warenlieferungen abgeschlossen. Kurzfristig erfolgt dann bedarfssynchron der Abruf der erforderlichen Teile nach diesem Lieferplan. Der Grundgedanke dieser Pull-Steuerung ist, daß auch der Lieferant (unter Beachtung der erforderlichen Vorlaufzeiten) erst mit seiner Fertigung beginnt, wenn tatsächlich der Bedarf nach Menge und Zeitpunkt bekannt ist.

d) Bestellpolitik

Die Aufgabe der Bestellpolitik ist die Transformation von Bedarfsmengen und Bedarfsfristen in Bestellmengen und deren zeitliche Verteilung. Hierbei sind aus der deterministischen Planung Mengen und Fristen fix vorgegeben. Aus der verbrauchsgebundenen Planung sind jedoch nur die Mengen bekannt.

(1) Bestellpolitik bei Sicherheit
Zunächst wollen wir die bei Bestellungen anfallenden Kosten untersuchen. Durch Einkauf, Warenannahme, Rechnungsprüfung, Porto, Telefonate und anderes mehr entstehen Bestellkosten, die weitgehend unabhängig von der Menge der bestellten Ware

sind. Sie haben deshalb fixen Charakter und werden als fixe Bestellkosten bezeichnet. Von den Lagerkosten wollen wir nur die Kapitalbindungskosten betrachten, die als bestandsproportional angenommen werden. Hohen Kosteneinfluß hat die Bestellhäufigkeit. Wird bspw. der gesamte Jahresbedarf auf einmal bestellt, dann fallen die fixen Bestellkosten zwar nur einmal an, jedoch ist der Bestand über die gesamte Dauer der Periode zu lagern. Im umgekehrten Fall, bei n-maliger Bestellung des Jahresbedarfs, steigen die Bestellkosten auf das n-fache, während die bestandsvariablen Kosten auf 1/n sinken. Aufgrund dieser gegenläufigen Kostenentwicklung ist zu erwarten, daß ein Optimum für die Bestellmenge ermittelt werden kann. Zunächst sollen die Zusammenhänge anhand des *Grundmodells für die optimale Bestellmenge* dargestellt werden.

Folgende Variablen sind gegeben oder werden berechnet:

Symbol	Variable	Dimension
B	Periodenbedarf	ME/PER
A	Fixe Bestellkosten	GE
p	Einstandspreis des Materials	GE/ME
z	Bestandsvariable Lagerkostensatz als relativer Anteil am durchschnittlichen Lagerwert (Zins + Lagerung)	1/PER
x	Bestellmenge	ME
y	Bestellhäufigkeit	1/PER
K_B	Bestellkosten	GE/PER
K_L	Lagerkosten	GE/PER

Zunächst wird die Bestellhäufigkeit y ermittelt, um die Bestellkosten $K_B(x)$ in der Fertigungsperiode zu bestimmen:

$$\text{Bestellhäufigkeit: } y = \frac{B}{x}; \quad \text{Bestellkosten: } K_B = y \cdot A = \frac{B \cdot A}{x}.$$

Unter der Annahme, daß der Lagerbestand bis Periodenende linear auf null abnimmt, werden die Lagerkosten $K_L(x)$ in der Fertigungsperiode durch die Höhe des mittleren Lagerbestands (x/2), den Lagerkostensatz z sowie den Einstandpreis p des Materials bestimmt.

$$\text{Lagerkosten: } K_L = \frac{x \cdot z \cdot p}{2}.$$

Die Summe aus Bestell- und Lagerkosten bestimmt die Kostenfunktion K(x), die zu minimieren ist:

$$K(x) = K_B + K_L = \frac{A \cdot B}{x} + \frac{x \cdot z \cdot p}{2} \to \text{Min!}$$

Differenzieren der Kostenfunktion führt zu dem Ergebnis, daß im Optimum die Grenzkosten der Lagerung und die Grenzkosten der Bestellung gleich hoch sind:

$$\frac{dK}{dx} = -\frac{A \cdot B}{x^2} + \frac{z \cdot p}{2} = 0; \quad \frac{d^2K}{dx^2} = \frac{2A \cdot B}{x^3} > 0 \rightarrow \text{Minimum!}$$

$$\frac{dK_L}{dx} = -\frac{dK_B}{dx}.$$

Das Lösen der Gleichung führt schließlich zur optimalen Bestellmenge x_{opt}, aus der sich die optimale Bestellhäufigkeit ermitteln läßt:

$$x_{opt} = \sqrt{\frac{2A \cdot B}{z \cdot p}}; \quad y_{opt} = \frac{B}{x_{opt}} = \sqrt{\frac{B \cdot z \cdot p}{2 \cdot A}}.$$

Aus der Grenzkostengleichheit von Lager- und Bestellkosten folgt, daß im Optimum Lager- und Bestellkosten gleich hoch sind (s. Skizze). Das gilt jedoch nur unter den getroffenen Annahmen $K_B \sim 1/x$ und $K_L \sim x$!!!

$$\frac{A \cdot B}{x} = \frac{z \cdot p \cdot x}{2} \quad \text{und somit } K_B = K_L.$$

Wichtig ist es, sich bei Verwendung der Formel stets die Prämissen zu vergegenwärtigen, die hier gelten:
- der Jahresbedarf ist sicher und gleichmäßig auf die Perioden verteilt,
- die Variablen sind von einander unabhängig,
- die Bestellkosten sind konstant,
- die Einstandspreise sind konstant, es werden keine Mengenrabatte gewährt,
- der Lagerhaltungskostensatz ist konstant,
- es erfolgt ein linearer Lagerabbau,
- Restriktionen werden nicht beachtet.

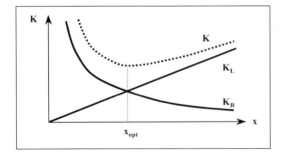

Beispielrechnung:
B = 5.760 ME/a
A = 80 GE
p = 5 GE/ME
z = 0,2/a
x_{opt} = 960 ME
y_{opt} = 6/a

F. Produktionswirtschaftliche Entscheidungssysteme

In *Erweiterung des Grundmodells* soll nun *eine Restriktion* eingeführt werden, bspw. die Beschränkung der Lagerkapazität oder die Beschränkung von Finanzmitteln. Hierzu treffen wir die folgenden Annahmen:

Beschränkung Lagerkapazität x_{max}: $\quad x \leq x_{max}$,

Beschränkung der Finanzmittel F: $\quad \dfrac{x \cdot p}{2} \leq F$.

Zur Lösung des Problems mit einer Restriktion ziehen wir den Ansatz nach Lagrange heran. Hierzu wird die zunächst unter Einführung der Lagrange-Variablen λ aus der Kostenfunktion die Lagarange-Funktion gebildet. Der Term $\lambda(\dfrac{x \cdot p}{2} - F)$ berücksichtigt die (Finanz-)Restriktion und wird, wenn die Restriktion greift, zu null, so daß die Kostenfunktion nicht verändert wird. Zur Bestimmung des Minimums ist die Gleichung partiell zu differenzieren. Aus dem zweizeiligen Gleichungssystem mit den Unbekannten x und λ ist die optimale Bestellmenge ermittelbar:

$$L = \dfrac{A \cdot B}{x} + \dfrac{x \cdot z \cdot p}{2} + \lambda(\dfrac{x \cdot p}{2} - F) \to \text{Min!}$$

$$\dfrac{\partial L}{dx} = -\dfrac{A \cdot B}{x^2} + \dfrac{z \cdot p}{2} + \dfrac{\lambda \cdot p}{2} = 0,$$

$$\dfrac{\partial L}{d\lambda} = \dfrac{x \cdot p}{2} - F = 0.$$

Hinweis: Wegen Kostenminimierung (und nicht Gewinnmaximierung) wird hier der Lagrange-Term mit positivem Vorzeichen eingeführt !

Beispielrechnung:

B = 5.760 ME/a; A = 80 GE; p = 5 GE/ME; z = 0,2/a.

x_{max} = 800 ME; F_{max} = 1500 GE

Die Finanzrestriktion ist die schärfere von den beiden Restriktionen, denn Umformen führt zu der Restriktion $x \leq 2F/p$ = 600 ME.

Aus dem partiellen Differential des Lagrange-Terms ergibt sich die Lösung für x:

x_{opt} = 600 ME; y_{opt} = 9,6/a; $\lambda = \dfrac{2}{p}(\dfrac{A \cdot B}{x^2} - \dfrac{z \cdot p}{2})$ = 0,31/a;

Sinnvollerweise ist y_{opt} auf 10/a aufzurunden, woraus neue Werten für x und λ zu berechnen sind: x^*_{opt} = 576 ME; λ^* = 0,36/a.

In einer weiteren *Erweiterung des Grundmodells* sollen *Mengenrabatte* berücksichtigt werden. Bisher haben wir in der Kostenfunktion keine Materialkosten berücksichtigt, weil diese nicht entscheidungsrelevant waren. Bei Mengenrabatten sind die Materialkosten infolge der unterschiedlichen Preise entscheidungsrelevant und deshalb zu berücksichtigen. In Abhängigkeit von der Rabattgrenze existieren Kostenfunktionen nur abschnittsweise. Wir gehen in dem nachfolgenden Beispiel nur von einer Rabattgrenze r aus; Rabatte können jedoch auch mehrfach gestaffelt sein.

Bild F-16 zeigt die Entscheidungssituation auf. Die beiden Kostenfunktionen implizieren die beiden lokalen Minima x_{1opt} und x_{2opt}. Gesucht ist nun das globale Optimum x_{opt}. Hierzu sind folgende Berechnungsschritte erforderlich:

- Zunächst berechnen wir x_{2opt}. Falls $x_{2opt} \geq r$, dann ist x_{2opt} das globale Optimum und somit die Lösung gefunden: $x_{opt} = x_{2opt}$.
- Falls $x_{2opt} < r$, dann ist x_{2opt} unzulässig und somit ist x_{1opt} zu berechnen. Nun sind jedoch noch die Kosten in x_{1opt} und an der Rabattgrenze r zu vergleichen.
- Falls $K_1(x_{1opt}) > K_2(r)$, dann gilt $x_{opt} = r$; andernfalls $x_{opt} = x_{1opt}$.

Die Kostenfunktionen werden durch die folgenden Gleichungen beschrieben:

$$x = x_1 < r \rightarrow p = p_1; K_1 = \frac{A \cdot B}{x_1} + B \cdot p_1 + \frac{x_1 \cdot z \cdot p_1}{2};$$

$$x = x_2 \geq r \rightarrow p = p_2; K_2 = \frac{A \cdot B}{x_2} + B \cdot p_2 + \frac{x_2 \cdot z \cdot p_2}{2};$$

$p_2 < p_1$

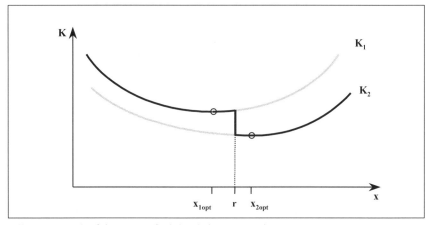

Bild F-16: Verlauf der Kostenfunktion bei Mengenrabatt

> *Beispielrechnung zu Mengenrabatt:*
> Für die Variablen (A, B, z, p) gelten die Werte aus dem Beispiel für das Grundmodell. Es wird unterstellt, daß ein Rabatt von 10% gewährt wird, wenn die Bestellmenge größer oder gleich 1100 Mengeneinheiten ist (p_1 = 5 GE/ME, p_2 = 4,50 GE/ME).
>
> - $x_{2opt} = \sqrt{\dfrac{2A \cdot B}{z \cdot p_2}} = 1012$ ME < r → unzulässig;
>
> - $x_{1opt} = \sqrt{\dfrac{2A \cdot B}{z \cdot p_1}} = 960$ ME;
>
> - $K_1(x_{1opt}) = 29.760$ GE; $K_2(r) = 26.834$ GE < K_1; → $x_{opt} = r = 1100$ ME.

Falls mehr als zwei Rabattstufen vorliegen, erfolgt analog ein vergleichendes Vorgehen, beginnend mit dem niedrigsten Preis.

(2) Bestellpolitik bei Unsicherheit

Zwei einfache Bestellstrategien bei Unsicherheit sind das Bestellpunktverfahren (in den Varianten Mindest-Bestellmenge und Konstant-Bestellmenge) sowie das Bestellrhythmusverfahren.

Der Grundgedanke der *Bestellpunktverfahren* ist, daß eine Bestellung immer dann erfolgt, wenn ein Meldebestand s unterschritten wird.

- *Mindest-Bestellmenge-Verfahren* [(s,S)-Politik]
  Nach jeder Entnahme erfolgt eine Überprüfung auf Unterschreiten des Meldebestands s. Ist dies gegeben, so wird der Bestand auf des Sollbestand S aufgefüllt. Die Mindest-Bestellmenge ergibt sich wie folgt:
  Mindest-Bestellmenge = Soll-Lagerbestand - Ist-Lagerbestand - Bestellbestand.
  Der Bestellpunkt s muß so gewählt werden, daß das Lager nicht leer läuft, bevor die neue Ware geliefert wird. Die durchschnittliche Wiederbeschaffungsdauer T_B, der durchschnittliche Tagesbedarf V und der Sicherheitsbestand S_B definieren den Bestellpunkt: $s = T_B \cdot V + S_B$.

- *Konstant-Bestellmengen-Verfahren* [(s,x)-Politik]
  Bei diesem Verfahren erfolgt ebenfalls nach jeder Entnahme die Überprüfung auf Unterschreiten des Meldebestands s. Falls dieser Bestand unterschritten wird, erfolgt das Auffüllen des Lagers mit der konstanten Bestellmenge x (z.B. optimierte Bestellmenge).

Bestellrhythmusverfahren [(t,s)-Politik]

Aufgrund von Erfahrungswissen werden Bestellzeitpunkte in konstantem Rhythmus vorgegeben, so daß das Lager regelmäßig wieder auf den Sollstand S aufgefüllt wird, wobei die Bestellmengen variieren. Bei diesem Verfahren ist der Bestellpunkt s indirekt durch Wiederbeschaffungsdauer T_B, Überprüfungszeit T_P, durchschnittlichen Tagesbedarf V und Sicherheitsbestand S_B vorgegeben: $s = (T_B + T_P) \cdot V + S_B$.

Bild F-17 skizziert beispielhaft den Verlauf des Lagerbestands für die drei diskutierten Bestellverfahren.

Die Vorteile dieser Verfahren liegen ins besondere darin, daß wenig Planungsaufwand erforderlich ist und die Bestellrechnung eine einfache Struktur hat. Nachteilig hingegen ist, daß gewöhnlich keine Optimierung von Bestellmengen und Bestellzeitpunkten erfolgen kann. Der Sicherheitsbestand ist als Teil des Meldebestandes nur heuristisch eingeführt.

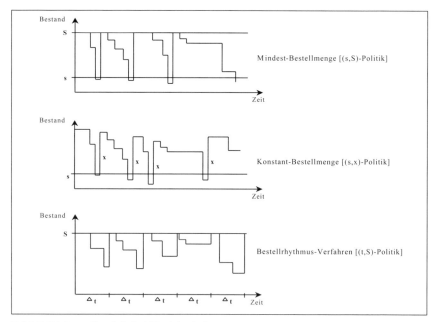

Bild F-17: Bestellpolitik bei Unsicherheit

Ein weiteres sehr einfaches Verfahren ist das *Vorratsbehälter-Verfahren*. Wird aus einem Materialbehälter Material entnommen wird, dann kann durch Sichtkontrolle einfach festgestellt werden, wann der Behälter leer ist. Zu diesem Zeitpunkt wird dann eine Bestellung ausgelöst, während weiterhin Teile aus einem zweiten oder auch dritten Behälter entnommen werden können. Der leere Behälter wird wieder aufgefüllt und steht später erneut zur Entnahme zur Verfügung. In der Praxis existieren Verfahren mit zwei, drei oder vier Behältern. Am Beispiel von drei Behältern soll dieses einfache Verfahren verdeutlicht werden (s. Skizze).

Zunächst erfolgt die Entnahme aus Behälter 1. Wenn Behälter 1 leer ist, dann erfolgt die Entnahme aus Behälter 2 und der Behälter 1 wird von der vorgelagerten Fertigungsstelle wieder aufgefüllt. Hierbei sollte der Behälter 1 wieder zurück sein, bevor Behälter 2 leer ist. Zur Not kann der Sicherheitsbestand in Behälter 3 angegriffen werden. Die Menge x an Teilen, die ein Behälter fassen muß, richtet sich nach mittleren Wiederbeschaffungsdauer T_B und dem durchschnittlichen Tagesbedarf V: $x = T_B \cdot V$. Unter Verzicht auf einen Sicherheitsbestand kann bei sehr regelmäßigem Verbrauch auch mit einem Zweibehälterverfahren gearbeitet werden.

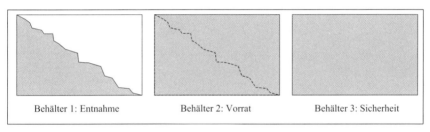

Behälter 1: Entnahme   Behälter 2: Vorrat   Behälter 3: Sicherheit

5. Produktionsvollzugsentscheidungen

a) Grundfragen

Zwischen den Planungsobjekten der Produktionsplanung besteht eine Vielzahl von Interdependenzen. Im Prinzip müßten deshalb alle Planungsprozesse simultan erfolgen. Jedoch ist das Planungsfeld infolge der Interdependenzen so komplex, daß nur sukzessiv planend vorgegangen werden kann. Im Rahmen der operativen Produktionsplanung haben wir mit der Planung des Produktionsprogramms begonnen (Kap. 2 und Kap. 3). Im nächsten Sukzessivschritt haben wir daraus die Bereitstellungsplanung für Material abgeleitet (Kap. 4). Die Bereitstellungsplanung für Betriebsmittel und Personal – zwei wichtige Planungsobjekte – klammern wir an dieser Stelle aus. Der letzte Schritt ist nun die Produktionsvollzugsplanung, also die Planung des Fertigungsablaufs, nachdem die Bereitstellungsplanungen abgeschlossen sind.

Bei der Planung des gewinnoptimalen Produktionsprogramms sind wir davon ausgegangen, daß die Kapazitäten mit Restriktionen und die variablen Kosten der Produktion gegeben sind. Im Rahmen der Vollzugsplanung erfolgen nun die Losgrößenberechnung, die Maschinenbelegung und die Terminierung. Aus dieser Planung ergeben sich die Kosten für Umrüsten, für Zwischenlager, aber auch Leerkosten und Engpaßkapazitäten. Das heißt, wir kennen jetzt erst die Kosten und die verfügbaren Kapazitäten, die wir zu Beginn der Produktionsprogrammplanung bereits als bekannt angenommen haben. Treten hier hinsichtlich Planungsannahmen und -ergebnis große Diskrepanzen auf, so müßte der Planungszyklus erneut beginnen (s. Bild F-18). Es gibt zwar verschiedene theoretische Ansätze dieses Planungsproblem simultan zu lösen, jedoch sind diese Ansätze aufgrund der hohen Zahl an Variablen, der nicht linearen Dependenzen sowie fehlender Lösungsmethoden nicht praktikabel. Somit bleibt es bei sukzessiver Planung.

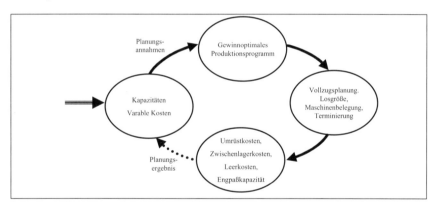

Bild F-18: Interdependenzen der operativen Produktionsplanung

Die Einzelaufgaben der Produktionsvollzugsplanung bestehen in der Losgrößenplanung (Losgröße der Fertigungsaufträge), der Maschinenbelegungsplanung (Belegung und Nutzungsintensität der Betriebsmittel) sowie der Ablaufplanung oder Terminierung (Produktionsbeginn und -ende der Aufträge). Zum einen werden analytische Methoden angewandt, andererseits auch heuristische, wobei Suboptimierung praktikabel ist.

b) Ablaufentscheidungen bei Sortenfertigung

(1) Merkmale der Sortenfertigung

Als <u>Sorten</u> werden produktions- bzw. absatzverwandte Erzeugnisse bezeichnet. Deren Herstellung erfolgt in Wechselfertigung in Form von Serien oder Losen, die sich nur in wenige Merkmalen unterscheiden, bspw. Schrauben, Gummibärchen, Drehteile, Motoren und anderes mehr.

Ein <u>Los</u> ist die Stückzahl eines Erzeugnisses, das hintereinander, ohne Unterbrechung durch die Fertigung anderer Erzeugnisse, auf einer Maschine oder Fertigungslinie (auch Reihe von Maschinen) bearbeitet wird. Die Besonderheiten der Sortenfertigung liegen darin, daß beim Sortenwechsel umzurüsten ist. In ähnlicher Weise wie bei der Bestellmengenplanung entstehen hier gegenläufige Kosten. Wird ein großes Los gefertigt, bspw. die gesamte Jahresproduktion, so entstehen hohe Lagerkosten, denn der Lageraufbau erfolgt entsprechend der Produktionsrate schnell, während der Lagerabbau sich langsam vollzieht. Allerdings entstehen hierbei nur einmal die Umrüstkosten. Wird hingegen der Jahresbedarf in kleinen Losen gefertigt, dann fallen die Umrüstkosten mehrfach an, jedoch sind die Lagerkosten niedriger. Aufgrund dieser gegenläufigen Kosten wird Kostenminimierung angestrebt.

Um das Losgrößenproblem zu untersuchen, betrachten wir zwei aufeinander folgende Produktionsstufen. Unterstellt wird hierbei, daß die fertigende Stelle durch ein Lager mit der verbrauchenden Stelle verbunden ist (s. Skizze). Die Produktionsstufe produziert mit der Produktionsrate M Erzeugnisse auf Lager, die dann der Verbrauchsstufe mit der Verbrauchsrate V zur Verfügung stehen, wobei die Bedingung M > V erfüllt sein muß.

Nach der Art der Weiterverarbeitung lassen sich Produktionsprozesse als <u>offene oder geschlossene Prozesse</u> charakterisieren. Beim offenen Prozeß erfolgen Weitergabe und -verarbeitung der Erzeugnisse sofort, beim geschlossenen Produktionsprozeß hingegen erfolgen Weitergabe und -verarbeitung erst nach Fertigstellung des gesamten Loses.

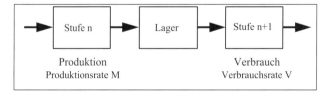

(2) Klassisches Losgrößenproblem

Formal besteht zwischen dem *Losgrößenproblem* und optimalen Bestellmenge weitgehend Übereinstimmung, wobei jedoch andere Bezugsgrößen vorliegen. Die losabhängigen Kostengrößen bestehen in den Umrüstkosten und den Lagerkosten. Beim Umrüsten entstehen Personal- und Materialkosten für Umrüstarbeiten an der Produktionsanlage wie bspw. für Reinigung, Anlageneinrichtung und Anlagenjustierung. Auch das Anlaufen der Anlage ist mit Kosten verbunden, denn gewöhnlich kann aus technischen und Qualitätsgründen nicht sofort, sondern erst allmählich auf den Normalbetrieb übergegangen werden, so daß während der Anlaufphase häufig Ausschuß entsteht.

Die in der Periode anfallenden *Umrüstkosten* K_U sind abhängig von der Losgröße x und lassen sich unter den nachfolgenden Annahmen quantifizieren:

$$K_U = \frac{B}{x} \cdot U$$

K_U - Periodenkosten der Umrüstung in GE/PER
B - Periodenbedarf in ME/PER
U - Fixe Kosten pro Umrüstprozeß in GE
x - Losgröße in ME

Die Höhe der *Lagerkosten* ist abhängig vom (durchschnittlichen) Lagerbestand, der (durchschnittlichen) Lagerdauer und dem (durchschnittlichen) Lagerkostensatz. Der durchschnittliche Lagerbestand wiederum ist abhängig von der Losgröße, dem mittleren Lagerabgang pro Zeiteinheit (Verbrauchsrate V), dem mittleren Lagerzugang pro Zeiteinheit (Produktionsrate M) sowie der Art des Produktionsprozesses. Hieraus ergeben sich unterschiedliche Verläufe im Lagerbestand. In Bild F-19 sind die Verläufe der Lagerbestände für beide Arten von Produktionsprozessen graphisch dargestellt.

Aus den Verläufen lassen die mittleren Lagerbestände $\overline{L}$ ermitteln. Es gelten die folgenden Relationen:

- Zweistufiger offener Produktionsprozeß (sofortige Weiterverarbeitung):

$$M \cdot T_1 = V \cdot T_2 = x; \quad \overline{L}_O = \frac{(M-V) \cdot T_1}{2} = \frac{(M-V) \cdot x}{2M}; \quad \overline{L}_O = \frac{x}{2}(1 - \frac{V}{M}).$$

- Zweistufiger geschlossener Produktionsprozeß (Weiterverarbeitung erst nach Fertigstellung des gesamten Loses):

$$M \cdot T_1 = V \cdot (T_2 - T_1) = x; \quad \overline{L}_G = \frac{x}{2}(1 + \frac{V}{M}).$$

- Die Berechnungsformel für den durchschnittlichen Lagerbestand unterscheidet sich demzufolge nur im Vorzeichen, wobei gilt, "-" offener Prozeß, "+" geschlossener Prozeß:

$$\overline{L} = \frac{x}{2}(1 \mp \frac{V}{M}).$$

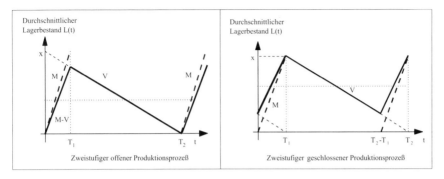

Bild F-19: Verlauf der Lagerbestände bei offener und geschlossener Produktion

Das Produkt aus mittleren Lagerbestand $\bar{L}$ und Lagerkostensatz z determiniert schließlich die (mittleren) *Lagerkosten* K_L in der Periode:

$$K_L = \frac{x}{2}(1 \mp \frac{V}{M}) \cdot z \ .$$

In der nachfolgenden Tabelle sind die Variablen mit Symbolen und Dimension zusammengefaßt.

Symbol	Variable	Dimension
B	Periodenbedarf	ME/PER
U	Fixe Kosten pro Umrüstprozeß	GE
z	Lagerkostensatz, unabhängig vom Lagerwert	GE/ME/PER
M	Produktionsrate	ME/ZE
V	Verbrauchsrate	ME/ZE
x	Losgröße	ME
K_U	Rüstkosten	GE/PER
K_L	Lagerkosten	GE/PER

Zur Berechnung der *kostenminimalen Losgröße* werden folgende Prämissen gesetzt.
- Der Lagerkostensatz z ist unabhängig vom Lagerwert;
- Die Umrüstkosten U sind unabhängig von der Sortenfolge;
- Die Verbrauchsrate V ist kleiner als die Produktionsrate M;
- Der Gesamtabsatz B ist während der Planungsperiode konstant.
- Hinsichtlich Lager-, Finanz- oder Produktionsbereich bestehen keinerlei Restriktionen.

Die Summe aus Umrüst- und Lagerkosten bestimmt die Gesamtkosten K(x) in der Planperiode, die zu minimieren sind:

$$K(x) = U\frac{B}{x} + \frac{x}{2}(1 \mp \frac{V}{M}) \cdot z \quad \rightarrow \text{Min. !}$$

Differenzieren der Kostenfunktion und eliminieren der Losgröße führt schließlich zu dem gesuchten Ergebnis:

$$x = \sqrt{\frac{2UB}{(1 \mp \frac{V}{M}) \cdot z}} \qquad \underline{\textit{Kostenminimale Losgröße}}$$

Nur unter den dargelegten Annahmen ($K_U \sim 1/x$ und $K_L \sim x$) gilt im Optimum, daß die Umrüstkosten K_U gleich den Lagerkosten K_L sind. Für V/M <<1 ($\equiv$ M→∞: schneller Lageraufbau, langsamer Lagerabbau) ist die Formel der kostenminimalen Losgröße mit der Formel der optimalen Bestellmenge identisch, wobei jedoch zu beachten ist, daß die Lagerkostensätze unterschiedlich definiert sind:

$$x = \sqrt{\frac{2UB}{z}}. \qquad \underline{\begin{array}{l}\textit{Kostenminimale Losgröße}\\ \textit{bei unendlich großer Pro-}\\ \textit{duktionsgeschwindigkeit}\end{array}}$$

(3) Losgröße bei beschränkter Kapazität
Wenn die Produktionskapazität beschränkt ist, dann kann der Fall eintreten, daß die optimale Produktionsmenge, nämlich die optimale Losgröße, nicht hergestellt werden kann, weil die Summe aus Fertigungs- und Umrüstzeit nicht größer sein darf als die zur Verfügung stehende Kapazität (Zeitfond). Dadurch könnten Deckungsbeiträge entgehen. Somit stellt sich die Frage, ob eine größere Losgröße mit demzufolge weniger Umrüstzeiten höhere Deckungsbeiträge erbringt. Mit anderen Worten: Ist der Mehrerlös größer als die zusätzlichen Kosten des Loses? Unter diesen Überlegungen muß mit der *gewinnoptimalen Losgröße* statt mit der kostenminimalen operiert werden.

F. Produktionswirtschaftliche Entscheidungssysteme - 173 -

Folgendes Szenario sei gegeben:

Symbol	Variable	Dimension
B	Periodenbedarf (bspw. Absatzmenge)	ME/PER
Y	Produktionsmenge der Periode (Y < B)	ME/PER
U	Fixe Kosten pro Umrüstprozeß	GE
F	Kapazität (Zeitfond)	ZE/PER
T_R	Rüstzeit	ZE
z	Lagerkostensatz, unabhängig vom Lagerwert	GE/ME/ZE
M	Produktionsrate	ME/ZE
V	Verbrauchsrate	ME/ZE
x	Losgröße	ME
p	Preis (const.)	GE/ME
k_v	Variable Stückkosten (const.)	GE/ME

Unter den Annahmen eines konstanten Preises p sowie konstanter variabler Stückkosten k_v kann mit den oben definierten Variablen die Gewinnfunktion aufgestellt werden, die unter den Nebenbedingungen mittels Langrange-Ansatz zu minimieren ist:

- Gewinnfunktion: $G(x,Y) = (p - k_v) \cdot Y - U \dfrac{Y}{x} + \dfrac{x}{2}(1 \mp \dfrac{V}{M}) \cdot z \rightarrow$ Max.

- Nebenbedingungen: $\dfrac{Y}{M} + \dfrac{Y}{x} \cdot T_R \leq F$; $Y < B$.

- Lagrange-Ansatz für Engpaß

$$L(x,Y,\lambda) = (p - k_v) \cdot Y - U\dfrac{Y}{x} + \dfrac{x}{2}(1 \mp \dfrac{V}{M}) \cdot z - \lambda(\dfrac{Y}{M} + \dfrac{Y}{x} \cdot T_R - F)$$

- Ergebnisse: $x = \sqrt{\dfrac{2Y \cdot (U + \lambda \cdot T_R)}{(1 \mp \dfrac{V}{M}) \cdot z}}$ aus $\dfrac{\partial L}{\partial x} = 0$;

$\lambda = \dfrac{p - k_v - U/x}{\dfrac{1}{M} + \dfrac{T_R}{x}}$ aus $\dfrac{\partial L}{\partial Y} = 0$;

$Y = \dfrac{F}{\dfrac{1}{M} + \dfrac{T_R}{x}}$ aus $\dfrac{\partial L}{\partial \lambda} = 0$.

Hinweis: Wegen Gewinnmaximierung (und nicht Kostenminimierung) wird hier der Lagrange-Term mit negativem Vorzeichen eingeführt!

Eine geschlossene Auflösung des Gleichungssystems der Ergebnisse ist nicht möglich, so daß die Lösung nur iterativ ermittelt werden kann (vergl. untenstehende Skizze). Als Startpunkt kann bspw. die Lösung ohne Restriktion (x = 3.600 ME) gewählt werden. λ stellt die relative Deckungsspanne dar (Deckungsspanne bezogen auf Maschinenzeit) und muß deshalb positiv sein.

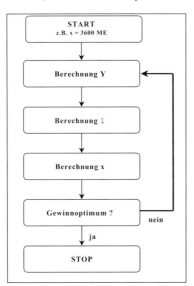

Beispielrechnung:

V	30	ME/d
M	300	ME/d
U	108	GE
B	10.800	ME/a
T_R	2,7	d
z	0,1	GE/ME/a
p	1,1	GE/ME
F	40	d/a
k_v	0,9	GE/ME

Anmerkung zu den Einheiten:

d (dies) ≡ Tag;   a (annum) ≡ Jahr

Ergebnis:

x_{opt} = 5.190 ME;

Y_{opt} = 10.380 ME/a; → 2 Lose/a

Blicken wir zum Schluß kritisch auf die dargestellten Ansätze der Losgrößenrechnung. Unter Engpaßbedingungen ist Kostenminimierung generell wenig sinnvoll; hier kann nur die Gewinnmaximierung angesetzt werden. Insofern ist die gewinnmaximale Losgrößenbestimmung realistischer als die kostenminimale. Aber außer der Kapazitätsrestriktion wurden keine weiteren Restriktionen wie bspw. Lager- oder Finanzrestriktionen berücksichtigt. Auch wurde nur die Losgröße für eine Sorte geplant. Es ist jedoch durchaus möglich, daß hier Interdependenzen zwischen der Fertigung von unterschiedlichen Sorten gegeben sind, so daß eine simultane Planung für alle Sorten unter Kapazitätsrestriktion durchzuführen wäre. Ferner haben wir nur eine Produktionsstufe betrachtet. In der Regel handelt es sich bei industrieller Fertigung um mehrstufige Prozesse. Ein Mangel besteht deshalb darin, daß die Maschinenbelegung der anderen Produktionsstufen außer Acht geblieben ist. Es besteht zwar eine Vielzahl wesentlich komplexerer Modelle, mit teils erheblich komplizierten mathematischen Lösungen. Einfacher sind in solchen Fällen gewöhnlich jedoch Simulation oder Enumeration des Lösungsansatzes.

c) Zielkonflikte der Ablaufplanung

Nachdem wir die Losgröße ermittelt haben, kann mit der Belegung der Fertigungsanlagen mit Fertigungsaufträgen begonnen werden (*Reihenfolgeplanung*), um anschließend die Zeitplanung für Fertigungsbeginn und Fertigungsende einzelner Aufträge vorzunehmen (*Terminierung*). Das Ziel ist die kostenminimale Ausführung der Fertigungsaufträge bei vorgegebenem Programm (Art, Menge), unter Beachtung vorgegebener Termine und bei vorgegebenen Losgrößen. Das Problem, mit dem die Planung hier konfrontiert wird, besteht darin, daß die Kostenwirkungen unterschiedlicher Ablaufpläne nicht immer oder aber nicht vollständig quantifizierbar sind, so daß keine operationale Zielfunktion formuliert werden kann. Deshalb werden Ersatzziele als Näherungslösung für das globale Ziel herangezogen. Solche Ersatzziele sind bspw. die Minimierung der Durchlaufzeit, Minimierung der Zykluszeit, Minimierung der Maschinenstillstandszeit oder Einhaltung der Liefertermine.

(1) Minimierung der Durchlaufzeit

Umlaufmaterial wird gewöhnlich fremd finanziert. Im Material ist somit während der Fertigungsdauer Fremdkapital gebunden, das zu verzinsen ist. Mit der Minimierung der Durchlaufzeit wird demzufolge - wie mit zahlreichen anderen Ansätzen auch - das Ziel niedriger Kapitalbindungskosten verfolgt.

Die *Durchlaufzeit* eines Fertigungsauftrags setzt sich aus Rüst- und Fertigungszeit sowie der Übergangszeit (Transport-, Warte- und Liegezeit) zusammen. Wenn Rüst-, Fertigungs- und Transportzeit technisch bedingt fix vorgegeben sind, dann besteht nur die Möglichkeit, die Wartezeiten der Aufträge vor den Bearbeitungsmaschinen zu minimieren. Das Problem hierbei besteht jedoch darin, daß mit Minimierung der Wartezeiten keineswegs sicher gestellt wird, daß auch die Lagerkosten minimal werden, da die Lagerkosten vom Auftrag und von der jeweiligen Produktionsstufe abhängen.

Wir gehen im weiteren davon aus, daß mehrere Fertigungsaufträge zugleich vorliegen, so daß an der Fertigungsstelle ein Auftragsvorrat (Auftragsbestand) vorliegt, der abzuarbeiten ist. Als Ziel verfolgen wir deshalb die Minimierung der Durchlaufzeit aller Aufträge.

Eine einfache Visualisierung der Ablaufplanung ist mittels eines GANTT-Diagramms möglich. In Bild F-20 ist der Durchlauf von drei Fertigungsaufträgen (A, B und C) durch vier Produktionsstufen dargestellt, wobei angenommen wird, daß alle Aufträge die Stufen in der selben Reihenfolge von eins nach vier durchlaufen. Der Auftrag C wird auf der ersten Stufe eingelastet. Die (horizontale) Länge des Blocks ist das Maß für die vorgangsbezogene Durchlaufzeit. Nach Durchlaufen der Stufe 1 wird die Fertigung auf Stufe 2 und dann nachfolgend auf den Stufen 3 und 4 vollzogen. Nach 7 Tagen ist der Auftrag C beendet. Die (auftragsbezogene) Durchlaufzeit des Auftrags C beträgt demzufolge 7 Tage.

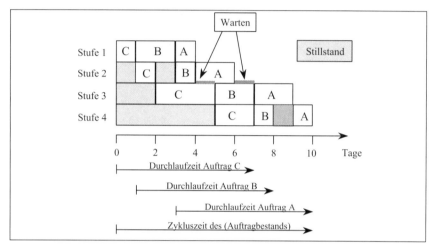

Bild F-20: GANTT-Diagramm: Definition charakteristischer Zeiten der Ablaufplanung

Sobald der Auftrag C mit der Bearbeitung auf Stufe 1 fertig ist, kann Auftrag B eingelastet werden. Da die Bearbeitung des Auftrags B in Stufe 1 länger dauert als die Bearbeitung des Auftrags C in Stufe 2 entsteht auf der Stufe 2 eine Leerzeit (Stillstand), bis der Auftrag B auf dieser Stufe eingelastet werden kann. Nachdem der Auftrag B auf Stufe 2 abgeschlossen ist, muß er jedoch warten, da die Stufe 3 noch von Auftrag C belegt wird. Danach kann Auftrag B auf Stufe 3 eingelastet und letztlich auf Stufe 4 bearbeitet werden. Die (auftragsbezogene) Durchlaufzeit von Auftrag B, gemessen vom Zeitpunkt der Einlastung bis zum Ende der Bearbeitung, beträgt ebenfalls 7 Tage. Auch für Auftrag drei beträgt die Durchlaufzeit 7 Tage, so daß die Gesamtdurchlaufzeit aller Aufträge 21 Tage beträgt.

Die Reihenfolge der Einlastung (hier C → B →A) hat Einfluß auf die Maschinenbelegung und demzufolge auch Einfluß auf die Durchlaufzeit. Somit besteht die Möglichkeit, durch Wahl der entsprechenden Auftragsfolge Durchlaufzeiten zu minimieren.

Bei *Minimierung der Zykluszeit*, die vor allem im angloamerikanischen Raum verbreitet ist, wird der Auftragsbestand, der zur Bearbeitung vorliegt, ebenfalls als ein

Auftragsblock gesehen. Jedoch ist diese Zeitspanne der Zykluszeit definiert durch den Zeitpunkt des Eintreffens der Aufträge und die Beendigung des letzten Arbeitsgangs. Im vorliegenden Beispiel beträgt somit die Zykluszeit 10 Tage.

Die *Belegungszeit* einer Maschine setzt sich zusammen aus Fertigungs-, Rüst- und Stillstandszeit. Die *Fertigungszeit* ist aufgrund der vorgegebenen Intensität fix; die *Rüstzeit* hingegen kann von der Reihenfolge der Aufträge abhängen. Es stellt sich somit also die Frage, ob die *Minimierung der Stillstandszeiten* (Leerzeiten) unter diesen Annahmen ökonomisch sinnvoll ist. Besteht kein Engpaß auf einer Produktionsstufe, dann sind die Stillstandszeiten irrelevant, da keine zusätzlichen Deckungsbeiträge erwirtschaftet werden können. Zweckmäßig ist deshalb das Abschalten der Maschinen. Besteht jedoch ein Engpaß auf einer Produktionsstufe, dann ist eine Minimierung der Leerzeiten sinnvoll. Zum einen könnte durch Verringerung der Durchlaufzeiten ein zusätzlicher Deckungsbeitrag erwirtschaftet werden, zum anderen ließen sich Lieferverzögerungen eventuell vermeiden.

Denn häufig ist das *Einhalten von Lieferterminen* zwingend erforderlich, um Konventionalstrafen, Image- oder auch Kundenverlust zu vermeiden. Im Einzelfall ist deshalb zu entscheiden, ob mittels intensitätsmäßiger Anpassung oder einer kostengünstigen Änderung des Absatzplanes dieses Ziel erreicht werden kann.

(2) Dilemma der Ablaufplanung

Liegen n Aufträge auf einer Produktionsstufe vor, so existieren $N = n!$ alternative Ablauffolgen. Bei 5 Aufträgen bedeutet dies 120 unterschiedliche Auftragsfolgen. Durchlaufen n Aufträge m Produktionsstufen, so beträgt die Zahl der Alternativen $(n!)^m$. Es gibt zahlreiche quantitative Verfahren zur Ablaufplanung, jedoch wird zur Beschränkung des Lösungsraums die Problemstellung i.d.R. radikal vereinfacht.

Gewöhnlich besteht ein Zielkonflikt zwischen Minimierung der Durchlaufzeit und Minimierung der Stillstandszeit, was an dem Beispiel in Bild F-21 verdeutlicht werden soll. Unter der Annahme, daß die drei Aufträge A, B und C auf den 4 Produktionsstufen stets in der Reihenfolge $1 \rightarrow 2 \rightarrow 3 \rightarrow 4$ bearbeitet werden, bestehen 6 Kombinationsmöglichkeiten. Bild F-21 illustriert die unterschiedlichen Ergebnisse, zum einen bei Minimierung der Durchlaufzeit, zum anderen bei Minimierung der Stillstandszeiten.

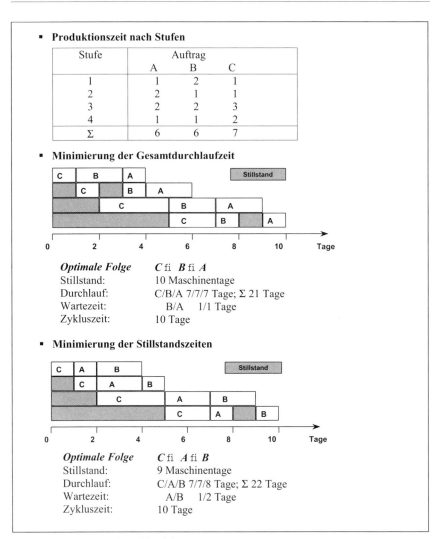

Bild F-21: Dilemma der Ablaufplanung

(3) Entscheidungssituation

Fassen wir zusammen: Bei der Maschinenbelegungsplanung geht es um die Frage der Auftragsfolge und um die Einlastungszeitpunkte der Aufträge (Startzeitpunkt jedes Vorgangs). Die Maschinenfolge ist meist technologisch bedingt. Bei Reihen- oder Fließfertigung (Flow shop) durchlaufen die Aufträge stets in gleicher Folge die Bearbeitungssysteme. Bei Werkstattfertigung (Job shop) kann der Durchlauf jedoch für jeden Auftrag verschieden sein. Kriterien für die Auswahl der Reihenfolge der Aufträge sind Zeitkriterien als Ersatzziel oder Kostenkriterien.

d) Ablaufentscheidungen bei Werkstattfertigung

(1) Serienfertigung

Wir wollen zunächst eine einstufige Fertigung unterstellen. Bei der einstufigen Fertigung können keine Wartezeiten von Aufträgen vor Produktionsstufen entstehen, da keine ablaufbedingten Stillstandszeiten auftreten. Wenn die Losgrößen gegeben sind, stellt sich die Frage nach der optimalen Reihenfolge der Belegung mit Aufträgen, denn die Umrüstkosten des Bearbeitungssystems hängen gewöhnlich von der Reihenfolge der Aufträge ab, so daß die Minimierung der Umrüstkosten ökonomisch sinnvoll ist. Eine Problemlösung hierzu kann bspw. durch Travelling Salesman-Modelle, vollständige Enumeration, Branch-and-Bound-Verfahren oder Heuristiken gefunden werden.

Wir wollen mit Hilfe einer _Heuristik_ eine Lösung suchen. Ausgangspunkt ist die Matrix U mit den Kostenelementen u_{ij} für das Umrüsten von Auftrag i auf Auftrag j (siehe Bild F-22). Die Matrix ist asymmetrisch, so daß das Umrüsten von bspw. Auftrag B auf Auftrag A andere Kosten verursacht, als das Umrüsten von Auftrag A auf Auftrag B.

von \ auf	A	B	C	D	E
A	-	24	20	35	**28**
B	22	-	27	**21**	36
C	25	**21**	-	30	18
D	**40**	28	25	-	20
E	27	33	**22**	24	-

Bild F-22: Beispiel zur Ablaufplanung: Ausgangsmatrix der Umrüstkosten

Die erste Heuristik besteht darin, daß wir den besten Nachfolger suchen, d.h. den Auftrag mit den geringsten Rüstkosten als Nachfolger. Wir wählen einen beliebigen Startpunkt, hier bspw. Auftrag E. Diese Heuristik führt zu der Bearbeitungsfolge E → C → B → D → A → E mit Rüstkosten von insgesamt 132 GE (relevante Rüstkosten grau unterlegt). Die Zielfunktion ist mit Minimierung der Gesamtkosten K für das Umrüsten vorgegeben:

$$K = \sum_{i=1}^{n} \sum_{j=1}^{m} u_{ij} \cdot x_{ij} \to \text{Min}! \qquad x_{ij} = \begin{cases} 0, \text{wenn keine Umrüstung von i auf j} \\ 1, \text{wenn Umrüstung von i auf j} \end{cases}$$

Im nächsten Schritt versuchen wir nun, die Ausgangslösung mittels heuristischem Austausch zu verbessern. Hierzu machen wir zunächst die Ausgangslösung zu null, indem wir von den Zeilen und Spalten der Ausgangsmatrix beliebig wählbare Konstanten subtrahieren, die in ihrer Summe den berechneten Kostenwert (132 GE) bilden. Diese Operation ist erlaubt, da lediglich Konstanten subtrahiert werden, was belanglos für das Auffinden des Optimums ist.

Nach dem Umbau der Matrix (vgl. Bild F-23) wird untersucht, welche Umrüstfolge die Ausgangslösung verbessern kann. In der umgebauten Matrix ist erkennbar, daß die Umrüstung von D → E (grau unterlegt) zu weiteren Einsparungen führen und somit eine Verbesserung der Lösung darstellen könnte. Die Verbesserung der Lösung bedeutet, daß aus der Folge E → C → B → D → A → E der Auftrag A, zwischen D und E stehend, herauszunehmen und an einer anderen Stelle einzufügen ist. Hierzu bestehen drei Möglichkeiten, die auszuwerten sind. Im Ergebnis zeigt sich, das der Auftrag A zwischen die Aufträge E und C zu stellen ist, so daß sich als neue Folge ergibt: E → A → C → B → D → E → mit Kosten von 109 GE.

von \ auf	A	B	C	D	E	
A	-	0	-5	10	0	14
B	-8	-	6	0	12	10
C	-6	0	-	8	-7	11
D	0	-2	4	-	-14	20
E	-4	12	0	2	-	11
	20	10	11	11	14	132

Bild F-23: Beispiel zur Ablaufplanung: Umgebaute Matrix (1)

Unter Anwendung des vorgenannten Subtraktionsverfahrens kann wiederum eine neue Matrix generiert werden (vgl. Bild F-24). Die neue Matrix zeigt auf, daß die Umrüstung von B auf A eine Verbesserung darstellen könnte. Hierzu ist die Teilfolge D → E, die zwischen den Aufträgen B und A steht, herauszunehmen und an einer anderen geeigneten Stelle in die Kette einzufügen. Es stelle sich jedoch heraus, daß durch heuristischen Austausch keine Verbesserung der Lösung erreicht werden kann. Somit ist eine geeignete Lösung gefunden, aber - verfahrensbedingt - ist nicht sicher gestellt, daß es die optimale ist.

Die Bestimmung der optimalen Auftragsfolge bei mehrstufiger Fertigung ist eine der schwierigsten Aufgaben des operativen Produktionsmanagements. Generell ist es das Ziel, ein kostenminimalen Ablaufplan zu finden unter Beachtung von Umrüstkosten,

Wartekosten und Leerkosten. Es existiert kein befriedigendes Verfahren, weil zum einen konfliktäre Ziele vorliegen können, zum anderen aufgrund der kombinatorischen Vielfalt (bei 5 Aufträgen und 3 Produktionsstufen gibt es bspw. 1,728 Millionen Alternativen).

von \ auf	A	B	C	D	E	
A	-	2	0	13	9	11
B	-2	-	8	0	18	10
C	1	0	-	9	0	10
D	14	5	4	-	0	12
E	0	9	0	0	-	13
	14	11	9	11	8	109

Bild F-24: Beispiel zur Ablaufplanung: Umgebaute Matrix (2)

Pragmatische Ansätze zielen deshalb auf radikale Vereinfachung und operationale Zielsetzungen. Grundannahmen sind gewöhnlich, daß die Bearbeitungsfolge technologisch vorgegeben ist und nicht verändert werden kann (identical rooting), und daß kein Überholen von Fertigungsaufträgen erlaubt ist (passing not permitted). Als Lösungsverfahren für dieses Problem sind dann ganzzahlige lineare Programmierungsansätze, heuristische Algorithmen oder Simulationsverfahren möglich. Im weiteren wollen wir einen derartigen Algorithmus als Simulation der Ablaufplanung betrachten.

Der _Algorithmus von Johnson_ setzt als Prämissen identical rooting, daß die Umrüstkosten unabhängig von der Reihenfolge sind, keine Konventionalstrafe bei Terminüberschreitung erfolgt und nur zwei Produktionsstufen zu durchlaufen sind. Das Ziel ist die Optimierung der Zykluszeit. Bild F-25 stellt den Ablaufplan des Algorithmus dar. Der Algorithmus besteht aus vier Schritten:

(1) Der Auftrag mit der kleinsten Bearbeitungszeit in einer der beiden Stufen wird gesucht.
(2) Ist die kleinste Bearbeitungszeit in Stufe 1, dann wird der Auftrag an der ersten freien Stelle der Auftragsliste positioniert. Ist der Auftrag in der zweiten Stufe, dann erfolgt die Positionierung an letzter Stelle.
(3) Der Auftrag wird gestrichen.
(4) Die Schritte (1) bis (3) werden solange wiederholt, bis alle Aufträge eingereiht worden sind.

In Bild F-26 ist dieser Algorithmus an einem Beispiel illustriert.

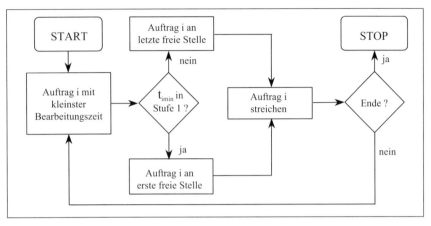

Bild F-25: Algorithmus von Johnson (zweistufige Fertigung)

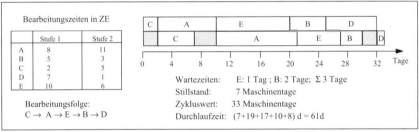

Bild F-26: Algorithmus von Johnson: Beispiel

An Mängeln an diesem Verfahren ist hervorzuheben, daß keine Minimierung der Gesamtdurchlaufzeit erfolgt, und daß die Zykluszeit kein Maß für die Kapitalbindung ist. Ferner ist das Verfahren nur anwendbar, wenn die Aufträge etwa gleichzeitig einlaufen. Für mehr als zwei Produktionsstufen existieren erweiterte Algorithmen.

Auch die Simulation der Ablaufplanung ist nur unter Aufhebung wesentlicher Beschränkungen möglich. So gehen auch wir hier von 'identical rooting' und 'passing not permitted' aus. Um die Ablaufplanung zu simulieren, führen wir Prioritätsregeln ein. Eine solche ist bspw. die kürzeste Operationszeitregel (KOZ), d.h. der Auftrag mit der kürzesten Bearbeitungszeit wird auf der jeweiligen Produktionsstufe als erster bearbeitet. Hinsichtlich des Kriteriums kürzeste Bearbeitungszeit bestehen mehrere Möglichkeiten, so kann bspw. die Bearbeitungszeit der ersten oder letzten Stufe gewählt werden oder auch die Gesamtoperationszeit eines Auftrags. Bild F-27 illustriert die KOZ Regel mit dem Auftragsbestand des Beispiels zum Johnson-Algorithmus, angewandt auf die erste Stufe.

Auch andere Prioritätsregeln sind möglich wie bspw. die längste Operationszeit (LOZ, vgl. Bild F-28), die geringsten Umrüstkosten, der kürzeste Fertigstellungstermin u.a.m. Welche Prioritätsregel die geeignete ist, läßt sich nicht generell festlegen. Hierzu müssen mit Hilfe eines Simulationsmodells Testläufe gefahren werden, und die Auswahl der Prioritätsregeln kann dann anhand von entsprechenden Kriterien wie bspw. Durchlaufzeit oder Wartezeit erfolgen.

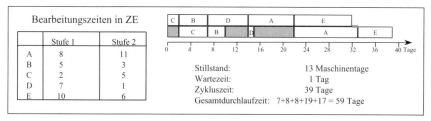

Bild F-27: Beispiel Prioritätsregeln: KOZ-Regel (1. Stufe)

Bearbeitungszeiten in ZE		
	Stufe 1	Stufe 2
A	8	11
B	5	3
C	2	5
D	7	1
E	10	6

Stillstand: 12 Maschinentage
Wartezeit: 5 Tage
Zykluszeit: 38 Tage
Gesamtdurchlaufzeit: 16+19+12+8+8 = 63 Tage

Bild F-28: Beispiel Prioritätsregeln: LOZ-Regel (1. Stufe)

(2) Einzelfertigung

Großprojekte erfordern die exakte Einhaltung des Fertigstellungstermins. Zur Ablaufplanung wird gewöhnlich die *Netzplantechnik* (NPT) eingesetzt. Zu einen geht es darum, die kürzeste mögliche Projektdauer zu ermitteln, zum anderen darum, die Fertigungstermine zu überwachen. Eine weit verbreitete Methode ist die *Critical Path Method* (CPM). Nach der Strukturplanung des Ablaufs wird die Zeitplanung vorgenommen, auf der dann Kapazitätsplanung und Kostenplanung aufbauen.

Im Rahmen der *Strukturplanung* wird das Projekt in einzelne Vorgänge zerlegt, wobei der Vorgang (Prozeß) durch einen Pfeil dargestellt wird (s. Bild F-29 (a)). Ein Vorgang ist ein Projektaufgabe mit zeitlich definierbarem Anfang und Ende. Auslöser eines Vorgangs ist ein Ereignis. Das Ende eines Vorgangs führt ebenfalls wieder zu einem Ereignis.

Ereignisse werden in dieser Notation als Knoten dargestellt (s. Bild F-29 (a)). Laufen zwei oder mehr Vorgänge in einem Knoten zusammen, so bedeutet das, daß diese Vorgänge beendet sein müssen bevor der nächste Vorgang starten kann (s. Bild F-29 (b)). Ein Scheinvorgang S verbindet Vorgänge oder Vorgangsfolgen, die ein gemeinsames Anfangs- oder Endereignis haben (s. Bild F-29 (c)). Im untenstehenden Beispiel kann der Vorgang D erst beginnen, wenn Ereignis 4 und Ereignis 3 eingetreten sind. Zyklen dürfen in der Notation nicht auftreten!

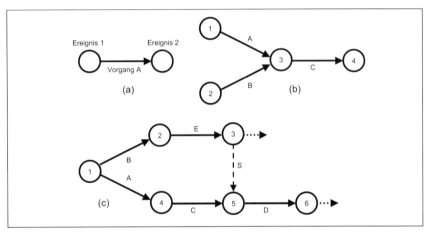

Bild F-29: Notationen der Critical Path Method CPM

Am Beispiel des Ersetzens eines Leitung zwischen einem chemischen Reaktor und einer Tankanlage inklusive Ventile, was einmal jährlich erfolgen muß, wird die Netzplantechnik illustriert (siehe Bild F-30). Im Rahmen der Zeitplanung wird unterstellt, daß die Dauer der Vorgänge deterministisch ist. Kenngrößen von besonderem Interesse sind die minimale Projektdauer, durch Vorwärtsterminierung ermittelt, Zeitreserven (Pufferzeiten) in den Vorgängen, aus der Rückwärtsterminierung ermittelt, sowie sog. kritische Vorgänge, Vorgänge bei denen die Pufferzeit null ist. Die Folge der kritischen Vorgänge stellt den sogenannten kritischen Pfad dar, der die minimale Projektdauer verkörpert.

Die _Vorwärtsterminierung_ beginnt bei Ereignis 1 und legt für jedes Ereignis unter Beachtung der Vernetzung den frühsten Anfangstermin (FAZ) und den frühesten Endtermin (FEZ) fest (vgl. Bild F-30). Die _Rückwärtsterminierung_ nimmt den umgekehrten Weg, beginnend bei Ereignis 14 und rückwärts das Netzwerk durchlaufend bis Ereignis 1. Auf diese Weise lassen sich der späteste Anfangszeitpunkt (SAZ) und der späteste Endzeitpunkt (SEZ) der Vorgänge ermitteln. Die Gesamtpufferzeit läßt sich dann aus der Differenz von spätestens und frühesten Endzeitpunkt oder spätestens und frühesten Anfangszeitpunkt ermitteln. In Bild F-31 sind die Ergebnisse der Berechnungen für das Anwendungsbeispiel zusammengestellt.

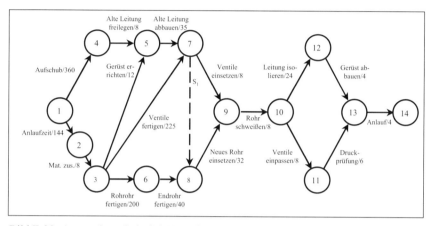

Bild F-30: Anwendungsbeispiel: Netzplan zum Ersetzen einer Leitung

Im Rahmen der *Kapazitätsplanung* ist zu überprüfen ob die Fertigungskapazität ausreicht, um die gemäß Netzplan ermittelten Termine zu realisieren. Wenn nur ein Projekt verfolgt wird, dürfte die Kapazitätsplanung problemlos sein. Nutzen hingegen mehrere Projekte dieselben Ressourcen, dann überlappen sich die Netzpläne, so daß eine Multiprojektplanung erforderlich ist. Hierfür existieren geeignete Verfahren wie bspw. RAMPS (Resource Allocation and Multi Project Scheduling), auf die hier jedoch nicht eingegangen werden soll. Treten Engpässe auf, so daß Liefertermine nicht eingehalten werden können, dann werden Umdispositionen von Personal und Maschinen in die Engpaßbereiche erforderlich. In der Regel dürften damit auch Kostensteigerungen verbunden sein.

Liegt die Kapazitätsplanung vor, so kann über den Kapazitätsbedarf mittels Verrechnungssätzen und unter Berücksichtigung des Materialaufwands die *Kostenplanung* erfolgen. Diese spielt mit der Kapazitätsplanung zusammen, wenn es darum geht Anpassungsmaßnahmen zwecks Einhaltung von Lieferterminen zu bewerten.

Nehmen wir bspw. an, der Liefertermin soll kleiner als 475 ZE sein. Prinzipiell wäre eine zeitliche Anpassung (Überstunden) oder eine intensitätsmäßige Anpassung (Verschiebung von Personal und Maschinen) möglich. So ließe sich bspw. die Dauer der Isolierung auf ein Drittel verkürzen (8 ZE statt 24 ZE). Dabei ist jedoch zu überprüfen, ob dann nicht ein anderer Vorgang kritisch wird. Im vorliegenden Beispiel ist eine

Verkürzung unter 10 Zeiteinheiten nicht sinnvoll, da in diesem Fall der Weg über die Knoten 10 → 11 → 13 kritisch wird. Zu fragen ist auch nach den zusätzlichen Kosten, verursacht durch Material-, Personal- und Betriebsmittel. Diese Kosten sind letztlich abzuwägen gegenüber dem zusätzlichem Nutzen, der bspw. darin bestehen kann, daß eine Konventionalstrafe erspart bleibt, daß eine geringere Kapitalbindung erfolgt oder neue Projekte früher begonnen werden können.

Vorgang	D	FAZ	FEZ	SAZ	SEZ	GPZ
Aufschub	360	0	360	0	360	0
Anlaufzeit	144	0	144	11	155	11
Material zusammenstellen	8	144	152	155	163	11
Gerüst errichten	12	152	164	356	368	204
Ventile fertigen	225	152	377	178	403	26
Rohrohr fertigen	200	152	352	163	363	11
Alte Leitung freilegen	8	360	368	360	368	0
Alte Leitung abbauen	35	368	403	368	403	0
Endrohr fertigen	40	352	392	363	403	11
Neues Rohr einsetzen	32	403	435	403	435	0
Ventile einsetzen	8	403	411	427	435	24
Rohr schweißen	8	435	443	435	443	0
Leitung isolieren	24	443	467	443	467	0
Ventile einpassen	8	443	451	457	465	14
Druckprüfung	6	451	457	465	471	14
Gerüst abbauen	4	467	471	467	471	0
Anlagenanlauf	4	471	475	471	475	0

Bei den Berechnungen gelten folgende Beziehungen:

FEZ = FAZ + D   D   - Dauer des Vorgangs

SAZ = SEZ – D   FAZ - Frühester Anfangszeitpunkt

GPZ = SEZ – FEZ   FEZ - Frühester Endzeitpunkt

= SAZ - FAZ   SAZ - Spätester Anfangszeitpunkt

SEZ - Spätester Endzeitpunkt

GPZ - Gesamtpufferzeit

Bild F-31: Zeitangaben und –berechnungen zum Anwendungsbeispiel

e) Ablaufentscheidungen bei Fließfertigung

Eine Fließstrecke kann als die Verkörperung einer einzigen Produktionsstufe betrachtet werden. In der Praxis gibt es einerseits starre Systeme, wo Aufträge das Maschinensystem stets der gleichen Folge durchwandern und auch flexible Systeme, bei der unter Umständen eine Reihenfolgeplanung - wie bei der Werkstattfertigung - unter dem Aspekt der Umrüstkostenminimierung erforderlich wird. Wir wollen im weiteren als besondere Probleme eines starren Systems die Taktabstimmung der Fließstrecke näher betrachten.

Die _Austaktung_ (Bandabstimmung) hat das Ziel, den kontinuierlichen, unterbrechungsfreien Materialfluß durch die Arbeitsstationen oder die Arbeitszonen zu sichern. Als Taktzeit wird hierbei die Zeit definiert, die ein Werkstück in einer Arbeitsstation verweilt bzw. braucht, um eine Arbeitszone zu durchlaufen. Die Intensität des Systems wird über die Sollproduktion pro Schicht, die Arbeitszeit pro Schicht und den Bandwirkungsfaktor bestimmt:

$$\text{Intensität} = \frac{\text{Sollproduktion pro Schicht}}{\text{Arbeitszeit pro Schicht} \cdot \text{Bandwirkungsfaktor}}.$$

Die Abstimmungsaufgaben bestehen

- in der Planung der Bearbeitungszeiten für das Werkstück, wozu die Bearbeitung in einzelne Arbeitselemente mit Zeitzuordnung zu zerlegen ist,
- in der Festlegung der Bearbeitungsreihenfolge
- sowie in der Bestimmung der Taktzeit.

Die Lösungssuche besteht darin, Arbeitselemente in geeigneter Weise zu Arbeitsoperationen zusammenzufassen und diese den Bandstationen zuzuordnen. Zum einen kann bei gegebener Anzahl an Bandstationen die Minimierung der Taktzeit erfolgen, zum anderen bei gegebener Taktzeit die Minimierung der Anzahl der Bandstationen. Zur Lösung bieten sich exakte Verfahren der gemischt-ganzzahligen Programmierung oder der dynamischen Optimierung an, Heuristiken mit begrenzter Enumeration oder Branch and Bound sowie Simulationen. Am Beispiel eines Branch and Bound Verfahrens soll die Austaktung einer Fließstrecke illustriert werden.

Die Fertigungsaufgabe ist in acht Arbeitselemente zerlegt worden, die technisch mögliche Folge ist festgelegt (vgl. Bild F-32). Wir gehen davon aus, daß eine Taktzeit von T = 10 ZE/ME vorgegeben ist. Zunächst ist die theoretische minimale Anzahl an Bandstationen festzustellen. Da zur Bearbeitung insgesamt 37 ZE/ME benötigt werden und die Taktzeit vorgegeben ist, sind theoretisch vier Bandstationen erforderlich (N = 37/10 = 3,7 - aufzurunden auf ganze Zahl). Insgesamt stehen somit 40 ZE/ME für den Produktionsprozeß zur Verfügung, wovon nur 37 ZE/ME jedoch benötigt werden, so daß 3 ZE/ME Wartezeit entstehen.

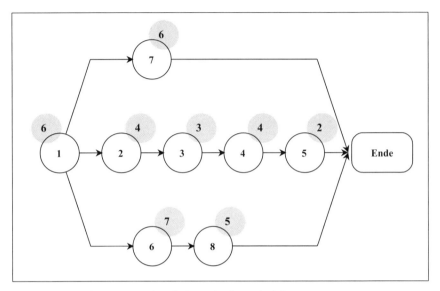

Bild F-32: Arbeitselemente der Fließstrecke des Beispiels

Das Vorgehen ist dadurch charakterisiert, daß zunächst nach einer zulässigen Lösung gesucht und nachfolgend versucht wird, diese Lösung nach der Methode des Branch and Bound zu verbessern. 'Branch' bedeutet, daß in einer Baumstruktur alternative Zuordnungen in den Zweigen geprüft werden. Der 'Bound' wird als Abbruchkriterium vorgegeben, um nicht den gesamten Baum durchlaufen zu müssen. Eine zulässige Lösung stellt folgende Zuordnung dar.

Arbeitsstation	Arbeitselement(e)
A	{1, 2}
B	{3, 4, 5}
C	{6}
D	{7}
E	{8}

Im Ergebnis sind fünf Bandstationen erforderlich, so daß insgesamt eine Wartezeit von 13 ZE/ME entsteht. Die Suche nach einer verbesserten Lösung besteht darin, die Elemente in ihrer vorgegebenen numerischen Folge zu kombinieren. Als Bound werden 3 ZE/ME Wartezeit festgelegt, was der theoretischen Lösung mit vier Bandstationen entspricht. Wird beim Durchlaufen der Baumstruktur eine Lösung mit mehr als 3 ZE/ME Wartezeit gefunden, dann sind mindestens 41 ZE/ME für die Produktion erforderlich, was fünf Arbeitsstationen bedeutet, so daß ein Abbruch erfolgen kann, weil keine Verbesserung der Ausgangslösung zu erzielen ist. Das Durchlaufen des Entscheidungsbaums ist in Bild F-33 dargestellt.

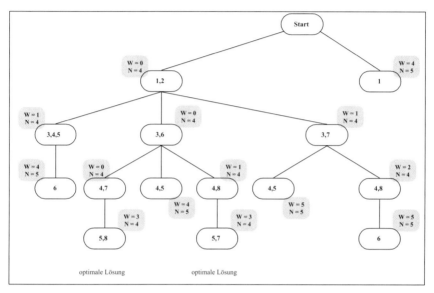

Bild F-33: Entscheidungsbaum zur Fließbandabstimmung (Branch and Bound)

Das Ergebnis zeigt, daß sich das theoretische Minimum von 4 Bandstationen mit zwei Anordnungen realisieren läßt:

Arbeitsstation	Arbeitselemente	Arbeitselemente
A	{1, 2}	{1, 2}
B	{3, 6}	{3, 6}
C	{4, 7}	{4, 8}
D	{5, 8}	{5, 7}

Übungsaufgaben zu Kapitel F

1. Ein Industrieunternehmen fertigt die Endprodukte P1 und P2 aus unterschiedlichen Baugruppen und Einzelteilen. Für die Produktion bestehen zwischen den Endprodukten, Baugruppen und Einzelteilen folgende Beziehungen. Das Endprodukt P1 setzt sich aus 3 Teilen der Baugruppe B1 und 6 Teilen der Baugruppe B2 zusammen. Für die Baugruppe B1 werden 3 Mengeneinheiten des Einzelteils E1, 4 ME des Einzelteils E2 und 9 ME des Einzelteils E4 benötigt. Die Baugruppe B2 besteht lediglich aus 7 Einheiten des Einzelteils E4. Das Endprodukt P2 erfordert 3 Einheiten der Baugruppe B2, 6 ME der Baugruppe B3 und 12 Einheiten des Einzelteils E3. Die Baugruppe B3 benötigt 5 ME des Einzelteils E4 und 9 ME des Einzelteils E2.
Ermitteln Sie für die Planungsperiode den Gesamtbedarf an Baugruppen und Einzelteilen, wenn mit einem Absatz von je 50 ME an Endprodukten gerechnet wird und für die Baugruppen ein zusätzlicher Lagerbestand von jeweils 150 ME aufgebaut werden soll. (Lagerbestände aus der Vorperiode bleiben bei dieser Berechnung unberücksichtigt).

2. Ein Unternehmer fertigt zur Zeit auf einer Universalmaschine vier verschiedene Produkte. Die Maschine verursacht dabei fixe Kosten in Höhe von 20.000 GE pro Periode. Durch die Aufnahme drei neuer Produkte in sein Sortiment ist der Unternehmer gezwungen, sein bisheriges Produktionsprogramm zu ändern. Die Belegung der Universalmaschine, auf der er auch die neuen Produkte fertigen kann, sieht zur Zeit folgendermaßen aus:

Produkt	max. Absatzmenge [ME]	Verkaufspreis [GE/ME]	var. Stückkosten [GE/ME]	Produktionsintensität [ME/ZE]
1	1.000	210	160	4
2	1.200	190	70	4
3	900	60	10	3
4	600	120	80	2

Über die drei neuen Produkte ist folgendes bekannt:

Produkt	max. Absatzmenge [ME]	Verkaufspreis [GE/ME]	var. Stückkosten [GE/ME]	Produktionsintensität [ME/ZE]
5	1.200	220	180	4
6	1.000	160	100	4
7	700	130	60	5

Die maximale Kapazität der Universalmaschine, beträgt 1.300 ZE. Zusätzlich zur Eigenfertigung hat der Unternehmer jedoch die Möglichkeit, die Produkte 2, 3 und 4 zu einem Preis der jeweils 40% unter dem eigenen Verkaufspreis liegt, fremd zu beziehen. Dabei fallen jedoch pro Produkt noch einmal 10 GE/ME an pauschalierten Verwaltungskosten an.
Ermitteln Sie das gewinnmaximale Produktions- und Absatzprogramm sowie den dazugehörigen Gesamtgewinn.

3. Bei einem Produktionsprozeß werden auf Stufe I drei Bauteile (R1, R2, R3), auf Stufe II zwei Baugruppen (Z4, Z5) und auf der Stufe III zwei Endprodukte (E6, E7) hergestellt. Für eine Mengeneinheit von Z4 werden zwei Mengeneinheiten von R1 und drei Mengeneinheiten von R2 benötigt. Aus sieben Mengeneinheiten von R1 und sechs Mengeneinheiten von Z4 wird eine Mengeneinheit des Endproduktes E6, aus acht Mengeneinheiten von Z4 und neun Mengeneinheiten von Z5 wird eine Mengeneinheit des Endproduktes E7 montiert. Die Baugruppe Z5 setzt sich aus einer Mengeneinheit R1, drei Mengeneinheiten von R2 und neun Mengeneinheiten von R3 zusammen.
Die prognostizierte Nachfrage von 200 Mengeneinheiten bei E6 und 400 Mengeneinheiten bei E7 soll in vollem Umfang befriedigt werden. Da grundsätzlich mit leichten Unsicherheiten der Absatzprognose gerechnet wird, soll von jeder Baugruppe ein Sicherheitsbestand von 50 Mengeneinheiten gehalten werden.
Wie viele Mengeneinheiten der Bauteile R1, R2 und R3 werden in der betrachtenden Periode benötigt?

4. Ein Unternehmen plant die Beschaffung von zur Produktion notwendigen Schrauben für das kommende Jahr. Folgende Daten sind bekannt:
- Der Bedarf der gleichmäßig in die Produktion eingehenden Schrauben beträgt im kommenden Jahr 100.000 Stück.
- Pro Bestellvorgang fällt eine Verwaltungskostenpauschale von 50 GE an.
- Die Schrauben werden vom Lieferanten nur in vollständigen Packungseinheiten à 1.000 Stück angeboten.
- Der Lagerhaltungskostensatz wird pauschal mit 15% veranschlagt.
- Die Einkaufspreise der Schrauben sind wie folgt gestaffelt:

Bestellmenge [in Schrauben]	Preis pro Packungseinheit [GE/PE]
$0 \leq x < 80.000$	12
$80.000 \leq x < 100.000$	10
$100.000 \leq x$	8

Bestimmen Sie die kostenoptimale Bestellmenge.

5. In einer Werkstatt stehen die in der folgenden Tabelle angegebenen Aufträge zur Bearbeitung an. Alle Aufträge sind zum gleichen Zeitpunkt für die Produktion auf der Maschine freigegeben worden. Jeder Auftrag wird unmittelbar nach seiner Bearbeitung an die nächste Produktionsstufe weitergegeben.

Auftrag	Bearbeitungszeit	Liefertermin
A	12	15
B	6	24
C	14	20
D	3	8
E	7	6
	ZE	ZE

Bestimmen Sie die Bearbeitungsreihenfolgen der Aufträge an der Maschine nach den Prioritätsregeln "Kürzeste-Operationszeit-Regel (KOZ)" und "Liefertermin-Regel". Berechnen Sie die mittlere Durchlaufzeit sowie die mittlere Verspätung eines Auftrags für beide Prioritätsregeln, indem Sie die Gesamtdurchlaufzeit sowie die Gesamtverspätungszeit aller Aufträge mitteln.
(Anmerkung: Die "Liefertermin-Regel" besagt, daß der Auftrag mit der kürzesten Lieferzeit zuerst einzulasten ist.)

6. Für einen Kundenauftrag L sind die Montage- und Produktionsaufträge A bis K für untergeordnete Baugruppen und Einzelteile mit jeweils den angegebenen auftragsbezogenen Bearbeitungszeiten (incl. Rüstzeiten) durchzuführen. Der Auftrag L soll in 26 Tagen an den Kunden ausgeliefert werden.

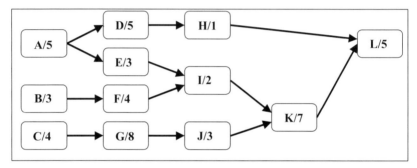

a) Berechnen Sie den frühestmöglichen Fertigstellungstermin des Auftrags L unter der Annahme, daß ausreichend Kapazitäten verfügbar sind. Kann der dem Kunden zugesagte Liefertermin eingehalten werden?

b) Nehmen Sie an, daß die Bearbeitungszeit des Fertigungsauftrags G durch eine Losgröße von 3 Stück (Rüstzeit = 2 ZE, Stückbearbeitungszeit = 2 ZE) zustande kommt, und daß nur ein Werkstück für den Auftrag J benötigt wird (die anderen Werkstücke werden auf Lager produziert). Wie verändert sich der Fertigstellungstermin des Auftrag L, wenn das erste Werkstück unmittelbar nach seiner Bearbeitung zur Produktion an J weitergegeben wird (offene Produktion)?

c) Nehmen Sie an, daß die Aufträge F und G durch dieselbe Maschine bearbeitet werden müssen. Zeichnen Sie ein Belegungsdiagramm dieser Maschine. Verändert sich infolge dieser Bedingung der Fertigstellungstermin?

Lösungen zu den Übungsaufgaben

Kapitel A
Die Antworten auf die Aufgaben sind dem Text des Kapitels zu entnehmen.

Kapitel B
Die Antworten auf die Aufgaben sind dem Text des Kapitels zu entnehmen.

Kapitel C
2a: R: 0,267; 0,200; 0,200; 0,133; 0,133; 0,067
2b: A (5,73) → C(5,47) → D(5,27) → B(4,87)
Die Antworten auf die übrigen Aufgaben sind dem Text des Kapitels zu entnehmen.

Kapitel D
1: Die Antworten sind dem Text des Kapitels zu entnehmen.

2a: $P \equiv \begin{Bmatrix} r_1 = 6x \\ r_2 = 12x/y \end{Bmatrix}$;   2b: Limitationaler Prozeß

3a:
- $e = 6 + 6r - r^2$
- $E' = 6 + 12r - 3r^2$
- $E' = 0 = r^2 - 4r - 2$ $r_1 = 4{,}45$
- $E'' = 12 - 6r$ $r = 2$ $E'(2) = 18)$
- $E_{max} = E(4{,}45) = 57{,}4$
- $e' = 6 - 2r$ $r = 3$
- $e_{max} = e(3) = 15$
- $E' = e$: $6 + 12r - 3r^2 = 6 + 6r - r^2$ $r_1 = 0; r_2 = 3$

3b:

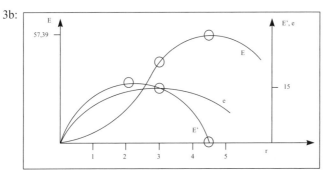

4a:

x	r1	r2
1	100	40
1	50	50
1	25	120

4b:

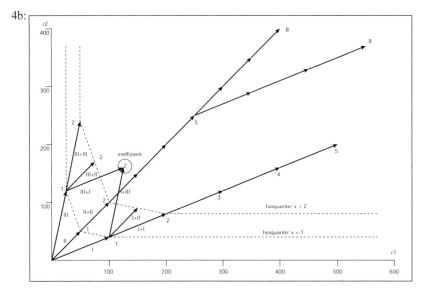

4c:

Verfahren	x	r1	r2	
I	1	100	40	
II	1	50	50	
III	1	25	120	
I+II	2	150	90	
I+III	2	125	160	ineffiziente Kombination!
II+III	2	75	170	
I+I	2	200	80	
II+II	2	100	100	
III+III	2	50	240	

Allg. formale Darstellung Isoquanten: $x = \lambda_1+\lambda_2+\lambda_3 = $ const.; $\lambda_1, \lambda_2, \lambda_3 \geq 0$;
$r_1 = (100\,\lambda_1 + 50\,\lambda_2 + 25\,\lambda_3)$ $r_2 = (40\,\lambda_1 + 50\,\lambda_2 + 120\,\lambda_3)$;

5a: Technische Intensität: $d = 3.600$ Stanzvorgänge pro Stunde
   Ökonomische Intensität: $\bar{x} = 400$ ME pro Stunde

5b: Technische Intensität: $d = 40$ Bohrungen/Min.
   Ökonomische Intensität: $\bar{x} = 20$ ME/Min.

6:

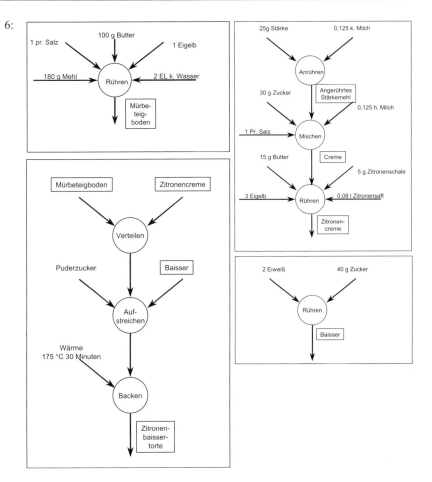

Kapitel E

1: $K = 20x + 1000$

2: $r_1 = 144$ ME; $r_2 = 36$ ME

3a: $r_1 = 80$ ME/d   3b: $r_1 = 80$ ME/d

4: $p_{2max} = 4$ GE/ME

5:

		Maschinenbelegung	
Phase 1	bis 60 Stück	Maschine B ($\bar{x} = 6$)	
Phase 2	bis 70 Stück	Maschine B bis $\bar{x} = 7$	
Phase 3	ab 71 Stück bis 100 Stück	Maschine A ($\bar{x} = 6$) + Maschine B ($\bar{x} = 7$)	

6a: Anlage D stillegen, da sie die höchsten variablen Kosten verursacht.

6b: A oder C verkaufen, da diese die höchsten Gesamtkosten verursachen.

Kapitel F

1:
Teil	E2	E2	E3	E4	B1	B2	B3	P1	P2
ME	900	5.250	600	9.150	300	600	450	50	50

2:
Produkt	Absatzprogramm	
	Eigenfertigung	Fremdbezug
7	700	-
6	1.000	-
2	1.200	-
1	1.000	-
5	1.200	-
3	180	720
4	-	600

$G_{ges.}$ = 392.800 DM

3:
Teil	R1	R2	R3
ME	13.950	24.300	32.850

4: x_{opt} = 100 Verpackungseinheiten bzw. 100.000 Schrauben.

5: Reihenfolge nach KOZ-Regel: D => B => E => A => C
Mittlere Durchlaufzeit = 19,6 ZE   Mittlere Verspätung = 9 ZE

Reihenfolge nach Liefertermin-Regel: E => D => A => C => B
Mittlere Durchlaufzeit = 23,4 ZE   Mittlere Verspätung = 8,8 ZE

6a: Bearbeitungszeit = 27 Tage. Der Liefertermin kann nicht eingehalten werden.

6b: Bearbeitungszeit = 23 Tage. Der Liefertermin kann eingehalten werden.

6c: Der Fertigstellungstermin verlängert sich um 3 Tage.

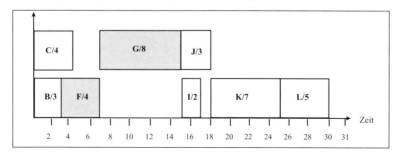

Stichwortverzeichnis

ABC-Analyse	153
Ablaufsteuerung	25
Aktionsvariable	29
Anpassung	117, 120
Akquisition	127
betriebstechnische Anpassung	116
Emanzipation	127
intensitätsmäßige Anpassung	116, 119
kombinierte Anpassung	118, 121
substitutionale Anpassung	112
Synchronisation	127
zeitliche Anpassung	117, 119
Ausbringung	107
Auslastungsgrad	107
Bereitstellungsplanung	24
analytische Bedarfsermittlung	155
Bedarfsrechnung	156
Bereitstellungsentscheidungen	152
Bereitstellungsprinzipien	153
fertigungssynchrone Disposition	160
Materialbedarf	154
Materialbereitstellung	152
Objekte der Bereitstellung	152
plangesteuerte Disposition	153, 154
synthetische Bedarfsermittlung	157
verbrauchsgesteuerte Disposition	154, 159
Beschäftigung	96, 107
Bestellpolitik	
bei Sicherheit	160
bei Unsicherheit	165
Bestellpunktverfahren	165
Bestellrhythmusverfahren	166
Mengenrabatte	164
optimale Bestellmenge	161
unter Restriktionen	163
Zweibehälterverfahren	167
Betriebsgröße	39, 116
Bestimmungsfaktoren	41
Betriebspotentiale	48
Betriebswirtschaftslehre	2, 4
entscheidungstheoretischer Ansatz	14
evolutionsorientierter Ansatz	15
faktortheoretischer Ansatz	13
gestaltungstheoretischer Ansatz	15
systemorientierter Ansatz	15
theoretische Ansätze	13
verhaltenstheoretischer Ansatz	16

Bewertungssystem	128
Branch and Bound	187
Cournot-Punkt	134
Deduktion	17
Dezentralisation	32
Durchlaufzeit	108
Einproduktfertigung	128, 133
Einzelwissenschaften	2
Engpaß	48, 131, 145
Entscheidungsdeterminanten	29
Entscheidungsfeld	30, 128
Entscheidungsmatrix	31
Entscheidungsmodell	31, 140
Entscheidungsparameter	29
Entscheidungsprozesse	29
Entscheidungsregel	31, 128, 134, 136
Entscheidungstheorie	30
Erfahrungsobjekt	7, 17
Ergebnisraum	30
Erkenntnisgewinnung	1, 5
Erkenntnisobjekt	2, 7, 17
Ersatzziele	26
Ertrag	
Durchschnittsertrag	75
Ertragsgesetz	74, 78, 112
Grenzertrag	75
Grenzproduktivität	75
Grenzrate der Substitution	78
partielle Grenzproduktivität	75
totaler Grenzertrag	75
Erwartungsvariable	29
Erzeugnisse	
kundenindividuelle Erzeugnisse	127
standardisierte Erzeugnisse	127
Faktorpreise	95, 108
Änderung	96, 100
Faktorvariation	75
Fertigung	
Belegungszeit	177
Einzelfertigung	53
Fertigungsstufen	145
Fertigungstyp	50, 53
Fertigungsverfahren	50
Fertigungszeit	177
Fließfertigung	50

Stichwortverzeichnis

Gruppenfertigung	52
Kuppelproduktion	49, 53, 63, 119
Mehrfachfertigung	53
Organisationsform	51, 53
Organisationstyp	50
Rüstzeit	177
Serienfertigung	54
Sortenfertigung	55
Werkstattfertigung	52
Fertigungsplanung	25
Fertigungsprogramm	108
Fertigungstiefe	109
Flexibilität	108
Fließfertigung	187
Austaktung	187
Bandabstimmung	187
Forschungsansatz	
axiomatisch-deduktiv	8
empirisch-deduktiv	9
empirisch-induktiv	9
konstruktivistisch-induktiv	9
Forschungsmethoden	8
Forschungsziel	9
Funktionslehren	4
GANTT-Diagramm	175
Gegenstromverfahren	27
Geschäftsfeld	42
Gewinn	
absoluter Gewinn	129
Eigenkapitalrentabilität	129
Gesamtkapitalrentabilität	129
Grenzgewinn	129
relativer Gewinn	129
Umsatzrentabilität	129, 132
Gozintograph	157
Grenzrate der Substitution	98
Handlungsalternativen	30
Heuristik	11, 12, 179
Homomorphie	122
Hypothese	5, 11, 17
Induktion	9
Institutionslehren	4
Intensität	
ökonomische Intensität	82, 116
technische Intensität	81, 117
Isoquanten	71, 85
Johnson-Algorithmus	181

Kapazität	48, 107
Kapazitätsmessung	107
Kosten	
Fixe Kosten	91
Gesamtkosten	92
Grenzkosten	110
Komplexitätskosten	108
Kostenarten	91, 96
Kosteneinflußgrößen	105
Kostenhypothesen	106
Kostenverlauf	94
Lagerhaltungskosten	109
Lagerkosten	170
Leerkosten	95
Losgrößenkosten	109
Nutzkosten	95
Periodenkosten	97
Produktgruppenkosten	97
Produktkosten	97
Qualitätskosten	108
Rüstkosten	108, 170
Stückkosten	92, 109
Variable Kosten	91
Kostenfunktion	100, 101, 109
Funktionsverlauf	111
Isotime	98
Kostenelastizität	111
Kostenisoquante	98
Kostenproportionalität	92
Kostenreagibilität	94
Proportionalitätsabweichung	111
Reagibilität	92
Reagibilitätsgrad	92
Variabilität	111
Kostengerüst	128
Kostenstelle	97
Kostentheorie	91, 100
Lagrange-Ansatz	143
Limitationalität	71
Lineare Programmierung	147, 148
Logistikentscheidungen	152
Losgröße	
bei beschränkter Kapazität	172
gewinnoptimale Losgröße	172
kostenminimalen Losgröße	171
Losgrößenproblem	170
Materialstammbaum	155
Materialwirtschaft	152
Mehrproduktfertigung	130, 136

Stichwortverzeichnis - 199 -

Mengengerüst	100, 128
Minimalkostenkombination	98, 99
Minimalkostenlinie	99
Modell	10
Beschreibungsmodell	11
Entscheidungsmodell	11, 127, 131
Erklärungsmodelle	11
Gestaltungsmodell	11
Konstruktionsmodell	11
Prognosemodell	11
Reduktionsmodell	11
Netzplantechnik	183
Critical Path Method	183
Kapazitätsplanung	185
Kostenplanung	185
Rückwärtsterminierung	184
Strukturplanung	183
Vorwärtsterminierung	184
Organisation	55
Ablauforganisation	57
Aufbauorganisation	55
Duale Organisation	61
Gestaltungsformen	59
Objektorientierte Organisation	59
Verrichtungsorientierte Organisation	59
Planungsaufgaben	22
Planungsinhalt	26
Planungsmethoden	26
Planungsphasen	28
Planungsprinzipien	28
Planungsprozesse	22
Planungsstruktur	27
Planungsumfang	28
Planungszweck	26
Produktion	42, 43, 47
Auslösung	45
geschlossene Produktion	169
offene Produktion	169
Produktionsbegriffe	47
Produktionskoeffizient	75
Produktionsmodell	74
Produktionsstruktur	72
Produktionsstufen	45
Produktionstechnologie	63, 68
Produktionsverfahren	63
Produktionsfaktoren	13, 14, 48, 94
dispositive Faktoren	48, 125
Elementarfaktoren	48
Information	49
Potentialfaktoren	48
Repetierfaktoren	48
Umwelt	49
Produktionsfunktion	70, 71, 73, 101, 102
Leontief-Produktionsfunktion	84, 87
Typ A	74
Typ B	79, 83
Produktionsmodell	43, 45
Produktionsplanung	126
Produktionsprogramm	23, 24
Produktionsprozesse	43
faktorbezogene Eigenschaften	44
produktbezogene Eigenschaften	45
prozeßbezogene Eigenschaften	45
Strukturmerkmale	44
Produktionsstelle	97
Produktionsstruktur	43
Arbeitseinung	43
Arbeitsteilung	43
Makrostruktur	43
Mikrostruktur	43
Produktionstheorie	63, 68, 70, 100
Produktionsverfahren	63
Klassifikationsmerkmale	64
Produktionsvollzug	24
Produktionsvollzugsplanung	167
Dilemma	177
Einzelaufgaben	168
Einzelfertigung	183
Grundfragen	167
Maschinenbelegung	176
Minimierung der Durchlaufzeit	175
Minimierung der Stillstandszeiten	177
Minimierung der Zykluszeit	176
Prioritätsregeln	183
Reihenfolgeplanung	175
Serienfertigung	179
Sortenfertigung	169
Werkstattfertigung	179
Zielkonflikte	175
Produktprogramm	22, 41
Produktsystem	22
Programmbildung	24
Programmentscheidungen	125
Programmplanung	125
Grundmodelle	133
Operative Programmplanung	125
Strategische Programmplanung	125
Taktische Programmplanung	125
Ziele der Programmplanung	128

Stichwortverzeichnis

Prozeß	
Prozeßdeterminanten	108
Prozeßgerade	85
Prozesse	68
biologischer Prozeß	64
chemischer Prozeß	64
energietechnischer Prozeß	64
Geschäftsprozeß	64
physikalischer Prozeß	63
Prozeßanalyse	64
Prozeßbegriff	64
Prozeßelemente	66
Prozeßgestaltung	66
Prozeßkoordination	66
Prozeßstrukturierung	64
technologischer Prozeß	63
Transformationsprozeß	68
Wertschöpfungsprozeß	64
Prozeßinnovation	96
Qualität	107
Rationalität	1
finanzwirtschaftlich	7
leistungswirtschaftlich	7
technisch	6
Rationalprinzip	6
Relativer Stückdeckungsbeitrag	141
Scoring-Modell	38
Standort	36
Modell zur Standortwahl	36
Standortspaltung	39
Standortveränderung	39
Standortverlagerung	39
Steuerung	31
Strukturentscheidungen	36
Stückliste	155
Substitution	78
Substitutionalität	70
Technik	
Energietechnik	64
Fertigungstechnik	63
Verfahrenstechnik	64
Technologie	
Aktivität	68
effiziente lineare Technologien	70

Technologiearten	69
Technologiemenge	69
Theorie	9
Transformationsfunktion	69, 71, 80, 81, 85
Überwachung	33
Universalwissenschaften	2
Variation	
multiple Variation	96
mutative Variation	96
Verbrauchsfunktion	
ökonomische Verbrauchsfunktion	82
technische Verbrauchsfunktion	80
Verbrauchsgüter	96
Volkswirtschaftslehre	2
Wahrheitsfindung	1
Wertgerüst	100
Werturteile	1, 12
Wettbewerb	41
Wettbewerbsstrategie	42
Wirtschaften	1
Wissenschaft	
Kennzeichen	2
Methoden	5
System der Wissenschaften	2
Ziel der Wissenschaften	2
Wissenschaftsbegriff	1
Wissenschaftstheorie	5, 17
XYZ-Analyse	153
Zentralisation	32
Ziele	19, 20
Formalziele	6, 17, 19, 26
Forschungsziele	5
Oberziele	19
Rationalziele	17
Sachziele	5, 17, 19
Unterziele	19
Zielbildung	19
Zielfunktion	128
Zielordnung	21
Zielplanung	21
Zielsuche	20
Zielsystem	20
Zustandsraum	30